Stephan Mögle-Stadel
Dag Hammarskjöld

W0341383

Stephan Mögle-Stadel

Dag Hammarskjöld

Vision einer Menschheitsethik

Verlag Urachhaus

Gewidmet

Birgit Späker
Michelle, Benedikt & Kirma (April 2001)

Thomas Völkel
Dierk Schneider

und allen Menschen,
die auf der Suche sind

nach jenem Bewusst-Sein
welches in seiner Humanität
den Abgrund zwischen den Erd-
teilen überwindet, da es sich,
sein Ich, in allen Kulturen
der Welt wieder findet.

Die Fotos des Buches stammen, wenn nicht anders bezeichnet, vom Pressebüro Globe, vom Zentralarchiv der UNO in New York und von der Königlichen Bibliothek Stockholm.

ISBN 3-8251-7268-6

3. Auflage 2001
© 1999 Verlag Freies Geistesleben & Urachhaus GmbH, Stuttgart
Umschlaggestaltung: Anette Stickel unter Verwendung eines Bildes
von Dag Hammarskjöld
Druck: Offizin Chr. Scheufele, Stuttgart

Inhalt

Sorge dich nicht, wohin
der einzelne Schritt führt.
Nur wer weit und tief blickt,
findet sich, sein Ich, zurecht.

Freie Übersetzung aus »Zeichen am Weg«

Hohes Zeitalter, wir blicken zurück.
Die Frische des Abends auf den Höhen,
Atem der offenen See auf allen Schwellen,
die Stirnen entblößt, größeren Weiten zuliebe.

Freie Übersetzung aus »Chronique«

Das Ich des Menschen wird vorbereitet,
Träger des Menschheits-Ich zu werden.
Der Mensch wird zur Menschheit; die
Menschheit lebt als Ganzes im Einzelnen.

Willem Zeylmans van Emmichoven, 1923 / 1924

Die Menschheit.
Eine unvollendete Reise

Ein Geleitbrief von Lord Yehudi Menuhin

Lieber Freund, ich war sehr bewegt von deinem Buchmanuskript über Dag Hammarskjöld, und ich bin erfreut, dafür ein kurzes Geleitwort zu schreiben. Jeder sollte inzwischen wissen, dass wir in einer neuen Welt leben, einer Welt von globalen Bedrohungen, aber auch von globalen Möglichkeiten. Die Vereinten Nationen sind kein automatischer Bauplan für den Frieden, sie sind nicht einmal ein Versprechen auf irgendeine ideale Weltordnung.

Aber sie sind eine Hoffnung, deren Erfüllung nicht bei der Organisation als solcher liegt, sondern bei uns allen, bei jedem einzelnen Menschen auf dieser Erde. Denn ihrem Wesen nach kann diese Organisation nicht besser sein, als wir alle es sind. Wir müssen erkennen, dass sie in ihrer gegenwärtigen Form nicht weiter bestehen kann. Ich glaube, dass die Vision einer föderalistischen Welt in derselben Distanz von uns liegt wie die zunehmende Notwendigkeit, die Staatsgewalt in zwei Richtungen hin zu verteilen: zum einen in Richtung einer globalen Föderation und zum anderen in Richtung der kulturellen Autonomie der Regionen. Wir müssen den Nationalismus überall überwinden. Er ist nicht mehr tauglich, die Probleme zu lösen. Er ist selbst zum Problemfall geworden. Nationalismus vergiftet die Völker.

Die Katastrophen des Egoismus, des Neides und des Hasses bereiten sich vor. Wir könnten sie abwenden, bislang tun wir es nicht. Wir überlassen unser gemeinsames, globales Schicksal den Banken und den Multinationalen Konzernen. Aber es wäre undenkbar, wieder in die alte Welt der zahllosen isolierten Teile zurückzukehren. Wir müssen vorwärts gehen zu dem Neuland einer Föderation und eines Parlaments von Kulturen. So wie ich es sehe, stehen Kulturen und Nationalismen im direkten Gegensatz. Nationen befinden sich hinter befestigten Mauern und Stacheldraht auf Staatsbesitz und schützen im Wesentlichen Machtansprüche anstatt die Menschen. Kulturen breiten sich dagegen ungehindert aus. Kunst, Literatur, Musik, Tanz und Dichtung sind etwas, das in und zwischen den Menschen lebt, sie sind wie die Weltmeere ein gemeinsames Erbe der ganzen Menschheit und nicht Besitz einzelner Staaten oder konfessioneller Hierarchien.

Menschen wie Bach, Beethoven, Mozart, Goethe und Schiller waren echte Europäer und Weltbürger. Solange man nur als Franzose oder Deutscher aufwächst, ist man noch kein Europäer. Bei einem Weltparlament der Kulturen würde es sich um ausgewählte Männer und Frauen (und bestimmt keine Berufspolitiker) handeln, die aufgrund ihres Wissens, ihrer Weisheit und ihres Altruismus mit der konzeptionellen Lösung bestimmter Probleme betraut werden. Es wären Menschen (und Regierungskünstler) wie Dag Hammarskjöld, in denen das Visonäre sich geerdet hätte. Vielleicht sollten wir alle von diesen Künstlern lernen, die den Weg wissen zwischen den Visionen und der Wirklichkeit, diesen oft mühseligen Weg Tag für Tag gehen, die Hindernisse kennen und den wahren Fortschritt abschätzen können – anhand des Sieges über die Problematik, an der sie arbeiten, und anhand des Sieges über sich selbst.

Vielleicht wird dann im Menschen eines Tages das Künstlerische die Oberhand gewinnen über das Animalisch-Politische. Die Politik beruht zumeist noch auf bestimmten Begierden des Menschen. Das Künstlerische hingegen ist das Intuitive, das mir eine höhere Kraft zu sein scheint.

Yehudi Menuhin

Dag Hammarskjöld. Der Suche Vorwort

Ich bin froh, den Geigenvirtuosen, Dirigenten und Musikpädagogen Yehudi Menuhin als einen Vertreter dieses Geistes für das Geleitwort gewonnen zu haben. Menuhin, am 22. April 1916 in New York City geboren, dirigierte und spielte als Geigensolist 1945 bei der Gründung der UNO und 1995 bei deren 50. Jahrestag in San Francisco. Er kannte und schätzte Hammarskjöld. Ich hätte mir keinen besseren Mentor für dieses Buch wünschen können. »Als echter Weltbürger, als fahrender Kosmopolit, gehört er keinem Volke an, lässt sich keiner [...] Gruppe zuordnen. Er ist ein freier Mensch. [...] Seine einzige brüderliche Gemeinde bilden alle diejenigen, die, wo immer in der weiten Welt, zuhören können, ohne hörig zu sein«, sprach im Oktober 1979 bei der Verleihung des Friedenspreises des Deutschen Buchhandels an Yehudi Menuhin sein Laudator. Es sind dies wahre Worte.

Am 19. August 1998 beendete die südafrikanische Wahrheitskommission unter Vorsitz Desmond Tutus, anglikanischer Bischof und Träger des Friedensnobelpreises, mit einer letzten Pressekonferenz ihre Arbeit. Zwei Stunden später schickten die Presseagenturen eine sensationelle Nachricht von Kapstadt aus um die Welt. Am 20. August konnte man in den Medien nachfolgende Schlagzeilen lesen: »Südafrikas Wahrheitskomission: UN-Generalsekretär Hammarskjöld ermordet« *(Süddeutsche Zeitung)*, »Gab es ein Mordkomplott gegen den früheren UN-Generalsekretär Hammarskjöld?« *(Frankfurter Allgemeine Zeitung)*, »Töteten Geheimdienste Hammarskjöld?« *(tageszeitung Berlin)*. Wer war dieser Mensch, der am 17. September 1961 bei einem mysteriösen Flugzeugabsturz starb? Und wodurch wurde er, was er geworden war?

Seine äußere Biografie kennzeichnet ihn als Friedensnobelpreisträger, UN-Generalsekretär (1953–1961), Juristen, stellvertretenden Außenminister und Präsidenten der Schwedischen Staatsbank, als Mitbegründer des modernen schwedischen Sozialstaats in seiner frühen Funktion als Staatssekretär im Finanzministerium, sowie als Hochgebirgswanderer, als Kosmopoliten (Weltbürger), Mitglied des Komitees für die Verleihung des Nobelpreises für Literatur, Erfinder der UNO-Blauhelmsoldaten, Übersetzer von u.a. Saint John Perses »Chronique« und Martin Bubers »Ich und Du« (unvollendet) ins Schwedische. Aber dies sind nur einige der Gesichter von Dag Hjalmar Agne Carl Hammarskjöld, ausgesprochen: Hammarschöld.

Sein öffentlich wahrgenommenes Leben war jener Teil des Eisberges, welcher über die Wasseroberfläche hinausragte. Nach der Veröffentlichung seines Tagebuches »Vägmärken«, 1965 in deutscher Sprache als *Zeichen am Weg* erschienen, senkte sich der Wasserspiegel ein wenig und gab den Blick frei auf den anderen Hammarskjöld. Dieses zumeist in der Stille der Nacht verfasste Tagebuch konfrontierte die irritierten Journalisten und Nachrufprofis mit dem esoterischen Erbe. Die Gedichte, Aphorismen, religiösen Zitate und Meditationen hoben ein wenig den Schleier über die der Weltöffentlichkeit bis dahin unbekannte Dimension im Leben Dag Hammarskjölds. Sie kennzeichnen ihn als neuzeitlichen Gnostiker und Mystiker, als Initiator des UNO-Meditationsraumes und als Jordangeistgetauften in der Nachfolge Jesu.

Anton Graf Knyphausen, der Herausgeber der deutschen Übersetzung dieser für viele rätselhaft gebliebenen *Zeichen am Weg*, vermerkt 1965 in seiner kurzen Einleitung: »Seine Formulierungen machen auch dem Tagebuch-Leser zu schaffen, wie sie Politikern und Journalisten zu schaffen gemacht haben. Vieles bleibt hier Andeutung, Abkürzung, Chiffre für Zusammenhänge, die der Schreibende dem Leser verschweigt.«

In »Vägmärken« findet sich 1941 der Eintrag: »Dämonen kommen ungeladen, wenn das Haus leer steht. Anderen Gästen musst du schön die Tür öffnen.« Wer sind diese Dämonen und wer diese anderen Gäste? Einige Monate später, 1942, inmitten

Desmond Tutu bei der Ehrung für seine Tätigkeit als Vorsitzender der Südafrikanischen Wahrheitskommission. New York, April 1999, Foto dpa

des Zweiten Weltkrieges, als Hunderttausende töten und Millionen getötet werden, stellt Hammarskjöld fest: »Du kannst nicht spielen mit dem Tier in dir, ... ohne die Zartheit des Geistes zu verlieren.« Dieses Ringen zwischen dem Tier und dem Geist im Menschen umschreibt er in einem mythologischen Bild, indem er Gestalten aus der persischen Geistesgeschichte benutzt: »In der Arena, wo Ormuzd mit Ahriman kämpft, vergeudet die Zeit, wer streunende Hunde verjagt.« Ormuzd, oder auch Ahura Mazda, als der Gott des Lichtes und der Erleuchtung, und Ahriman als der Herr der Finsternis und der Egoismen. Und auf derselben Seite, im April 1956, beschreibt er die Aufgabe des freien Menschen, seine Aufgabe, als »Linse, die im Licht verschwindet, indem sie es sammelt zu neuer Kraft«. Und er zitiert bei diesem Eintrag zweimal das Johannes-Evangelium: »Der Wind weht, wo er will. So ist ein jeglicher, der aus dem Geiste geboren ist.« Und »Das Licht erscheint in der Finsternis, und die Finsternisse haben es nicht begriffen«.

Es ist 1946. Ein Jahr nach dem ersten Aufleuchten einer Atombombe über der Stadt Hiroshima und dem Ende des Zweiten Weltkriegs liest der griechische Schriftsteller und Kosmopolit Nikos Kazantzakis vor dem Mikrophon der BBC in London seinen Aufruf an die Menschen in Europa vor: »Wir alle haben das unbestimmte Gefühl einer großen Gefahr, die unsere Kultur bedroht. Welches ist die Gefahr? Darin liegt sie, dass die Intelligenz des Menschen sich viel schneller entwickelt hat als seine seelischen Kräfte. […] Wie kann sich inmitten von so viel Müdigkeit, Unruhe und Unsicherheit ein innerer Wiederaufbau des Menschen vollziehen? Nur einen einzigen Weg gibt es: Wir müssen alle Mächte des Lichtes mobilisieren… .«[1]

In einem Zeitungsbericht der WELT vom 23. August 1958 schrieb der damalige New Yorker Korrespondent Herbert Borch unter der Schlagzeile »Der erste Diener der Welt«: »Wenn daher heute die Vereinten Nationen nicht als ein gescheitertes Experiment wie der Völkerbund gelten, […] dann ist dies weitgehend der Ära Hammarskjöld […] zu verdanken. Es mag ebenso banal wie unglaubwürdig klingen, dass hier ein Mann wie geschaffen für seine Aufgabe war.«

Ich hoffe, dass es für die Leser dieser Biografie am Ende weder banal noch unglaubwürdig klingt, dass hier ein Mensch durch seinen Idealismus und Realismus, durch seinen Willen und seine Opferbereitschaft sowie durch seinen religiösen und zugleich überkonfessionellen Werdegang wie geschaffen für eine weltpolitische Aufgabe war.

Nach langen Jahren der Recherche vor Ort in Schweden, New York und Afrika versucht diese Biografie nicht nur den entwicklungspsychologischen Werdegang des bislang erfolgreichsten Generalsekretärs der Vereinten Nationen aufzuzeigen, sondern auch dessen zumeist verborgene Spiritualität zu seiner politischen Menschheitsethik und Regierungskunst in Beziehung zu setzen. Ich benutze bewusst den Begriff Spiritualität, ein Wort, das, angewandt auf einen Politiker und Staatsmann, bei vielen immer noch Berührungsängste und Unbehagen auslöst, weil darin der Schlüssel zu Hammarskjölds weltpolitischem Wirken zu finden ist.

Die Fachzeitschrift *Psychologie heute* definiert in der Ausgabe vom Juni 1999 (S. 24) den spirituellen Menschen als einen Verwandelten, »der den Alltag in einem unumkehrbar erweiterten, vertieften, umfassenderen oder holistischen Bewusstsein erfährt, [...] das sich einer übergeordneten Ethik gegenseitiger universaler Veranwortlichkeit verpflichtet weiß. [...] Dieses entwickelte spirituelle Bewusstsein hat sich zudem von den vorübergehend gebrauchten Vehikeln einer weltlichen Lehre, einer Schule, eines Dogmas oder einer Technik befreit.«

Lassen Sie mich Ihnen die Lebens- und Leidensgeschichte eines Menschen schildern, auf den dies zutrifft. Menschheitsethik nicht als Maximensammlung, sondern als ein individuell gestaltetes soziales Leben.

Erstmalig (nicht nur) für den deutschsprachigen Kulturraum wird damit der Nebel der Verschwiegenheit weitgehend durchlichtet. So manifestiert sich schrittweise in einer Hammarskjölds Wesen entsprechenden Mosaiksteinchen-Technik und in einer Collage aus u.a. Selbstzeugnissen Hammarskjölds, bislang unveröffentlichtem Archivmaterial sowie Zeitzeugnissen von Weggefährten und Mitarbeitern das Leben eines Gnostikers und Mystikers, der sein Menschsein bewusst in die Waagschale des weltpolitischen Drachenkampfes von Geist gegen Ego und von Gerechtigkeit gegen Machtbesessenheit geworfen hat.

Um die damaligen Ereignisse besser zu vergegenwärtigen und wieder näher an das Leserempfinden zu rücken, sind einige Absätze und Kapitelteile grammatikalisch in den Präsens gesetzt. Auch folgt die Kapitelordnung einer gewissen Psychologie. Wer sich für die psycho-historische Einleitung nicht interessiert, kann das Einleitungskapitel überblättern und das Buch mit dem Kapitel »Mitternachtsfeuer« beginnen, welches das Mordkomplott westlicher Geheimdienste und eines Multinationalen Konzernes mit Geschäftssitz in Brüssel beschreibt und die Zeitsituation des Attentates rekonstruiert.

Es bleibt zu hoffen, dass durch diese Biografie schrittweise der Geist, in dessen Namen Hammarskjöld der Menschheit diente, sicht- und spürbar wird. Gerade in der Zeit einer globalen Überlebens-Krise, in der die Wirtschafts-Politik droht, immer geistloser und unmenschlicher zu werden, sollte uns allen bewusst werden, welcher Geist wieder in die UNO einziehen müsste, um diese zu einer echten und effektiven Menschheits-Organisation zu machen.

Umhüllt
den Planeten Erde
weltumspannend

durchtönt ihn

mit der kleinen
stammelnden Stimme

mit dem stammelnd
sich sammelnden Ruf

mit dem Wort
das am Anfang war
und wirkte

mit dem Hauch
der Genesung
in dir und in mir

Viele Menschen und Künstler sind vom Geiste Dag Hammarskjölds inspiriert. So auch die Basler Malerin und Dichterin (obiger Worte) Heidi Overhage-Baader. Drei ihrer Gedichte finden sich in diesem Buch (Seite 18, 56 und 92).

1.
Seelengeschichte. Des Buches Rahmen

*»Wie furchtbar unsere Verantwortung. [...]
Kannst du die Verantwortung tragen für
Gott? [...] Ausgeschlossen aus dem Zimmer,
sollst du nicht durchs Schlüsselloch blicken.
Brich die Tür auf, oder verzichte.«*

Dag Hammarskjöld: *Zeichen am Weg*, Sommer 1957

Richtung 20. Jahrhundert. Warum ist Gott tot?

Heiligabend im Jahre 999. Die abendländische Christenheit erwartet die leibliche Wiederkehr von Jesus Christus. Millionen von Gläubigen versammeln sich in und vor den Kirchen. Manche geißeln sich. Andere haben kurzfristig ihre Fronarbeiter entlassen und sich selbst in alte Getreidesäcke gekleidet. Große Geldspenden sind an die Kirche geflossen. Die Glocken läuten. Schlag zwölf Uhr Mitternacht. Alles lauscht und schaut nach oben. Doch der Himmel riss nicht auf. Kein sichtbarer Geistesblitz verband Himmel und Erde. Schweigen. Tödliches Schweigen. Sehr, sehr tödliches Schweigen. Ein Trauma, ein Schock für die damalige Seelenlage. Die meisten hatten Gott überall, nur nicht in sich (zu verwirklichen) gesucht.

Wenige Jahrzehnte später. Die geschichtlichen Auswirkungen dieses Nicht-Ereignisses an der Schwelle zur letzten christlichen Jahrtausendwende werden sichtbar. Die Gründung geistlicher Orden. Die christlichen Mystiker beginnen nach innen zu schauen und den Geist (Gottes) in sich wachzurufen. Zeitgleich wird die nicht den mystischen Weg wählende Feudalgesellschaft von Frustrationen und Auto-Aggressionen bedroht. (Dies wäre in dieser Situation jedem Glaubenssystem so ergangen.) Im Jahr 1095 erfolgt der erste Aufruf zu den Kreuzzügen – gegen die islamische Kultur der Araber (Jerusalem wird 1099 blutig erobert) und später auch gegen die kulturelle Alternative der gnostisch-christlichen Katharer in Südfrankreich. Die massive Berührung mit dem Orient bringt eine neue Orientierung ins Abendland. Die griechische Philosophie kehrt auf diesem Umwege, zusammen mit arabischer Wissenschaft und indopersischen Einflüssen, nach Europa zurück.

Die arabisch-griechische Mathematik und Architektur erlaubt den Bau von Domen und Kathedralen. Als kirchliche Vorgänger der Wolkenkratzer strecken sie ihre Spitzen Hilfe suchend und rebellisch zugleich in des Himmels Blau. Meister Eckhart lehrt stattdessen die Einswerdung des Seelengrundes mit Gott und die Geburt der Gottheit in der Seele des einzelnen Menschen. (Hammarskjöld wird ihn u.a. in *Zeichen am Weg* zitieren.) Eckhart warnt auch vor der Mentalität der Kaufleute und ihrem Einfluss auf den Glauben. 1327 stirbt er an einer Lebensmittelvergiftung. 1329 werden 28 seiner Lehrsätze von der Kirchenführung verdammt. Die Inquisition, die Folter und Verbrennung von Ketzern und Hexen, darunter christliche und naturreligiöse MystikerInnen, breitet sich wie ein Krebsgeschwür aus. Kluge Mönche flüchten in die Rationalität, die Naturwissenschaft erblüht. Das Industriezeitalter beginnt. Der Renaissance-Humanismus versucht eine spirituelle Erneuerung. Doch das Zeitalter der Maschinen, der fabrikmäßigen Tierschlächterei und der modernen Kriegsführung rotiert. 1899. Ein Satz des Philosophen Nietzsche wird populär: »Gott ist tot – und wir haben ihn gemordet.«

Imperialismus und Kolonialismus verbrennen den Humanismus. In der Geschichte taucht der Völkerbund auf, ein Kind des Rechtspazifismus – und stirbt den Flammentod. Nationalismus und Faschismus brennen ihn hinweg. Am Horizont leuchten Hiroshima und Nagasaki. Die Vereinten Nationen, ein neuer Versuch, werden gegründet. Eine kurzzeitige Weltbürgerbewegung erzwingt 1948 die Allgemeine Erklärung der Menschenrechte und verabschiedet sich danach in die Vereinsmeierei. Derweilen schreitet die Umweltzerstörung, infolge aggressiver Wirtschaftspolitik und blinder Konsumgier, sprunghaft voran. Dies ist die kulturelle Dynamik, in der spirituell aufgeklärte Menschen wie Dag Hammarskjöld versuchen, eine neue Menschheits-Ethik auf tiefenpsychologischer und kosmopolitischer Grundlage zu vermitteln. Es war, ist und bleibt ein Kampf um die Seelen ihrer Zeitgenossen. Am 28. April 1957 zitiert Hammarskjöld in seinem Tagebuch den Dichter Saint John Perse: »Es gibt keine Geschichte als die der Seele, keinen Frieden als den der Seele.«

Sonnenfinsternis und Geistverlassenheit

Deutschland 1999. Vergangen sind 66 Jahre seit der Machtergreifung des Nationalsozialismus 1933. Der Genozid an unseren jüdischen Mitbürgern hat sich tief eingegraben in die Geschichte dieses Jahrhunderts. Und doch blieb eine Frage, als Grundlage für eine psychotherapeutische Trauerarbeit, welche mehr darstellen müsste als die bislang geleistete finanzielle Wiedergutmachung und wirtschaftspolitische Verdrängung, weitgehend unbeantwortet. Wie konnte das geschehen? Aus welchen Seelenregionen kam dieser kollektive Wahn des Faschismus, der gleich einer Pestwelle über Europa hinwegfegte? Wie war eine solche Unmenschlichkeit nach fast 2000 Jahren Christentum möglich? Es ist dies die Frage nach dem geistigen und seelischen Abgrund, welcher sich beispielsweise in dem in Eisen gegossenen Spruch über dem Haupttor des Konzentrationslagers von Auschwitz manifestierte: »Arbeit macht frei.« Gemeint war damit, dass das Menschliche sich hier industriell-technologisch zu Tode arbeiten durfte.

Nicht ausschließlich Juden, sondern auch Sozialdemokraten, Kommunisten, christliche Widerstandskämpfer, Freimaurer, Sinti und Roma waren unter jenen, denen damals mit ideologischen und rassistischen Scheinargumenten ihr Menschsein abgesprochen wurde. Der Blick in die vom Menschheitsgeist verlassenen Seelenabgründe der großen und der kleinen Täter sowie ihrer Mitläufer und Sympathisanten ist zugleich auch ein Blick in das

Psychopathologische und Dämonische verfehlter Menschheits(ich)werdung. Die Wahrnehmung des Schattens europäischer Geschichte führt in diesem Buch zu der zentralen Frage nach dem Wesen des Menschen, seinem Ich und dessen Weltverständnis, und damit zur Frage nach dem Menschheitlichen.

Die Seelenstimmung weiter Bevölkerungsteile ist langsam und noch ängstlich dabei, den Kindheitsjahren ihrer nationalstaatlichen und vaterländischen Identifikationen zu entwachsen. Wir stehen am Ufer. Hinter uns altes und verbranntes Land. Vor uns die ganze Erde als Sozialorganismus, welcher durch Technologisierung, Kolonialismus, Massentourismus, Weltwirtschaft und ökologische Überlebensprobleme immer mehr zu einem »globalen Dorf«, zu einer noch unorganisierten Kosmopolis wird. Werden die technologischen und weltwirtschaftlichen Hilfsbrücken alleine ausreichen, um uns in das Neuland einer menschheitlichen und planetarischen Identität und Solidarität hinüberzuführen? Oder muss, wer verantwortungsethisch und jenseits der Egoismen »Ich« und »Mensch« sagen will, nicht auch lernen »Menschheit« und »Eine Erde« zu sagen und sie zu organisieren?

Die Gaskammern und Leichenverbrennungsöfen und ihre Verwandten, die Folterkammern und Scheiterhaufen, schlummern noch immer in den dunkleren Schichten der menschlichen Seele. Solange wir es nicht lernen, eine multikulturelle Menschheitsethik zu entwickeln, welche gerade auch angesichts einer zunehmenden Globalisierungskrise institutionell tragfähig werden müsste, bleibt der Titel eines Buches von Yehezkel Dror, Mitglied des Club of Rome und ehemaliger Berater der israelischen Regierung unter Ministerpräsident Rabin, »Verrückte Welt. Politischer Wahnsinn und seine Bekämpfung«, das Damoklesschwert in unser aller Nacken.

Menschheit – wohin?

Die Wellen des 20. Jahrhunderts, 1899 - 1933 - 1966 - 1999, rollen aus an den Strand einer alten Zeit. Einhundert Jahre sind vergangen seit der ersten Haager Friedenskonferenz von 1899. Dag Hammarskjölds Vater Hjalmar war bei der zweiten Haager Friedenskonferenz Chefdelegierter Schwedens und sein älterer Bruder Åke später Generalsekretär des Schiedsgerichtshofes in Den Haag. Einhundert Jahre Suche nach einer europäischen und einer globalen Friedensordnung, welche auf dem Gebrauch des Rechts und nicht auf dem Missbrauch der Macht beruht. Der Erste und der Zweite Weltkrieg. Militarismus und Massenpsychose. Vietnam und Afghanistan. Imperialismus und Kolonialismus. Nationalismus und Faschismus. Die Masse findet immer ihre Verführer. Franco, Mussolini, Hitler und Stalin sind nur einige Masken, um solcherlei Nihilismus zu benennen. Industrialisierung und Elektrifizierung. Uranbergbau und Atomindustrie. Hiroshima und Nagasaki. Fließbandarbeit, Computerchips und Industrieroboter. Multinationale Konzerne, Aktienmärkte, Börsen- und Währungsspekulationen; Rationalisierungsmaßnahmen, Gewinnmaximierung, Büro- und Technokratie. Massenarbeitslosigkeit, Sinnkrise, Drogen-Konsum und Wirtschaftskriminalität.

Aber auch soziale Bewegungen. Für Frieden, für Lebensreform, für Dreigliederung, für Abrüstung, für Bürgerrechte. Bertha von Suttner, Rudolf Steiner, Mahatma Gandhi, Garry Davis, Martin Luther King und Rudi Dutschke sind nur einige Namen, stellvertretend für viele Menschen, Kriegsdienstverweigerer und Zivildienstleistende. Der Gedanke eines Völkerbundes und die Idee der Vereinten Nationen. Albert Camus, André Breton, Albert Schweitzer, Abbé Pierre und Albert Einstein: Die Weltbürger-Bewegung und ihre Besetzung der UNO-Generalversammlung am 19. November 1948. Die Allgemeine Erklärung der Menschenrechte. Das beginnende Raumfahrtzeitalter und die kosmonautische Sichtweise der Erde als ein blauweißer Planet in der Schwärze des Weltraumes. 1966. Die Gründung von weltweiten Bürgerinitiativen und Nicht-Regierungs-Organisationen (NGOs).

Die Rom-Konferenz im Juli 1998. Der Kampf der NGOs für einen, von den Vetomächten des UN-Sicherheitsrates unabhängigen, Internationalen Strafgerichtshof für Kriegsverbrechen gegen die Menschlichkeit. Der Abstimmungssieg der NGO-Koalition und der Gruppe der 60 Vertragsstaaten über das Nein der Vetomacht USA. Und dann, im Dezember 1998, Vorweihnachtszeit, wenige Tage vor Beginn des islamischen Fastenmonats, der Rückschlag: US-amerikanische und britische Bomben auf Bagdad. Diese US-Bomben treffen, psychologisch, auch das theoretische Gewaltmonopol der UNO und die neu errungene Rolle der NGOs.

Universität Cambridge, 5. Juni 1958, nahe der Sommersonnenwende, inmitten des Kalten Krieges. In seiner berühmten Rede »The Walls of Distrust« (Die Mauern des Misstrauens) spricht Dag Hammarskjöld über die Qualitäten spiritueller Führerschaft und den menschheitlichen Sinn von Schillers »Ode an die Freude«. Er endet mit den Worten über die Gegenkräfte, welche der Realisierung von Schillers Menschheitsbund entgegenstehen:

»Tief-wurzelnde Konflikte, die ihren Lauf immer schon durch die Geschichte genommen haben, und welche eine neue Kulmination vor und während des Zweiten Weltkrieges erreicht zu haben scheinen, gehen weiter. Und zerstörerische Kräfte, die schon immer mit uns gewesen sind, machen sich in neuen Formen fühlbar. Sie repräsentieren, jetzt wie auch zuvor, die größte Herausforderung, welcher der Mensch ins Angesicht zu schauen hat.« [1]

Globalisierung – von was?

Globalisierung: das Zauberwort der 90er-Jahre. Das Dämmern des 21. Jahrhunderts. Der Anbeginn eines neuen Jahrtausends. Die Wiederkehr des Verdrängten. Wer oder was globalisiert sich? Das Wirtschaftliche? Gewiss und mit Gewalt entsteht die Wirtschaftsgestalt der Welt. Das Rechtliche? Erst ansatzweise und noch im trockenen Staube des Nationalen zurückbleibend. Das Menschliche? Noch ungewiss ist die Ich-Werdung im menschheitlichen Geistesleben. Wir stehen in einer globalen Schwellensituation und dies nicht erst seit heute. Das *Hamburger Abendblatt* druckt auf seine Titelseite: »Alarmstimmung in Deutschland. Höchste Arbeitslosigkeit seit 1933.«

Die Schlagzeilen der Rationalisierungs-Opfer des zur Zeit, nach dem Zusammenbruch des realen Sozialismus, ideologisch wieder konkurrenzlosen Neo-Kapitalismus verdrängen die Thematik der industriellen Zerstörung der Biosphäre, der Notwendigkeit globaler Umweltschutzgesetze, und auch die ökologische Steuerreform kommt unter die Motorräder. Die Restbestände der Natur werden im Namen von Wirtschaftswachstum und technologischem Fortschritt (wohin?) weiter dezimiert. Mit dem globalen Temperaturanstieg und dem Wachstum der Ozon- wie auch der staatlichen Haushaltslöcher, steigen auch, noch, die Aktiengewinne und Umsatzzahlen der Multinationalen Konzerne. Die »Partnerschaft mit der Natur« als »Entscheidung für das kommende Jahrtausend«, noch 1993 von dem Autor Andreas Suchantke in Buchform thematisiert, scheint heute keine Konjunktur mehr zu haben. Dabei befinden wir uns auf dem Kreuzweg vom rassenideologischen Völkermord (Genozid) zur wirtschaftsideologischen Zerstörung der Erde (Geozid).

Im Jahr 1950 notiert Dag Hammarskjöld, von 1948 bis Anfang 1953 Schwedens Hauptdelegierter bei der Organisation für wirtschaftliche Zusammenarbeit in Europa (OEEC), in sein Tagebuch, »dass nur dort ein sparsames Grün überleben kann, wo die Dämpfe der Schwefelfabrik nicht hingelangen. – Man fragt sich: Wann wurde dies so – und wie viele Generationen werden die Wirkungen spüren?«

Und nach dreijähriger Amtszeit als UN-Generalssekretär schreibt er seinem Freund, dem Maler Bo Beskow, in einem Brief vom 15. September 1956 über seine Erfahrung mit internationalen Regierungs- und Geschäftskreisen: »Man bekommt hier, wie auch immer, einen befremdlichen Eindruck von Menschlichkeit. [...] Menschliche Herzlichkeit zählt so wenig auf dem Aktienmarkt dieser Men of Action.« [2]

Entsteht eine Technokratie?

Nach einer Inkubationszeit von etwa 66 Jahren beginnt der Ungeist einer effizienten Robotergesellschaft, vormals blond, blauäugig und raubtierhaft-sportlich, nun Menschheit und Biosphäre wieder massiv zu bedrängen. Und die Medienwelt setzt in dieses kalte, technologische Denken und Funktionieren sogar messianische Hoffnungen: »Vielleicht beschützt diese Technosphäre die Erde dann besser als der Mensch«, meint die *ZEIT* auf der Titelseite ihrer Nummer 1/1999. Diese Phänomenologie hat Goethe schon vor über 200 Jahren in seinem »Faust« dramatisiert. Sie findet sich unter anderem in der Papiergelderfindung zur Kriegsfinanzierung (Kaiserhof-Szene) und in dem mörderischen Staudammprojekt der letzten (Todes-) Szene symbolisiert.

Einer der modernen Nachfahren des Dr. Faust, der Londoner Technologie- und Finanzmakler Russ Mould, spricht, ganz im Gegensatz zu dem Humanisten und Verantwortungsethiker Dag Hammarskjöld, die neue Antihumanität denn auch im Siemens-Konzern-Magazin New World (Nr.1/99) ganz gelassen aus: »Sicher, abends im Pub [sic!] denke ich schon darüber nach. Aber in unserer Firma [Warburg Dillon Read] käme es kaum jemandem in den Sinn, über die sozialen Folgen nachzudenken, die eine Entlassung von 40.000 Menschen nach sich zieht.« Der soziale Schleier fällt und wir stehen staunend vor einer neuen Wirtschafts-Welt.[3]

Menschheitlichkeit – woher?

Weimar 1999. Kulturhauptstadt Europas. Goethejahr. Die Feierlichkeiten in Frankfurt am Main, der Geburtsstätte Goethes, zu dessen 250. Geburtstag am 28. August, kurz nach der totalen Sonnenfinsternis vom 11. August 1999, standen unter dem Motto »Goethe – der Weltbürger«. Zusammen mit der Literaturzeitschrift *Lettre International* schrieb die Weimar 1999 GmbH via Internet einen internationalen Essay-Wettbewerb zu der Preisfrage aus: wie »Die Zukunft von der Vergangenheit befreien?«

Geistesgeschichtlich ist dies die fundamentale Frage nach unseren Zukunftsvisionen und nach dem uns leitenden Menschenbild. Der heutige Rationalismus und Konsumismus, eine dünne Eisschicht, welche uns zeitweise vor der Berührung mit des Schattens Wunde schützte und nun an der Schwelle ins 21. Jahrhundert hinwegzuschmelzen beginnt, kann die geistige und gesellschaftsbiografische Antwort längerfristig nicht ersetzen. Wodurch kann die Zukunft von der Vergangenheit befreit werden?

Die Antwort kann nicht heißen, die Vergangenheit zu verdrängen, zu negieren oder zu glorifizieren. Jener Weg, der in die Zukunft führt, ist die entwicklungspsychologische Erkenntnisarbeit an der Vergangenheit. Es ist dies die Bewusstmachung der verlorenen »Sternstunden der Menschheit« (Stefan Zweig) wie auch jene Stunden der glücklich entronnenen Unmenschlichkeiten und der kulturellen Selbst(zer)störungstendenzen. Jene, die nicht gewillt sind, sich des Verlorengegangenen und seiner seelengeschichtlichen Motive zu erinnern, werden dazu verdammt sein, den Schatten des Verdrängten in neuer Gestalt und mit neuer Gewalt zu durchleben.

Es gibt, neben dem pseudo-religiösen Nationalsozialismus, auch die als philosophisch und literarisch zu früh ad acta gelegte Geistesgeschichte des deutschen Kosmopolitismus und Renaissance-Humanismus als eine Art höhere re-ligio: eine bewusste Wieder-Einbindung des Ich-Seins in den Urgrund des kosmischen Seins. Dag Hammarskjöld, von Freunden oft als Renaissance-Mensch bezeichnet, ist diesen Weg gegangen.

Wäre Goethes Faust-Tragödie und ihr Gegenbild, das Zukunfts-Fragment »Die Geheimnisse« (1786), Christoph Martin Wielands Schrift »Das Geheimnis des Kosmopoliten-Ordens« (1788), Immanuel Kants Aufsatz »Zum ewigen Frieden« (1795) oder die Worte eines Novalis, »wahre Deutschheit ist Kosmopolitismus mit der kräftigsten Individualität vermischt«, von der Mehrheit der Zeitgenossen wirklich verstanden worden, dann wäre solchen Erscheinungen wie Faschismus und Nationalismus oder Staatskommunismus und Konsumkapitalismus das kollektive Fundament entzogen. Dass dem nicht so ist, ist entweder

Kennzeichen eines globalen Bewusstseinsdefizits oder einer bislang machtpolitisch gewollten, strukturellen Einflusslosigkeit des geistig-humanitären Elementes in den internationalen Beziehungen, kurz, ein Mangel an Menschheitsethik und Menschheitspolitik.

Der Homo Humanus

Weimar 1786. »Homo Humanus« nannte Goethe in dem Fragment »Die Geheimnisse« (siehe Kapitel VII) den nicht nur körperlich und intellektuell, sondern auch geistig und verantwortungsethisch ganz mensch(heit)lich gewordenen Menschen. Es ist dies das Individuationsdrama des Verlassens der zu eng gewordenen Familientraditionen und der alten Weltordnungen. So befasst sich dieses Buch auch indirekt mit dem geistesgeschichtlichen Erbe des Menschheitsgedankens bei Goethe.

Dies an der Biografie des »Kosmopolitikers« *(ZEIT)* Dag Hammarskjöld exemplarisch aufzuzeigen, welcher Goethes Werke in deutscher Sprache las und auch die »Faust«-Inszenierung in New York besuchte, ist Absicht des Buches. Exemplarisch deswegen, da der *Homo Humanus*, die in allen menschlichen Wesen schlummernde geistige Idee eines ethischen Menschseins, im Zeitalter einer globalen Überlebenskrise, da geostrategische Mächte zu einem weltweiten »Kampf der Kulturen« (Samuel Huntington) aufrufen, darauf wartet, als rettendes und heilendes Element einer anderen Menschheits-Ethik wieder entdeckt zu werden. In einem holographischen Universum kann das geistig gelungene Leben eines Menschen prozesshaftes Sinnbild für die der ganzen Menschheit innewohnende Möglichkeit werden, eine friedlichere und humanere Welt zu gestalten.

Eine menschheitlich orientierte Biografie ist, in einer Zeit der Resignation und des Nihilismus, eine der fundamentalen Botschaften des Geistes an die langsam und auf schmerzhaften Umwegen zum Bewusstsein ihrer Menschheitlichkeit zusammenwachsende Bevölkerung des Planeten Erde.

2.
Mitternachtsfeuer im Kongo

»Plötzlich wusste er, warum sie diesen Mann hatten kreuzigen müssen. Er muss ihnen abgrundtiefe Angst gemacht haben. […] Vor seiner natürlichen Autorität mussten sie sich lächerlich vorgekommen sein mit ihren Ämtern und Würden und Rangabzeichen, und das muss sie zutiefst verletzt haben.«

Andreas Eschbach, *Das Jesus-Video*. Februar 2000

Entkolonialisierung. Erster Akt

Afrika nach dem Zweiten Weltkrieg und nach der Allgemeinen Erklärung der Menschenrechte durch die UN-Vollversammlung am 10. Dezember 1948 in Paris. Afrika im Konflikt zwischen Ost und West, zwischen Kommunismus und Kapitalismus, auf der Suche nach einem eigenen Weg. Ein Kontinent erwacht aus der europäischen Kolonialherrschaft. Die Sehnsucht nach einer neuen Identität führt über Befreiungskriege und Entkolonialisierung zur Bildung afrikanischer Nationalstaaten. Auch die Menschen im Belgisch-Kongo verlangen als Teil ihrer Menschenrechte nach Freiheit und Selbstbestimmung. Belgisch-Kongo, später zeitweise Zaire genannt, ist mit 2.345.409 qkm ein Gebiet im Herzen Schwarzafrikas, welches 77 mal so groß ist wie das kleine, aber waffentechnisch hochgerüstete Belgien. Mit damals nur 15,6 Millionen Einwohnern ist die Bevölkerung im Verhältnis gesehen nur unwesentlich größer als jene Belgiens mit 9,6 Millionen. Für die Belgier ist der Kongo nicht nur Kolonie und Rohstoffquelle, sondern auch, ungefragt, Einwanderungsland. Nur sehr widerwillig entlässt daher die belgische Regierung den Kongo am 30. Juni 1960 in eine Art formelle Unabhängigkeit.

Gönnerhaft verliest der belgische König Baudouin in der Hauptstadt des Kongo, damals, nach seinem Vater, Leopoldville genannt (heute Kinshasa), die Urkunde: »Die Unabhängigkeit des Kongo ist die Krönung des Werkes, das der Genius Leopold des II. plante. [...] Achtzig Jahre lang hat Belgien seine besten Söhne [Soldaten, Missionare und Kaufleute; Anm. SMS] in Ihr Land geschickt. [...] Sie verdienen zugleich unsere Bewunderung und Ihre Dankbarkeit. [...] Als Leopold II. dieses große Unternehmen begann, trat er Ihnen gegenüber nicht als Eroberer, sondern als Überbringer der Zivilisation auf.«[1]

Nach dieser mythologischen Meisterleistung in Wirklichkeitsverdrehung geschah etwas Uneingeplantes. Patrice Lumumba, der neugewählte und noch junge Ministerpräsident des Kongo, welcher sich 1958 bei der Gründung der kongolesischen Befreiungsbewegung auf die universelle Deklaration der Menschenrechte durch die UNO berufen hatte, durchbrach das zeremonielle Protokoll, indem er eine freie und nicht mit den Belgiern abgesprochene Rede hielt: »Was unser Schicksal in den achtzig Jahren Kolonialregime betrifft, so sind unsere Wunden noch zu frisch und zu schmerzend, als dass wir sie aus unserer Erinnerung verbannen können. [...] Wir erfuhren Hohn, Beleidigungen und morgens, mittags und abends Schläge, weil wir Neger sind. [...] Wir erlebten die Ausbeutung unserer Ländereien im Namen von Verordnungen, die angeblich legal waren, die aber nur das Gesetz des Stärkeren anerkannten. [...] Unter all dem, meine Freunde, haben wir tief gelitten. Aber wir [...] rufen euch laut zu: Von heute an hat all das ein Ende.«[1]

Welcher Gegensatz zu den Worten, die noch am selben Vormittag von den belgischen Offizieren mit weißer Kreide an die schwarzen Wandtafeln in den Kasernen der kongolesischen Armee geschrieben worden waren: Nach der Unabhängigkeit bleibt alles genauso wie vor der Unabhängigkeit!!! Doch nach den offenen und starken Worten Lumumbas ist die Magie der Autorität der Belgier gebrochen. Einige Tage später verweigern die ersten schwarzen Soldaten ihren weißen Herren den Gehorsam und verwickeln die belgischen Kolonialsoldaten in großen Teilen des Kongos in Gefechte.

Zweiter Akt. Die Abspaltung Katangas

Am 11. Juli 1960, elf Tage nach der Unabhängigkeitserklärung, landen belgische Fallschirmjägertruppen in der Kongoprovinz Katanga. Unter dem Einfluss von europäischen Wirtschafts- und Militärberatern, darunter Chefberater George Thyssens, spaltet der dortige Verwaltungschef Moise Tschombé die Provinz, seinen neuen Provinz-Staat, vom kongolesischen Mutterland ab. Der Separatismus-Trick war clever durchdacht. Ohne Katanga gibt es keinen wirtschaftlich überlebensfähigen Kongo. Über 65 % der Bodenschätze des Kongo werden in dieser Region von dem multinationalen Konzern Union Minière du Haut-Katanga (UMHK) mit Geschäftssitz in Brüssel abgebaut. Die Anteile belgischer, französischer und britischer Geschäftskreise werden von der Hausbank Rothschild in London verwaltet. Belgiens Botschafter in Katanga ist Robert de Rothschild.

In diesem Teil Afrikas gibt es nicht nur Kupfer, Kobalt, Gold und Diamanten, sondern auch den mächtigsten Rohstoff des Atomzeitalters. Das Uran für die Hiroshima-Atombombe stammte aus Katanga. Und auch die französischen und britischen Atomprogramme waren zeitweilig auf den Spaltstoff aus Schwarzafrika angewiesen. Mit finanzieller Unterstützung der UMHK-Wirtschaftsdynastie kann Tschombé eine überwiegend belgisch-französische Söldnertruppe bezahlen. Premierminister Lumumba und Staatspräsident Kasawubu bitten die UNO noch am frühen Abend des 11. Juli um verwaltungstechnischen und auch militärischen Beistand. Hammarskjöld weiß: Wenn dieser Trick, den rohstoffreichsten Teil eines in die scheinbare Unabhängigkeit entlassenen Nationalstaates einfach abzuspalten, Schule macht und zum Beispiel für andere Kolonialmächte wird, dann wird der Prozess einer weitgehend friedlichen Entkolonialisierung entgültig scheitern.

Bei seinem Amtsantritt im April 1953 gab es erst vier afrikanische Staaten als Mitglieder der UNO. Jetzt, im Jahr 1961, sind es schon sechsundzwanzig. Im Kongo hetzen derweilen ausländische Mächte die verschiedenen Stammesgruppen gegeneinander auf. Erste Massaker geschehen. Es droht Völkermord. Zudem steht die UdSSR bereit, den afrikanischen Staaten und Freiheitsbewegungen ihre waffenbrüderliche Hilfe beim Kampf gegen die Kolonialisten und Kapitalisten anzubieten. Dag Hammarskjöld, in einem neutralen Staat wie Schweden groß geworden, möchte die Militärmaschinerien der Großmächte von Afrika fern halten. Er handelt rasch.

»Es gibt Leute, die etwas aufrecht erhalten wollen, das durch den Lauf der Geschichte bereits entschieden ist. [...] Es gibt Leute, die, anstelle der alten, neue und raffiniertere Formen der Herrschaft und des Einflusses zu setzen versuchen«, sagt der Generalsekretär der Vereinten Nationen in seiner Einführung zum Jahresbericht 1959/60 vor der Generalversammlung.

Der Sicherheitsrat beschließt in einer Notstandssitzung am 13. Juli die Entsendung von UNO-Verwaltungsbeamten, Technikern, Hilfsgütern und Blauhelmkontigenten, der von Hammarskjöld erstmals 1956 bei der Suezkanal-Krise eingesetzten UN-Friedenstruppe. Am 14. Juli 1960 beginnt die bislang umfangreichste Aktion in der Geschichte der Vereinten Nationen, in deren Verlauf unter anderem 20.000 Blauhelmsoldaten aus neutralen und blockfreien Ländern, darunter viele Skandinavier und Afrikaner, aber auch Iren und Inder, zum Einsatz kommen. Die UNO übernimmt in Teilen des Kongos faktisch die Verwaltung und UN-Blauhelme werden in Katanga von weißen Söldnern und den lokalen Truppen Tschombés angegriffen. Katanga mit seinem damals geostrategischen Uranvorkommen als UNO-Protektorat? Zu viel steht für die großen Mächte in einer Welt des atomaren Wettrüstens auf dem Spiel, als dass sie sich von einer neutralen UNO unter dem Oberbefehl eines kosmopolitisch orientierten Schweden in ihren Plänen stören lassen würden. Und diese machtpolitischen Gedankengänge sind tödlicher noch als der heiße Rassenhass der belgischen Siedler auf die Entkolonialisierungspolitik der UNO und die sadistische Mordlust europäischer Legionäre (ein Phänomen, das an das Markusevangelium 5, 9 erinnert), welche, vom europäischen Humanismusgedanken unbefleckt, auch gefangene Blauhelme foltern.

Moise Tschombé, Verwaltungschef der Kongoprovinz Katanga, begrüßt Dag Hammarskjöld in Elisabethville. August 1960

»Wenn auch das Sterben soziale Funktion werden muss«, bittet Hammarskjöld Mitte 1951 seinen Dialogpartner im Tagebuch, »dann gib mir die Gnade, dass ich mich leise, auf Zehen, ohne zu stören, hinausschleichen darf.«

Zehn Jahre später, Pfingsten 1961, findet sich die Eintragung: »Auf dem weiteren Weg lernte ich, Schritt um Schritt, Wort für Wort, dass hinter jedem Satz des Helden der Evangelien ein Mensch und die Erfahrung eines Mannes stehen. Auch hinter dem Gebet, es möge der Kelch von ihm genommen werden, und dem Gelöbnis, ihn zu leeren.«

Im Hexenkessel. Mitternacht entgegen

Krieg im Kongo. Sonntag, 17. September 1961. Abenddämmerung. Wie ein heller Schatten in der hereinbrechenden Nacht gleitet das weißlackierte UN-Flugzeug mit den beiden blauen Buchstaben auf Rumpf und Tragflächen hoch über dem Tanganjika-See dahin. An dessen Ufer wurde der Körper des am 17. Januar 1961 von den schwarzen und weißen Agenten eines Bergbaukonzerns (UMHK) mit Hauptgeschäftssitz in Brüssel erschossenen, ehemaligen Ministerpräsidenten des Kongo, Patrice Lumumba, aufgefunden. In der vom Kongo abgespaltenen Provinz Katanga kämpfen UN-Blauhelmsoldaten gegen katangalesische Truppen unter der Führung von belgischen und französischen Söldnern. Ein Klang wie von Urwaldtrommeln durchpulst die Nacht. Oder sind es ferne Maschinengewehrsalven?

Funkstille an Bord der schwedischen DC-6B *Albertina*. Die Außenlichter sind gelöscht. Am Tag zuvor schoss ein Jagdflugzeug der Söldner eine DC-3 Transportmaschine der UNO ab. Es war ein Samstag, englisch Saturday, welcher dem dunklen Planetengott Saturn (seine afrikanische Entsprechung ist Ogun oder Mumbo) geweiht ist. Dessen Herrschaftsinsignien, die Sense und der unaufhaltsam durch das Stundenglas rieselnde Sand, als Symbole für die auch hier in Schwarzafrika wirkenden Kräfte des Todes, überschatten die Sonntagsruhe im Luftraum. Hinten im Heck der Albertina sitzt UN-Generalsekretär Dag Hammarskjöld. Er ist auf dem Weg in die nordrhodesische Grenzstadt Ndola, um dort mit dem Provinzfürsten von Katanga, Moise Tschombé, über einen Waffenstillstand mit der UNO und einen Friedensvertrag mit der Zentralregierung des Kongo zu verhandeln.

In der kongolesischen Hauptstadt Leopoldville blieb, mit unruhigem Herzen, der Schwede Sture Linnér, Leiter der zivilen Hilfsoperation der UNO, zurück. Hammarskjölds Weigerung, ihn im Flugzeug mitzunehmen, wird seinem Leben noch viele Jahre schenken. Er wird 1982 in seiner Autobiografie »Meine Odyssee« (seine Frau stammt aus Griechenland) Dag Hammarskjöld dafür öffentlich danken. Mit ihm unterhielt Hammarskjöld sich zuletzt, neben dem Verwaltungstechnischen, über griechische Mysteriengeschichte und den mittelalterlichen Liebesbegriff der Mystiker.

Sir Roy Welensky, der Regierungschef von (britisch) Nord-Rhodesien, heute Sambia, hat zur Unterstützung Tschombés und im stillschweigenden Übereinkommen mit britischen Regierungskreisen nordrhodesische Truppen und Flugzeuge an die Grenze zu Katanga befohlen. Ganz im Hintergrund zogen die internationalen Finanzkreise des UMHK-Konzerns ihre zumeist kaum sichtbaren Fäden. Der britische Botschafter im Kongo, Derek Riches, hat Hammarskjöld diplomatisch zu verstehen gegeben, dass man den (geschäftsschädigenden) UNO-Aktivitäten in Katanga nicht mehr länger tatenlos zusehen wolle. Ein konservativer Redner im Londoner Parlament, Lord Hinchingbrooke, hatte einige Tage zuvor die UNO als den ärgsten Feind Großbritanniens bezeichnet. Die Rede wurde im »Sunday Express« publiziert.

Die Katanga-Krise drohte nicht nur den Kongo, sondern nun auch die *Vereinten Nationen* selbst zu spalten. Die französische und die britische Regierung hatten die Niederlage im Suez-Kanal-Konflikt im Jahr 1956, als ihre Besatzungstruppen von Hammarskjöld mit Hilfe der neugegründeten UN-Blauhelme aus Ägypten hinauskomplimentiert wurden, nicht vergessen. Und auch der belgische Außenminister Paul-Henri Spaaks dürfte dem Schweden wohl innerlich nie verziehen haben, dass dieser 1953 UN-Generalsekretär geworden war und nicht er. So meldete die *Frankfurter Allgemeine Zeitung* am 26. Oktober 1960 , dass der belgische Staatsrundfunk anlässlich der Feier zum 15. Jahrestag der UNO »Hammarskjöld abgeschaltet« habe. Funkstille und schwarze Bildschirme. Wie oft sind es gerade die psychopathologischen Instinkte wie Neid und Rachegedanken, welche die Möglichkeit einer vernünftigen und humanen Politik behindern.

In der Traditionslinie Abraham Lincolns

»Das höchste Gebet des Menschen bittet nicht um den Sieg, sondern um den Frieden.« Dies sind Worte aus der Antrittsrede Dag Hammarskjölds vor der UNO-Vollversammlung, gehalten am Freitag, den 10. April 1953. Einige Sätze zuvor zitierte er aus Abraham Lincolns am 19. November 1863 auf dem Schlachtfeld von Gettysburg gehaltenen Rede über Freiheit und Versöhnung: »Die Welt wird kaum bemerken, noch sich lange daran erinnern, was wir sagten, aber es kann niemals vergessen werden, was wir taten.« Und nach seinem Amtseid als UNO-Generalsekretär, welcher auch das Gelöbnis beinhaltet, keine Anweisungen von irgendeiner einzelnen Regierung zu suchen oder zu akzeptieren, spricht er von seiner Aufgabe:

»I bring to this task a firm will to devote myself, without any reserve, [...] to meet all problems with an open mind.« Und nach einem Hinweis auf das zu diesem Zeitpunkt von einem Teil der Welt begangene Osterfest, beendet er diese Andeutung einer spirituellen Regierungserklärung mit »I have tried to indicate the spirit in which I shall go to work.«[2]

Vielleicht erinnerte Hammarskjöld sich dieser Worte, als er am 17. September 1961 zu seinem friedenspolitischen Canossa(bitt)-gang nach Ndola flog. Freiheit für den Kongo unter Bewahrung seiner territorialen Einheit und zugleich Versöhnung mit den ehemaligen Kolonialmächten. Er musste, um des Friedens willen, versuchen beides zu erreichen. Ein unmöglicher, ein lebensgefährlicher Job. Als Dreieinhalbjähriger hatte er seine Familie überrascht, wie er bei seinem allabendlichen Gebet mit der Mutter eine Fürbitte »für die kleinen Negerkinder in Afrika« einschob.[3] Später, in seiner frühen Studentenzeit, las er Joseph Conrads Kongo-Roman »Herz der Finsternis«. Und vielleicht erinnerte er sich auch daran, dass 99 Jahre zuvor, am 22. September 1862, Abraham Lincoln in seiner Emanzipations-Erklärung den versklavten Afroamerikanern de jure ihre Freiheit zurückgegeben hatte? Und möglicherweise dachte er an jenes Ostern 1865, als Lincoln von einem Rassisten und Südstaatenfanatiker erschossen wurde.

Vorausahnungen

Wenige Monate vor diesem Flug, Pfingsten 1961, schrieb der oberste UNO-Beamte, in Anknüpfung an seine Notiz von Ostern 1956, über die Nachfolge Christi in sein Tagebuch: »Geleitet [...] vom Ariadnefaden der Antwort, erreichte ich eine Zeit und einen Ort, wo ich wusste, dass der Weg, der zu einem Triumph führt, der Untergang ist ...« Und einige Zeilen weiter formuliert er einen fast hellsichtigen Einblick in sein Schicksal: »Enthoben dem Halbschlaf / gelöst von allem, was band / gereinigt, geübt, geschmückt / erreiche ich die Schwelle. [...] Sehe geblendet die Pforte / sich öffnen zur Arena und gehe hinaus, nackt / dem Tod zu begegnen. [...] Die anderen sah ich / Jetzt bin ich der Erwählte / festgespannt auf dem Block / um geopfert zu werden.«

Letzter Akt. Rendezvous mit dem Tod

22:02 Uhr (Ortszeit). Die schwedische Crew der von der UNO gecharterten Transair-Maschine, darunter drei erfahrene Piloten und Navigatoren, ein Flugingenieur, ein Mechaniker und ein Funker, unterbricht die Funkstille. Sie fragt das Fluginformationszentrum (FIZ) in der nordrhodesischen Hauptstadt Salisbury nach der voraussichtlichen Ankunftszeit des Flugzeuges des britischen Unterhändlers Lord Lansdowne in Ndola. Auf Nachfrage gibt sie ihre eigene Ankunftszeit mit etwa einer halben Stunde nach Mitternacht an. Diese Nacht hat viele Ohren, die mithören. Und manche Nachrichten gelangen so an Orte, an die sie besser nicht hingehörten.

23:35 Uhr. Der Pilot der *Albertina* informiert den Kontrollturm in Ndola auf Empfehlung vom FIZ Salisbury, dass sie etwa 0:20 Uhr ankommen und etwas Treibstoff benötigen würden. Der Beamte im Kontrollturm, Campbell Martin, versucht den Piloten über die weiteren Pläne des Fluges auszufragen. Kapitän Per Hallonquist verweigert detailliertere Auskünfte. Die Wetterverhältnisse sind normal. Von dort droht keine Gefahr.

00:10 Uhr. Zehn Minuten nach Mitternacht meldet die Crew, dass die Landebefeuerung in Sicht wäre und schwenkt in die große Landeschleife ein. Der Kontrollturm fordert die Albertina auf, nach Feststellen ihrer Höhenposition auf 2000 Fuß herabzusinken und dies rückzubestätigen. Die Crew bestätigt die Landesignale. Es ist dies das letzte Zeichen, das man im Wachturm des Ndola-Flughafens von der Albertina gehört haben will. Der Flughafenmanager Williams und seine Leute werden von Großbritanniens Sonderbeauftragtem Lord Alport Schlafen geschickt.

Wächter der Nacht, was passiert diese Nacht?
Hüter der Nacht, ist die Nacht bald vorüber?
Der Hüter aber sprach:
Wie der Morgen auch kommt,
so kehrt auch die Nacht wieder.

Mittsommernacht 1956, *Zeichen am Weg*
Jesaja 21, 11 - 12, im Original englisch.

Der Morgen des 18. September 1961 graute. Es ist ein Montag. Nahe der herbstlichen Tagundnachtgleiche, wo der Tage Licht und der Nächte Finsternis sich noch unentschieden gegenüberstehen. Seine offenen, blaugrünen Augen schauen in das schwindende Dunkelblau des Sternenhimmels über Afrika. Sein Körper befindet sich etwa 1000 Meter hinter dem Wrack, das einst die *Albertina* war. Eine Brandschneise im Dickicht der Bäume. Irgendwo vielleicht das Zwitschern von Vögeln. Äußerlich unversehrt, fast wie ein Schlafender, liegt er auf dem Rücken. Seine rechte Hand hält ein Grasbüschel umklammert. Die Finger der linken Hand sind eingegraben in afrikanische Erde. Ein grüner Busch, von den Flammen unbehelligt, wirft etwas Schatten auf Dag Hammarskjölds Gesicht. Er ist der Einzige, dessen Körper keine Verbrennungen hat. Aber seine Wirbelsäule sei mehrfach gebrochen, sagt der Hospitalbericht. So auch die Rippen des Brustkorbes. Sein Herz steht still. Die medizinische Untersuchung ergab zudem starke innere Blutungen.

Es geschieht in der Gethsemane-Nacht,
wenn die letzten Freunde schlafen,
alle anderen deinen Untergang suchen
und Gott schweigt,
dass die Vereinigung sich vollzieht.

Eintrag 1954, *Zeichen am Weg*

In seinem Jacket findet man einige Blätter mit noch an Bord ins Schwedische übersetzten Seiten aus Martin Bubers deutscher Originalausgabe des Essays »Ich und Du«. »Aber die Es-Menschheit, die einer imaginiert, hat mit einer leibhaftigen Menschheit, zu der ein Mensch wahrhaft Du spricht, nichts gemein. [...] Die Ideen thronen ebenso wenig über unsern Köpfen, wie sie in ihnen hausen; sie wandeln unter uns und treten uns an; beklagenswert, wer das Grundwort ungesprochen lässt, aber erbärmlich, wer sie stattdessen mit einem Begriff oder einer Parole anredet, als wäre es ihr Name!« Die letzten Zeilen, vielleicht geschrieben kurz vor dem Absturz, enden mit »Liebe ist Verantwortung eines Ich für ein Du: hierin besteht [...] die Gleichheit aller Liebenden [...] zu dem lebenslang ans Kreuz der Welt Geschlagenen, der das Ungeheure vermag und wagt: die Menschen zu lieben.«

Karfreitag 1956. »Man darf nicht schlafen in dieser Zeit. [...] Und für den Wachenden ist das Ferne gegenwärtig, gegenwärtig auch in der Verbindung mit dieser Menschheit, in welcher Jesus jeden Augenblick stirbt in irgendeinem, der dem Weg der inneren Zeichen folgte, bis zum Ende«, notiert Dag Hammarskjöld in sein Tagebuch.

Anton Graf Knyphausen schreibt über den Saturnismus (medizinisch für Bleivergiftung) des »Unglücks« am Ende seiner Einleitung zu *Zeichen am Weg*: »Man fand das ausgebrannte Wrack am Tag darauf. Die Leichen von Hammarskjölds Leibwache waren mit Kugeln gespickt. Noch vor der Rettungsmannschaft waren Plünderer am Werk gewesen. Von den fünfzehn Passagieren war nur noch der UN-Beamte Harold Julien am Leben. Die Polizei von Nordrhodesien verhörte ihn, ehe er starb – das Protokoll wird noch immer geheim gehalten.« Als die Sense Saturns im Dienste der Plutokratie (Geldherrschaft) durch das 20. Jahrhundert zog, gehörten Dag Hammarskjöld und seine Mitarbeiter zu jenen, die sich nicht geduckt haben.

Nächtliches Flammen. Phosphorschimmernd
stöhnte der Dschungel im Sturm[an]griff.
Sie erlegten der Liebe vollen Preis
für das, was andere gewannen.
Morgendämmern. Erster Vogelruf.
Wer denkt an das Opfer der Nacht.

Adventszeit, Dezember 1960
Tagebuch *Zeichen am Weg*

Nachrufe. Die Resonanz der Welt

Das *Hamburger Abendblatt* fragt am 19. September 1961 in der Überschrift eines Hintergrundartikels: »Tod durch Gewalt? – Überlebender spricht von Explosion« und am folgenden Tag: »Wer saß am Steuer des geheimnisvollen Düsenjägers? – Neue Rätsel um den Tod Dag Hammarskjölds«. Am Ende dieses Berichtes wird aus der aktuellen Rundfunkansprache des damals amtierenden, kongolesischen Ministerpräsidenten Adoula zitiert: »UNO-Generalsekretär Hammarskjöld, sagte Adoula, sei das Opfer bestimmter Finanzkreise geworden, für die das Leben eines Menschen weniger wert ist als ein Gramm Kupfer oder Uran.«

Die indische Tageszeitung *Indian Express* schrieb: »Niemals, selbst nicht während der Suez-Krise, waren britische Hände so blutbefleckt wie jetzt.« Die afrikanische Zeitung *Ghanaian Times* nannte Namen Verantwortlicher: »Hammarskjöld wurde [...] hingerichtet durch [Sir] Roy Welensky ...«

Die Londoner Zeitung *The Times* beginnt ihren Nachruf »Dag Hammarskjöld – Historic Service to the United Nations« am 19. September mit den Worten: »If the nations of the world ever achieve a unified goverment no man would have a higher claim to count as one of his founding fathers than Mr. Dag Hammarskjöld.« Auf Deutsch: »Wenn die Nationen der Welt jemals eine vereinigte Regierung erreichen, hätte kein Mensch ein höheres Anrecht als einer ihrer Gründungsväter genannt zu werden als Dag Hammarskjöld.«

Weltbürgerregierung? Eine unabhängige UNO unter kosmopolitischer Führung, welche die Möglichkeit hätte, dem Treiben nationaler Regierungsmächte und multinationaler Konzerne eine Gegenmacht entgegenzustellen? Alleine dies wäre für gewisse internationale Kreise Grund genug, eine solche weltbürgerlich orientierte Institution zu enthaupten. Dag Hammarskjöld, aus einer alten Adelsfamilie stammend, war zu dieser Zeit das Oberhaupt einer Institution, welche sich unter seiner Führung auf den Weg machte, Politik für die Menschen und Bürger dieser Welt, und nicht nur für die Regierungen, zu betreiben. Menschheitspolitik.

Wie sehr dieser Mensch die Seelen seiner dafür wachen Zeitgenossen berührt hat, zeigt auch exemplarisch der Nachruf von Wilhelm Backhaus im *Hamburger Abendblatt* vom 20. September. Unter dem Titel »Geist, der nicht stirbt. Das Erbe Hammarskjölds« schreibt der HA-Redakteur: »Dass der Tod Dag Hammarskjölds in der gegenwärtigen Weltsituation einer Katastrophe gleichkommt, ist seit der Unglücksnachricht der Gegenstand zahlloser Kommentare in allen Kontinenten. [...] Dag Hammarskjöld war es, der diese Weltorganisation erst zu einem zielstrebigen Organ des politischen Weltbewusstseins machte. [...] Weil Dag Hammarskjölds Denken so von den engen Kreisen überkommener Politik losgelöst war und sich auf unseren Planeten als Ganzes richtet, war er ein Mann der Zukunft. Und er bleibt damit ein Vorbild.«

Die *WELT* fasste dies am selben Tag kurz und programmatisch in der Schlagzeile »Ein Mann, der nicht zu ersetzen ist« zusammen. Und Hans Steinitz vom Springer Auslandsdienst (SAD) in New York – ich zitiere hier bewusst eher konservative und hartgesottene Redaktionen – benutzte in seinem Kommentar »Er liebte die Berge und las Goethe« das ungewöhnliche Wort vom »unbestechlichen Gralshüter« für Dag Hammarskjöld. Dem Gral und dem Symbol des Kelches wird der Leser später in diesem Buch wieder begegnen.

Dieses Buch ist, geschrieben fast 40 Jahre nach der Tragödie, in einer Zeit, in der die Existenz eines von den Vetomächten unabhängigen und übernationalen Rechtslebens (Beispiel Strafgerichtshof) wie auch der UNO selbst wiederum von gewissenlosen Kreisen in Frage gestellt wird, die Wiederbelebung der Frage im Übertitel des Nachrufes in der *WELT*: »Nach dem tödlichen Absturz: Wer war der UNO-Generalsekretär Dag Hammarskjöld, und was kommt nach ihm?«

Damals, in den Tagen nach dem Unglück, konnte man darauf noch keine fundamentale Antwort ernsthaft versuchen. Zu vieles an Material war noch nicht publiziert und das Buch seiner Tage und Nächte, *Zeichen am Weg*, war der Öffentlichkeit noch nicht bekannt. Seine engsten Mitarbeiter standen noch unter Schock und schwiegen. Die Archive blieben für lange Jahre geschlossen, manche für immer. Später erschien sein Tagebuch und wurde zumeist nicht begriffen, da den meisten Lesern die Hintergrundinformationen fehlten. Gewisse Kreise benutzten dieses nicht leicht verständliche Tagebuch, welches auch von der Nachfolge Christi handelt, um weiterhin durch Rufmord-Kampagnen für Verwirrung zu sorgen und so von Wesentlichem abzulenken. Hammarskjöld geriet zunächst fast vollständig aus dem öffentlichen Bewusstsein.

Bevor wir uns dem esoterischen Schulungsweg nähern, welcher in *Zeichen am Weg* zumeist chiffriert angedeutet ist, gilt es noch jenen Punkt zu klären, welchen die *Süddeutsche Zeitung* am 31. Juli 1965 in ihr »Streiflicht« rückte: »Da Hammarskjölds Tod für manche Leute sicher ›wie bestellt‹ kam, konnte sehr wohl die Vermutung aufkommen, das UNO-Flugzeug sei durch Sabotage oder Beschuss zum Absturz gebracht, Hammarskjöld sei also ermordet worden. Das wäre ein dunkler Punkt, für die Geschichtswissenschaft nach wie vor zu klären wichtig.«

Aufklärung. Der Wahrheit entgegen

Wachgerüttelt durch den mysteriösen Flugzeugabsturz des algerischen Außenministers, welcher am 3. Mai 1982 beim Versuch der Vermittlung eines Waffenstillstandes im Iran-Irak-Krieg ums Leben kommt[4], bezweifelt die Journalistin Lydia Stephan die offizielle »Unfall«-Version der nordrhodesisch-britischen Kolonialbehörden. In ihrem am 2. Januar 1983 im Hessischen Rundfunk (Abendstudio) gesendeten Hörfunk-Feature »Das Leben des UN-Generalsekretärs Dag Hammarskjöld« forscht sie nach:

»Fest steht, dass eine Menge Leute ein Interesse daran hatten, Spuren zu verwischen. Warum dauerte es zwölf Stunden, bis die Rettungsmannschaften das ausgebrannte Wrack erreichten?«

Infolge der neueren Informationen durch Hammarskjölds ehemaligen Pressesprecher George Ivan Smith (1992), dem Tutu-Bericht der südafrikanischen Wahrheitskommission (1998) und eigener Recherchen in Pressearchiven sowie in Schweden, Afrika und New York City ergibt sich folgendes Bild: Es dauerte 15 Stunden, bis die »Rettungsmannschaften« das ausgebrannte Wrack (um circa 15:00 Uhr) erreichten, obwohl die Absturzstelle nur etwa 12 Kilometer vom Ndola-Flughafen entfernt lag, damit das mit zusätzlichem Benzin überschüttete Wrack in Ruhe ausbrennen konnte. (So viel Treibstoff für einen solchen Brand nach einer solchen Umwegflugstrecke konnte schon nicht mehr in den Tanks sein, zumal die Crew dem Tower in Ndola auch die Notwendigkeit des Auftankens vorab gefunkt hatte.)

Lydia Stephan fragt weiter: »Warum wurde der Funkverkehr zwischen dem UN-Flugzeug und dem nordrhodesischen Flugsicherungsdienst nicht, wie üblich, auf Tonband festgehalten?«

Dies impliziert fast schon die Antwort: weil nordrhodesisch-britische Geheimdienst- und Regierungskreise vielleicht kein

Interesse an solchen nachprüfbaren Tonbandaufnahmen hatten.

»Warum rasten zwei Landrover mit großer Geschwindigkeit zum Ort des Geschehens und verschwanden wieder, lange bevor die offizielle Untersuchungskommission zur Stelle war?«

Wahrscheinlich doch wohl um sicher zu stellen, dass keine Zeugen mehr am Leben waren. Zum Verdruss ihrer Auftragsgeber haben die Geheimagenten im trüben Licht der frühen Morgendämmerung den amerikanischen UN-Sicherheitsbeamten Harold Julien übersehen, welcher schwer verletzt und zeitweise bewusstlos auf der anderen Straßenseite des eigentlichen Unglücksortes lag. Julien konnte so im Krankenhaus, wo er noch fünf Tage lebte und zuletzt von seiner Frau besucht wurde, dem Personal wie auch der Polizei zu Protokoll geben, dass Hammarskjöld plötzlich »Umkehren!« gerufen habe, da er so etwas wie Lichtfunken sah. Dann seien überall kleine Explosionen gewesen. Er selbst habe beim Aufprall die Notfallschlaufe gezogen und sei über die Tragfläche nach draußen gesprungen. Der spätere, offizielle Bericht der nordrhodesischen Autoritäten, welche als Ursache einen Navigationsfehler der Piloten bevorzugten, ging auf diese Zeugenaussage nicht weiter ein. Den Polizeibeamten konnte Schweigsamkeit befohlen werden. Nicht so einfach war es mit den Ärzten, Krankenschwestern und Juliens Frau Maria. Die inoffizielle Wahrheit sickerte langsam durch.

»Warum beschlagnahmten rhodesische Beamte Fotografien, die Mechaniker aus der amerikanischen Untersuchungskommission vor Ort gemacht hatten? [...] Warum äußerte Präsident Kennedy Zweifel an der Richtigkeit der offiziellen Version des Unglücks? [...] Warum wurden Zeugenaussagen unterdrückt, die ein Kampfflugzeug über der verunglückten Maschine gesehen hatten?«

Lydia Stephan schreibt im November 1982, gegen Ende ihres Rundfunk-Manuskriptes: »Vielleicht werden zukünftige Geschichtsschreiber einen Zusammenhang zeigen zwischen diesem ersten prominenten Toten der Sechziger Jahre und denen, die noch folgten: dem Präsidenten Kennedy, dem Bürgerrechtler Martin Luther King und dem südafrikanischen Freiheitskämpfer Luthuli.«

Dag Hammarskjölds Ankunft in Südafrika: »Dag meet Luthuli«

Albert Luthuli, welcher Ende 1961, zusammen mit dem ermordeten Dag Hammarskjöld, vom Norwegischen Parlament als Friedensnobelpreisträger ausgezeichnet wurde und welcher (von unbekannter Hand) in der Morgendämmerung des 21. Juli 1967 vor einen Güterzug gestoßen wurde. Als Dag, unterstützt von einer UN-Resolution, im April 1960 und im Januar 1961 zu Gesprächen mit dem südafrikanischen Premierminister Hendrik Verwoerd nach Pretoria kam, um dessen Regierung zur Änderung ihrer Apartheitspolitik zu bewegen, da wurde er am Flughafen von einer hoffnungsvollen Menschenmenge empfangen. Die schwarzen Bürger Südafrikas, deren Bürger- und Menschenrechte damals noch nicht anerkannt wurden, begrüßten ihn mit Plakaten wie »Welcome Dag!« und »Dag meet Luthuli!«

Wie der Geist der Geschichte es manchmal will, war die Tutu-Kommission eigentlich daran interessiert, das Verbrechen an Luthuli aufzuklären, als sie im Sommer 1998 auf die Dokumente einer Geheimdienstoperation unter der Kodierung »Wie geht es Céleste?«, französisch für »Wie geht es dem Himmlischen?«, stieß. Für das nachfolgende Szenario beziehe ich mich unter anderem auf Informationen von Desmond Tutu sowie Veröffentlichungen in der deutschsprachigen, der englischen und der schwedischen Presse.

So schreibt das *Alfonbladet* am 20. August 1998: »Die Mordpläne sind dokumentiert in einem handgeschriebenen Brief zwischen zwei Mitgliedern einer geheimen Militär-Organisation, die während der Apartheitszeit unter dem Decknamen »Südafrikanisches Institut für Meeresforschung« wirkte.« Zitate aus diesem Brief- bzw. Telegrammwechsel werden abgedruckt: »Dag hat gefordert, dass Kampfflugzeuge [als Schutz für die von Tschombés Luftwaffe bombardierten UNO-Truppen; Anm. SMS] nach Katanga via Südafrika und Rhodesien verfrachtet werden sollen – Dr.V. und Sir Roy haben sich geweigert. Dag beginnt beschwerlich zu werden und es wird gemeint, dass Hammarskjöld beseitigt werden muss.« Weiter heißt es, dass »seine Beseitigung effektiver gehandhabt werden soll als die von Lumumba«.

Dem Zeitungsartikel ist weiterhin zu entnehmen: »Desmond Tutu beurteilt die Dokumente als glaubwürdig.[…] Das schwedische Außenministerium bekam die Mitteilung, dass Südafrika an einem Komplott teilnahm, mit der Absicht, Dag Hammarskjöld zu ermorden, von dem Botschafter in Pretoria. Es gibt allen Anlass, der Mitteilung großes Gewicht beizumessen, sagte die Sprecherin des Außenministeriums, Annika Söder.«

In einer Nachrichtenagentur-Meldung (dpa) vom 19. August 1998, 19:32 Uhr, dementierten Londoner Regierungskreise die Verwicklung des britischen Geheimdienstes in den mitternächtlichen Anschlag mit der Aussage: »Agenten des Vereinigten Königreichs gehen nicht durch die Gegend und bringen Leute um.« Lassen Sie mich diese aus-sagenhafte Phrase mit einem Zitat der *Frankfurter Allgemeinen Zeitung* vom 20. August kommentieren. Der FAZ-Bericht »Gab es ein Mordkomplott gegen den früheren UN-Generalsekretär Hammarskjöld?« endet mit:

»De Klerks Nachfolger […] kritisierte frühere Minister seiner Partei, weil sie sich der Verantwortung entzögen, […] sobald sie

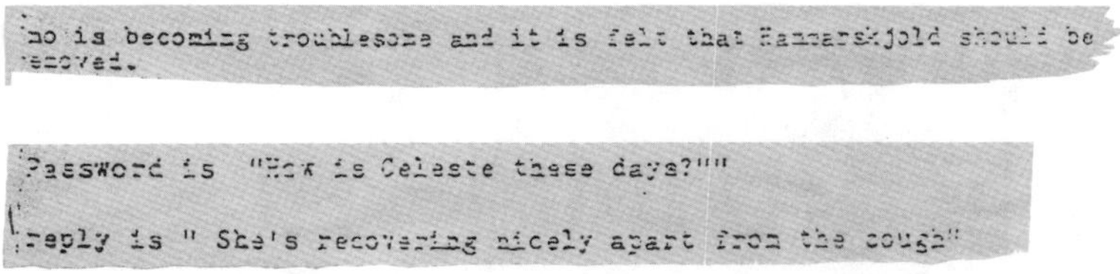

no is becoming troublesome and it is felt that Hammarskjold should be removed.

Password is "How is Celeste these days?""

reply is " She's recovering nicely apart from the cough"

Ausschnitte aus dem Schriftwechsel der Attentäter

mit [ihren Verbrechen infolge] der Apartheit konfrontiert würden. Das Gefühl der Regierungsverantwortlichkeit fehle in Südafrika. Vor einigen Tagen schlugen drei ehemalige Armeegeneräle Mandela vor, ihnen Generalamnestie zu gewähren, um mögliche straf- und zivilrechtliche Klagen zu vermeiden. Die Generäle [...] sagten, Kriege führten dazu, dass selbst unter den besten Männern das Gefühl für Recht und Unrecht sich verwische.«

Ndola.
Das Szenario mit der größten Wahrscheinlichkeit

00:10 Uhr (Ortszeit). Hammarskjölds Flugzeug schwenkt in die große Landeschleife ein. Ihre Position ist durch den Funkverkehr mit dem Kontrollturm bekannt. Ihre Lande- und Antikollisionslichter sind aktiviert. Plötzlich taucht über der UN-Maschine ein Schatten aus der Nacht auf. Hammarskjöld ruft »Umkehren!«. Zu spät. Leuchtspurmunition oder Scheinwerferlicht blendet den schwedischen Piloten. Instinktiv taucht Kapitän Per Hallonquist nach unten ab. Er versucht dem fremden Flugzeug zu entkommen. In diesem Kampf ums Überleben verliert er den Höhenmesser kurz aus den Augen. Er fährt das Fahrgestell aus und will eine Notlandung versuchen. Eine Explosion erschüttert die DC-6B. Der metallene Körper der *Albertina* kollidiert mit den Baumwipfeln auf einer kleinen Anhöhe, Dola Hill genannt, in der relativen Nähe des Dorfes Mufulira.

Die Abschussstelle und die Toten 1961

Die Jagd auf Hammarskjölds Flugzeug wird zeitweise beobachtet von Zeugen wie dem Gemeindesekretär Timothy Kankasa, dem Reisekaufmann David Bermant, der Hausfrau Olive Anderson und dem Nachtwächter William Chappell. Die nordrhodesische Untersuchungskommission, geleitet von Militärpersonen wie Colonel Barber, welche für die Sicherheit der Region Ndola selbst mitverantwortlich war, schloss später mit allerlei argumentativer Raffinesse einen Angriff auf die UNO-Maschine kategorisch aus und denunzierte die Zeugen als unzuverlässig. Dies war nicht anders zu erwarten. Der Bock hatte sich selbst zum Gärtner ernannt.

Ob der Absturz so geplant war oder ob hier nur ein Einschüchterungs- oder Entführungsversuch vollkommen außer Kontrolle geriet, blieb lange eine offene Frage. Der Bericht der von Desmond Tutu geleiteten Wahrheits-Kommission deutet auf einen klaren geheimdienstlichen Auftragsmord hin. Die Albertina scheint nicht in der Luft explodiert zu sein, denn Dag Hammarskjöld, welcher zumeist unangeschnallt flog, kam noch, zusammen mit seinem Sicherheitsoffizier Julien, unverbrannt (!)

Kreuzwege: die Absturzstelle als Gedenkstätte 1995. Über einer Steinsäule mit Gedenktafel »schwebt« eine Erdkugel.

aus der Maschine. Die Wahrscheinlichkeit ist groß, dass erst danach, von wem auch immer, für das völlige Ausbrennen der *Albertina* gesorgt wurde. Jene, welche dafür Sorge trugen, dass unter anderem der Flugschreiber (die Blue Box), das Radargerät und die Chiffriertext-Schreibmaschine von Hammarskjölds Sekretärin verschwanden, müssen emotionslose Profis gewesen sein. Hammarskjölds Körper wies keine (äußerlichen) Misshandlungen auf. Man, wer immer auch vor Ort »man« war, respektierte den Rang des Getöteten, wenngleich dies auch zynisch klingen muss. Bis heute hat sich die Beobachtung der Rettungssanitäter fast schon wie eine Legende erhalten, dass im Schal des Generalsekretärs eine rote Pokerkarte eingesteckt gewesen wäre. Meine Kollegin Lydia Stephan wies mich darauf hin, dass diese Art von Markierung in manchen Geheimdienst- und Militärkreisen so üblich sei, um das erlegte Opfer zu kennzeichnen. Eine solche Szene findet sich auch in dem Anti-Kriegsfilm »Apokalypse Now« wieder.

Erwachte,
hörte aufs neue,
wach, den Ruf,
der mich weckte.
[...]
Wer der Gejagte,
wer der stille Jäger
über dem Nebelmeer
im stillen Forst
lang ehe es tagt?

Eintrag 30.07.1961 (etwa 6 Wochen vor Ndola)
Zeichen am Weg

Diese Art von »Synchronizität« oder »Präkognition«, wahrscheinlich aus einem nächtlichen Traumgeschehen resultierend, hat nichts mit Psychopathologie, wie seine Gegner ihm später, nach Erscheinen von *Zeichen am Weg*, unterstellen wollten, zu tun, sondern wohl eher mit etwas, das man, wissenschaftlich gesprochen, dem Bereich der Tiefen- oder Parapsychologie zuordnen könnte. Doch dazu später mehr.

Mit Dag Hammarskjöld starben 15 Menschen, hauptsächlich schwedische und US-amerikanische Staatsbürger, im Dienst für die Vereinten Nationen. Menschen, welche diese große Idee Wirklichkeit werden lassen wollten. Unter den Opfern befand sich auch der aus Hagen in Westfalen stammende Heinz Wieschhoff, Chefberater Dag Hammarskjölds für internationale Sicherheitsfragen, welcher sich aus Hitlers »Tausendjährigem Reich« in die Vereinigten Staaten von Amerika gerettet hatte und später dort Hammarskjölds Mitarbeiter geworden war.

Der Schriftsteller Gunnar Edman schreibt in seinem Nachruf »Hammarskjölds Erbe«: »Nie zuvor haben wir den Weggang eines einzigen sterblichen Menschen erlebt, der ein Erdbeben auslöste, eine Erschütterung in der Menschheit Bau. [...] In Hammarskjölds Tätigkeit manifestierte sich ein geheimnisvoller Mehrwert von überpersönlicher und übernationaler Herkunft.

[…] Was war das? Es ist dieser mystische Mehrwert, um den die Menschheit nun trauert. Hammarskjölds Person und Privatleben waren verhüllt und schwer zugänglich. Dennoch fühlte er die Sorge für Millionen so tief persönlich. Wie ist das möglich?«[5]

Die US-amerikanische Rundfunkjournalistin Pauline Frederick kommentierte den Absturz Dag Hammarskjölds in den NBC-Nachrichten: »Dag Hammarskjöld lebte und starb, gewiss dessen, wie er es selbst ausdrückte, dass die, welche Gott fürchten, sich nicht mehr vor den Mächten dieser Welt zu fürchten hätten.« An dieser Stelle brach ihre Stimme und man hörte ihr Weinen im Äther. Emery Kelen, ein UNO-Mitarbeiter, schildert später die Situation im Sekretariat in einer Biografie über Hammarskjöld. Sekretärinnen weinten an ihren Schreibmaschinen, hohe Beamte wandten ihnen den Rücken zu und blickten verlegen, mit tränenfeuchten Augen, zu den Fenstern hinaus. Kelen befragte eine Kollegin, woran es läge, dass so viele weinten, als der Generalsekretär starb? »Weil er der Beste unter uns war.«

Im Juli 1961 besuchte ein schwedischer Freund, Bo Beskow, Dag in New York. Er fragte ihn, ob er, nach all den Erfahrungen mit Funktionären, Regierungen, Geheimdiensten und dem militärisch-industriellen Machtkomplex, noch an das Gute in diesen Leuten glaube? Dag antwortete ihm, und es war ein neuer, desillusionierter Ton in seiner Stimme: »Ich hätte es nie für möglich gehalten, aber kürzlich kam mir die Erkenntnis, dass es tatsächlich durch und durch böse Personen gibt.«[6] Bo Beskow schrieb über die Zerfleischung des Menschlichen 1969 ein Buch mit dem schwedischen Titel »Krokodilens mid-dag«. Ein Mittagsmahl für die Krokodile.

Warum wird ein Mord totgeschwiegen?

Es stellt sich nicht mehr so sehr die Frage, wer Hammarskjöld ermordet hat, sondern, warum solange geschwiegen wurde. Connor O'Brien, der UN-Beauftragte für Katanga, schreibt 1962 in seinem Buch *To Katanga and back*: »Ich kann über die

Ereignisse in Katanga nicht die volle Wahrheit sagen. Um dieses Ziel zu erreichen, müsste man zusätzlich zu dem, was im UN-Hauptquartier in Katanga geschah, auch die wesentlichen Vorgänge kennen, die sich woanders abspielten: in Brüssel, im belgischen Kabinett und in der Zentrale der Union Miniere, in London, und zwar in Downing Street, in Rhodesien und in den verschiedenen Privathäusern im Kupfergürtel.«

Die Namen einiger der am Mordkomplott direkt oder indirekt beteiligten Persönlichkeiten sind auf den vorangegangenen Seiten schon genannt worden. Eine offizielle Bestätigung des Tutu-Berichts von den Nachfolgern der damals beteiligten belgischen, britischen und französischen Geschäfts- und Regierungskreisen wird es voraussichtlich niemals geben. Vielleicht wird der jetzige südafrikanische Staatschef Nelson Mandela sich hierzu noch äußern. Möglicherweise werden daran interessierte Kreise auch einen Weg finden, um den Bericht der südafrikanischen Wahrheitskommission zu diskreditieren. Vielleicht wird man in absehbarer Zukunft versuchen, die Weltöffentlichkeit mit der Erklärung zu blenden, dass die Indizienpapiere beispielsweise vom russischen Geheimdienst gefälscht worden seien...

Ich bin letztendlich auch den vielen journalistischen Kollegen dankbar, welche damals den staatstragenden und offiziellen Behördenberichten keinen Glauben schenkten und durch investigativen Journalismus einige (noch zu wenig beachtete) Fakten und Fragen für die Nachwelt retteten, bevor die geheimdienstliche Maschinerie zu viele Spuren beseitigen konnte.

Die eigentliche Frage, warum der Mord an Dag Hammarskjöld so lange offiziell totgeschwiegen wurde und sich erst jetzt, nach dem Ende der Sowjetunion, auch offiziell aufklärt, liegt in der damaligen Zeitsituation.

Wenn damals, in der Zeit des Kalten Krieges, offiziell aufgeklärt worden wäre, dass der bei vielen Menschen populäre UN-Generalsekretär von westlichen Geschäfts- und Regierungskreisen hingerichtet wurde, dann hätte dies eine ungeheure Unterstützung, gewissermaßen flüssiges Dynamit, für die anti-kapitalistische Propaganda der UdSSR bedeutet. Viele der neuen Staaten Afrikas und der blockfreien Nationen wären dadurch noch offener für die Ideologie eines weltweiten Kommunismus eingetreten. Vielleicht schien es infolgedessen der damaligen US-Regierung unter Präsident John F. Kennedy ratsam, wenn auch – infolge besserer Informationen – an der offiziellen Version ihrer Verbündeten zweifelnd, so doch offiziell hierzu zu schweigen. Wer zwischen den Zeilen der Geschichtsschreibung liest, der kann jedoch ab diesem Zeitpunkt eine Verhaltensänderung in der Politik John F. Kennedys feststellen.

Hammarskjöld: Geist, der nicht stirbt

»Seine geistige Erscheinung ist [...] so zwingend, dass ihre Spur nicht vergehen wird. Dieser stille Mann war so [...] überzeugend, dass er eine ganze Schule von ihm geprägter Politiker hinterlässt.« Nachruf am 20. September 1961 im *Hamburger Abendblatt.*

25. September 1961, New York City, UNO-Generalversammlung. Die Zukunft der UNO steht auf der Tagesordnung. In seiner Nachrufrede auf Dag Hammarskjöld versucht John F. Kennedy die Ära einer »friedlichen Koexistenz« mit der UdSSR einzuleiten. »Dag Hammarskjöld ist tot. Aber die Vereinten Nationen leben«, beginnt er seine Ansprache, um dann, indirekt, Gedanken aus einer Rede von Hammarskjöld zu zitieren, mit welcher dieser sich 1960 gegen den Vorwurf verteidigt hatte, er benehme sich wie der Ministerpräsident einer UNO-Weltregierung.[7] Kennedy, beeindruckt von Hammarskjölds Professionalität und Idealismus, versucht die UNO-Idee zu retten: »Das Problem ist nicht der Tod eines einzelnen Menschen, das Problem ist das Überleben dieser Organisation. Sie wird entweder wachsen, um die Herausforderungen unseres Zeitalters zu meistern, oder sie wird vom Winde verweht werden, ohne Einfluss, ohne Kraft, ohne Respekt. [...] Die Menschheit muss den Krieg beenden, oder der Krieg wird der Menschheit ein Ende bereiten. So lassen Sie uns hier beschließen, dass Dag Hammarskjöld nicht vergeb-

lich lebte und nicht vergeblich gestorben ist. Lassen Sie uns den Terror mit einem Waffenstillstand beenden. [...] Wie schwierig es auch immer sein wird, Herrn Hammarskjölds Platz auszufüllen. [...] Die Waffen des Krieges müssen abgeschafft werden, bevor sie uns abschaffen.«

John F. Kennedy präsentiert der Generalversammlung sein Programm für »eine allgemeine und vollständige Abrüstung unter effektiver und internationaler Kontrolle«. Das Gewaltmonopol solle in Zukunft bei einer gestärkten UNO verbleiben. Dies sind nicht nur die üblichen Phrasen eines Berufspolitikers. Hier könnte ein geistiger Funke übergesprungen sein, welcher aber die nachfolgenden US-Regierungen schon bald wieder verlassen hat.

Fünfzehn Monate nach dem Mord an Dag Hammarskjöld, im Januar 1963, beendet eine – von der US-Regierung unterstützte – Militäraktion der UNO die weiße Söldnerherrschaft in Katanga. Die Provinz wurde wieder ein Teil des kongolesischen Staatsgebietes. Das Beispiel Dag Hammarskjölds hat den US-Präsidenten vielleicht an einen Jugendtraum, den Traum von einer geeinten Menschheit, erinnert. Als junger Abgeordneter stimmte er nach dem Zweiten Weltkrieg für eine Resolution[8], welche die damalige US-Regierung aufforderte, weitere Schritte zu unternehmen, um die UNO in ein echtes Weltparlament mit Exekutivgewalt zu verwandeln.

Der spätere Versuch John F. Kennedys, trotz der Kuba-Krise den militärisch-atomaren Komplex schrittweise abzurüsten, wurde am 22. November 1963 von den Kugeln in der Südstaatenmetropole Dallas unterbrochen. Am Abend des 19. Oktober, in der Universität von Maine, 33 Tage vor dem Mordanschlag, sprach er über »die Gefahr der atomaren Verwüstung unseres Planeten«. Das Uran von Katanga. Es war jene Arena, in der auch Dag Hammarskjöld gefochten hat.

Nachklang und Erbe

Dag Hammarskjöld begegnete dem Tod in der Nacht des 17. September 1961. Dreizehn Jahre zuvor, am 17. September 1948, war der von Hammarskjöld sehr geschätzte schwedische UN-Vermittler für Palästina, Graf Folke Bernadotte, in Jerusalem von israelischen Terroristen erschossen worden. Die Familien waren miteinander befreundet und ein Pressefoto zeigt Dag Hammarskjöld zusammen mit der Witwe und dem damaligen Präsidenten der UN-Vollversammlung, Lester Pearson, am 17. September 1953 bei der Einweihung einer Gedenktafel für Graf Bernadotte an der Eingangswand zum UNO-Meditationsraum.

Heute befindet sich über dieser Gedenktafel eine zweite: »In Memory of Dag Hammarskjöld ... and those who with him lost their lives at Ndola in September 1961 in quest of peace in the Congo.«

»Es ist schwerer, die Menschen mit ihrer ihnen eingeborenen Mordlust und Herrschsucht für den Frieden zu begeistern als für den Krieg«, schreibt die Schriftstellerin Zenta Maurina 1963 in ihrem Werk *Auf dem Wege zur Welteinheit.* »In diesem Kampf fand der Sekretär der Vereinten Nationen, Dag Hammarskjöld«, welchen Maurina im obigen Buch als Geistesadeligen kennzeichnet, »den Tod, auf den Tag genau dreizehn Jahre später als sein Landsmann Folke Bernadotte.«

Am 17. September eines jeden Jahres, meist identisch mit dem Weltfriedenstag, und an Hammarskjölds Geburtstag finden sich vor dieser Marmorwand immer mehrere Blumengebinde. Was denkt wohl Elinor Jane Britt Hammarskjöld, 31 Jahre jung und Mitarbeiterin der schwedischen UN-Delegation in New York, Arbeitsschwerpunkt Afrika, an solchen Tagen?

In einem Interview mit der schwedischen Tageszeitung *Expressen* im Oktober 1997, unter dem etwas gewagten Titel »Elinor führt das Erbe von Dag Hammarskjöld weiter« sagt sie: »Ich war ja noch nicht geboren, als er hier arbeitete, aber ich habe viele getroffen, die eine warmherzige Erinnerung an Dag haben.« Dies sei wirklich etwas, um darauf stolz zu sein, bekennt Elinor in ihrem Büro am Dag-Hammarskjöld-Platz.

Manchmal sucht Elinor den UN-Meditationsraum auf. Ihres Großvaters Bruder Dag Hammarskjöld meditierte dort zuletzt in einer Septembernacht vor seinem Abflug in den Kongo. Nach dieser Meditation gab er eine Tafel für den Vorraum in Auftrag: »Dies ist ein Raum, gewidmet dem Frieden und denen, die ihr Leben für den Frieden geben. Es ist ein Raum der Stille, wo nur der Gedanken Kraft sprechen soll.«

Hammarskjöld hatte damit auch seinen Nachruf geschrieben.

Zwiesprache
wandernder Worte

Zwiesprache
wortlosen Wissens

Zwiesprache im Gebirge

wo Felsentürme
und Blüten aus Schnee

Gedanken des Schweigens
mit dem Ewigen tauschen

Heide Overhage-Baader
aus *Unverhofft weht es Dich an*
Heman Verlag Basel

3.
Dag. Der Mensch und sein Werdegang

An dem Tag, an dem du geboren wurdest,
waren alle froh - du alleine weintest.
Lebe so, dass in deiner letzten Stunde
alle andern weinen, und du der Einzige bist,
der keine Träne zu verlieren hat.
Dann wirst du ruhig dem Tod begegnen,
wann immer er auch kommt.

Dag Hammarskjöld als Elfjähriger [1]

Die Geburtsstunde. Zwischen Mars und Juno

Dag Hammarskjöld wird am 29. Juli 1905 in der Villa Liljeholmen in der südschwedischen Stadt Jönköping am Vättersee geboren. Er ist der jüngste von vier Söhnen des Justizministers Hjalmar Hammarskjöld. Schweden befindet sich am Rande eines Krieges. Norwegisches Selbstwertgefühl, eine Form von verspätetem Nationalbewusstsein, fordert die Auflösung der von 1814 an bestehenden Union der beiden Länder. Damals zwang der schwedische Kronprinz Bernadotte das Dänische Reich zur Abtretung Norwegens. Zugleich erkannte er die freiheitliche, quasi-föderalistische Sonderverfassung von Norwegen an. Doch 1905, die Menschen Norwegens sind auf der Suche nach einer eigenständigen Identität, genügt dies nicht mehr. Das norwegische Parlament, zuständig für die Verleihung des Friedensnobelpreises, verkündete am 7. Juni die Auflösung der Union mit Schweden – notfalls auch mit Gewalt. Die Stimme der Auseinandersetzung erhob sich, Mars, die Stimme des Krieges, die Stimme der Geschütze, der Stahlhelme und der Bajonette. Wo bleibt die Stimme der Menschlichkeit?

Die Stimme
des Menschen ist in den Menschen,
die Stimme des Erzes ist im Erz,
und irgendwo auf dieser Welt,
wo der Himmel ohne Stimme war
und die Zeit ohne Achtsamkeit,
wird ein Kind zur Welt geboren,
und keiner kennt seine Rasse,
noch kennt einer seinen Rang,
und der Genius mit sicheren Schlägen
pocht hinter reiner Stirn.

Saint-John Perse,
aus: *Gesang für eine Sonnenwende*[2]

Der Kelch: »Für den, der so lange ohne Namen blieb«

Hjalmar Hammarskjöld, seit 1904 tätig als Delegierter beim Internationalen Schiedsgerichtshof in Den Haag, ist einer jener vier Politiker, die von der schwedischen Regierung zur friedlichen Konfliktbeilegung nach Karlstad gesandt werden. Die Verhandlungen über Krieg und Frieden verzögern die Taufe des Neugeborenen bis zur Rückkehr des Vaters im Spätherbst. Das Taufgeschenk der anderen drei Unterhändler ist ein silberner Kelch, welcher von ihnen scherzhaft als »die Morgengabe der drei Weisen von Karlstad« bezeichnet wird. Eine Anspielung auf die Verkündung des geglückten Verhandlungsergebnisses, wodurch das düstere Abendrot einer drohenden Kriegsgefahr sich in das hoffnungsvollere Tageslicht einer neuen Morgensonne verwandelt. Eingeprägt ist die Inschrift »Für den, der so lange ohne Namen blieb« und das Familienwappen: die Reichskrone thronend auf einem Schild (»skjöld«), in dessen Mitte sich als Signum zwei Hämmer (»Hammar«), umgeben von vier Welt- oder Sonnenkugeln, kreuzen.

Geboren unter dem Zeichen der UNO. Der alte Kelch taugt

nicht mehr für den neuen Wein. Die damals so von dem Juniorpartner Norwegen nicht mehr gewollte politische UNION mit dem Senior Schweden wird im Herbst 1905 friedlich aufgelöst. Ein seltenes Beispiel im damaligen Europa. Dag ist etwa drei Monate alt, als Bertha von Suttner als Trägerin des Friedensnobelpreises des Jahres 1905 bekannt gegeben wird. Sie ist, neben anderem, Autorin des Antikriegs-Romanes »Die Waffen nieder!« und Vizepräsidentin des Friedensbüros in Bern. In einer konservativen Zeitungskarikatur wird sie, in Anspielung auf die vorrömische Göttin des Friedens, der Fülle und der Gerechtigkeit, einmal als kämpferische JUNO dargestellt.

Hjalmar Hammarskjöld, als Staatsbeamter und Jurist Junos Tochter Justitia verpflichtet, wird 1907 Schwedens Chefdelegierter bei der Zweiten Haager Friedenskonferenz. Auch Bertha von Suttner nimmt als Vertreterin der internationalen Friedensbewegung am Konferenzgeschehen teil. Später stellen Norwegen und Schweden, im Nordischen Rat wieder organisatorisch verbunden, die ersten beiden UN-Generalsekretäre und sind beteiligt an den ersten UN-Friedenstruppen. Nach den Trümmern zweier Weltkriege wird ein neuer Kelch, eine neue Organisationsform, geschmiedet werden – für einen neuen Zeitgeist.

Die Symbolik des Kelches wird Dag Hammarskjöld sein Leben lang begleiten und anleiten. Nicht nur in seinen Tagebuchnotizen. Seinem Patenkind Maria Beskow, Tochter seines Malerfreundes Bo und dessen zweiter Frau Greta, schenkt er zur Taufe im Februar 1958 einen feingearbeiteten Silberkelch mit der Inschrift »Geboren unter dem UN-Zeichen«. Bo Beskow und seine Frau wohnten 1957 für etwa drei Monate bei Dag in New York, während Bo dort ein Fresko für den UNO-Meditationsraum installierte. Die Beskows hatten vor ihrem Haus im südschwedischen Löderup zeitweise auch eine von Dag gestiftete UN-Flagge gehisst. Wie auch immer diese Widmung letztlich zustande kam, sie sagt vielleicht mehr über Dag Hammarskjöld aus als über Maria Beskow.[3]

Ganz offiziell wird diesem Wappen 48 Jahre später, im April 1953, auf einer Pressekonferenz zu Dags Amtsantritt in New York, eine kosmopolitische Bedeutung gegeben werden. Die internationale Presse hat Probleme mit der richtigen Aussprache des schwedischen Namens. »Nennen Sie mich einfach Hammerschild« wird der neugewählte UN-Generalsekretär auf die Frage eines Journalisten nach Betonung und Bedeutung seines Namens antworten. Und er leitet aus seinem Namen dann sinnbildlich sein Selbstverständnis als UNO-Chef ab: ein Schmiedehammer für die Realisierung der UN-Charta und ein Schutzschild für die kleinen und blockfreien Nationen zu sein. Der gerade beginnende Entkolonialisierungsprozess wird dieses Schutzschildes dringend bedürfen.

Der Vorname Dag ist das schwedische Wort für Tag, oder, poetisch und literarisch verwendet, für Tageslicht. Karl Ragnar Gierow, lange Jahre Direktor des Königlich Dramatischen Theaters in Stockholm, welcher 1959 mit Dag zusammen das Werk »Antiphone« ins Schwedische übersetzte, hat diesen Zusammenhang in seinem Nachruf von 28. September 1961 thematisiert: »Er begegnete seinem Schicksal, als er geboren wurde. Er wurde Dag getauft, damit es mit ihm hell werden sollte. An seiner Wiege stand der Friede, der Wille zur Versöhnung, der Wunsch nach Eintracht, die Fähigkeit der Vermittlung.« Geboren unter dem Zeichen der Juno. Gestorben unter dem Zeichen der UNO.

Und nach der Erfahrung, mit Tausenden von Menschen aus aller Welt am Grabe von Dag Hammarskjöld zu stehen – viele standen mit Fackeln die ganze Nachtwache hindurch – beendet Gierow seinen Nachruf mit: »Für einen Augenblick hielten wir eine Schweigeminute für ihn, und ich konnte das Gleiten dieser Minute rund um den Erdball hören, der jetzt um ihn trauert... Und ich sehe die Minute sich fortsetzen und verlängern im Gleiten um diese eine Erde, unaufhaltsam, nicht als Schatten, sondern als Streifen eines unauslöschlichen Lichtes, ein Aufleuchten von Dag.« [4]

Das Wappen der Familie Hammarskjöld

Der Tag, das germanische Stammwort für »helle Zeit«. Im bürgerlichen Leben die Zeit zwischen Sonnenaufgang und Sonnenuntergang. Der astronomische Tag umfasst die Periode zwischen den Gipfelpunkten der Sonne (Sonnentag) oder zwischen den beiden oberen Kulminationen des Frühlingspunktes (Sternentag). Wir werden dem Sonnen- und Sternentag im südschwedischen Heiligtum Ales Stenar, einem Steinkreis ähnlich Stonehenge, wiederbegegnen. Die Nähe dieses Kraftortes wählte Hammarskjöld für seinen späteren Altersruhesitz, das Landhaus Backåkra. Aber es gibt noch einen anderen Tag, den der Seele.

Im Hebräischen ist dies das Joma-Fest, der Tag der Versöhnung, an dem die Gottheit mit der Menschheit durch das Opfer (eines Menschen oder eines Tieres) wieder versöhnt wird. Der Opfergedanke findet sich schon in den Anfängen des Judentums, wenn Abraham bereit ist, seinen Sohn Isaak zu opfern. Diesem Ereignis begegnen wir auch am Karfreitag, wenn Jesus geopfert wird. So wie auch der griechische Heerführer

Agamemnon mit dem Opfer seiner Tochter Iphigenie auf dem Brandaltar günstige Winde für die Flotte herbeibeschwört. Es ist dies jener Tag, an dem Sokrates den Schierlingsgift-Becher leert. (Verurteilt vom Volksgericht, wie später Jesus, wegen Götterlästerung, da er, einer inneren Stimme gehorchend, der Menschheit eine höhere Selbst-Erkenntnis anbot.) Es ist dies auch jener Tag, an dem Meister Eckhart an einer Lebensmittelvergiftung stirbt, bevor er seine Sichtweise des Göttlichen gegen die Anklage der Häresie in Rom verteidigen kann. Es ist jener Tag, an dem die von Lokalpolitikern aufgehetzte Menge das Akademiegebäude des Pythagoras anzündete und jene Nacht, in der Rudolf Steiners Goetheanumbau einer Brandstiftung zum Opfer fiel. Der Gedanke des stellvertretenden Opfers eines Geistträgers, eines Bevorzugten, ist so alt wie die Menschheit. Und der Hass der Geistlosigkeit auf die Repräsentanten des Geistes ist vielleicht sogar noch älter.

Des Tages Licht …

Am 12. Oktober 1958 notiert Dag Hammarskjöld in sein Tagebuch: »Die Tage verbluten langsam durch den Schnitt, wo die Schneide des Horizontes Räume geöffnet hat. […] Über den Toten zünden stumme Sterne. Herr – dein sind die Tage, ich bin des Tages.«

Wenn wir den Weg vom sozialen Drama des individuellen Blutopfers im Westen zu den Kennzeichen der Erleuchtung im Osten weitergehen, so finden wir im Hinduismus und Buddhismus den Tag, das Hellwerden, als Sinnbild der Erleuchtung. Dort verdrängt das Tageslicht des Bewusstseins die Nacht der Bewusstlosigkeit und der beschränkten Wahrnehmung. Oftmals folgte in der abendländisch-westlichen Welt der Erleuchtung eines Menschen, dem Jordan-Ereignis, seine Kreuzigung. Die östlich-asiatische Mentalität schien hier barmherziger gewesen zu sein im Umgang mit Menschen, die von einem höheren oder wesenstieferen Licht (Ich) durchleuchtete wurden.

»Licht eines neuen Tages, tauversilbert. […] Jetzt. Da ich die Furcht überwunden – vor den anderen, vor mir, vor der Dunkelheit darunter: an der Grenze des Unerhörten: Hier endet das Bekannte. Aber vom Jenseits her erfüllt etwas mein Wesen mit seines Ursprungs Möglichkeit«, vertraut er im Frühjahr 1951 seinem Tagebuch *Zeichen am Weg* an. Und am 29. Juli 1956, seinem Geburtstag, schreibt er über »Des Menschen Tragik, dem dieses Licht leuchtet, das der verborgene Gott ist: dann gibt es keinen Weg mehr, mittelmäßig zu leben…«

»Die äußersten Erfahrungen sind eins«, erkennt Hammarskjöld in diesem Juli 1956 und zitiert anschließend den chinesischen Philosophen Tsi Si, den Enkel des Konfuzius: »Nur vollkommenste Aufrichtigkeit unter dem Himmel kann die eingeborene Fähigkeit zur Erfüllung bringen und den Kelch der Natur leeren. Der, welcher den Kelch seines Ichs am gründlichsten reinigt, kann auch die eingeborene Natur anderer zur Erfüllung bringen.«

Im Jahr zuvor, 1955, bekommt er zum 50. Tage seiner Geburt einen Brief seines lebenslangen Jugendfreundes Rutger Moll mit dessen Gedanken über die Bedeutung seiner Geburtsnamen.[5]

»Ich glaube, dass der Name [des Großvaters: Carl] heute dastehen kann als ein Symbol für die vergangene Zeit. Nicht nur deiner Zeit, sondern die der Eltern, der Familientradition. […] Steht nicht [des Vaters Name] Hjalmar für der Selbstprüfung fast zynisch harte Forderung nach einer klaren Bewusstheit, einer solchen, die vielleicht in dem verborgenen Wechselspiel zwischen zwei Generationen … am reichsten wächst? Begegnet sich nicht in dem Namen viel von frühreifer Resignation mit jenem Stolz, der nur einen überindividuellen Auftrag ergeben kann?«

»Ich erinnere mich noch, wie ich durch mein geöffnetes Fenster im Åregården, wo wir einander kennen lernten, wohl vor über dreißig Jahren die Wirtin, Fräulein Rosenblad, unten in der Tür einen Gast begrüßen hörte, der fragte wie es [seiner Mutter] Agnes geht, sodass ich auf einmal verstand, wer der Neuankömmling war. Eingeführt unter dem Namen, trägst du den [Vornamen Agne] auch, wie ich denke, gleich einem Regenbogenzeichen durch die Sintflut. Etwas produktiv und spielend, etwas nie Fertiges, verwandt mit des Kindes und des Dichters Gemütsart, ... eine heimliche Erinnerung, um die kein anderer weiß, und gleichzeitig ist es das beständigste Band zu all denen, die du zu deinen Lebenskameraden zählen kannst.«

»Dag dagegen ist wohl im hohen Grade dein eigenes, selbstgeprägtes Signum geworden, des verantwortungsfreudigen Siegerwillens leuchtender Künstlername. Und als Dag glaube ich, dass du dich noch immer beinahe ganz jung ... angesichts der Zukunft heimlicher Mittel fühlen kannst, um das deine einzulösen, was auch immer [dies] an Möglichkeit und Gelöbnis bedeutet.«

... auf der Suche nach dem Gral

Rutger Moll, dessen Vater Präsident der Schwedischen Reichsbank war, eine Aufgabe, welche später zeitweise auch Dag Hammarskjöld wahrnimmt, gehört zu jenen alten Freunden, welche dazu beigetragen haben, dass Dag in der Osterzeit 1953 zum Generalsekretär der UNO gewählt wird. Im Sommerurlaub 1952 auf Sizilien empfahl Moll dem norwegischen UN-Delegierten Askvig als Nachfolger des Norwegers Trygve Lie den damals stellvertretenden Außenminister Schwedens, Dag Hammarskjöld. Gut für Hammarskjöld, »dass der Freundeskreis für mich eine Art Ritterschaft des Heiligen Gral wurde«, wie Dag in einem undatierten Brief aus dem Jahre 1925 an einen der Freunde schrieb. Dieser Freund war Rutger Moll.

Der Freundeskreis. Die Mittagstafelrunde einiger junger Männer während ihrer Studienzeit in Uppsala. Darunter Jan Waldenström, Wolfgang Donner, Per Olof Ekelöf, Karl Nordenfalk und Herbert Tigerskjöld. Es waren ihrer Zwölf. Rutger Moll wird etwa 30 Jahre später, in einem Brief mit Datum 3. Juni 1955, an Dag Hammarskjöld schreiben: »Du weißt sicher schon, dass Gudmund am Morgen des 1. Juni starb [...] an einem Herzschlag. [...] Bei der Obduktion ergab sich indessen eine weit fortgeschrittene Veränderung des Herzens. [...] Unter uns, die wir

v.l.n.r. Christer Skoog, Stephan Mögle-Stadel, Prof. Karl Birnbaum, Per Lind, Sture Linner (die beiden letztgenannten waren D.H.'s Mitarbeiter)

ihn seit Jahrzehnten kannten, war er ja ein beliebter Freund. [...] So wagt man zu glauben, dass das Leuchten bei ihm, wodurch wir seine Ausstrahlung so stark empfanden, vielleicht auch den Weg erleuchtet, den er selbst vor sich sah.«[5]

Am 12. Juni 1955 antwortet der UN-Generalsekretär: »Du warst der Erste, und auch der Einzige, der mir die Nachricht über Gudmund mitteilte (so schnell brechen die Brücken ab) und ich bin dir dankbar für deine ... Zeilen. Gudmunds Ende passt in das Stück – ich bin überzeugt davon, dass du Recht hast, was du von dem Licht in und um ihn sagst, als ein Licht auch über dem Weg, den er vor sich sah. Es ist merkwürdig, an den Uppsalakreis zurück zu denken. Nun ist das Muster, das gewebt wurde, klar, erwartet und unerwartet; aber von allen, denke ich, kann man sagen, dass sie ihren Sternen gefolgt sind. [...] Auf dem Hintergrund von Gudmunds Fortgang nimmt sich das meiste hier sozusagen auf einer gleichgültigen Ebene aus. Aber sonst rasen die Ereignisse weiter und es kann ziemlich schwer sein, im Wirbelsturm aufrecht zu stehen. Aber dies zu tun, ist nun einmal meine äußerste Ambition – nicht aus einer Art Hochmut, sondern da ich glaube, dass dies der wichtigste Einsatz ist, den ich leisten kann.

Dag Hammarskjöld als 20-Jähriger

Hast du daran gedacht, dass nach diesem Sommer die Hälfte meiner ›Dienstzeit‹ [bei der UNO] zu Ende gegangen ist? Es ist ein wenig Schwindel erregend, wenn ich bedenke, dass ich gerade erst begonnen habe. Etwas Schwindel erregend – und ein wenig unheimlich, in Gedanken daran, was ich erreichen will.

Auf wenigen Briefseiten dir versuchen mitzuteilen, was die Innenseite meiner Welt von heute ist, ist das, was ich wünschen würde, aber nicht tun kann. Erneut glaube ich, dass einiges aus der Ansprache, die ich gezwungen bin zu halten [am 19. Juni 1955 in San Francisco unter dem Titel »The World and the Nation« zum 10. Jahrestag der UNO-Gründung; Anm. SMS], recht gelesen, dir einen besseren Begriff geben kann von dem, was diesem alten Uppsalakameraden geschah, als irgendetwas anderes.«[5]

Etwa 29 Jahre zuvor, am 4. Dezember 1926, schrieb der 21-jährige Hammarskjöld an Rutger Moll: »Ich habe nicht den geringsten Ehrgeiz im gewöhnlichen Sinn, Examensqualifikationen und dergleichen sind mir um meinetwillen völlig gleichgültig; aber ich habe es dennoch eilig, verzweifelt eilig. Warum? Ausschließlich darum, weil ich etwas tun will. Ich hoffe, du verstehst mich.« Aber er weist zugleich die Vermutung von Rutger zurück, »dass ich in einer ständigen Erwartung auf die Zukunft hin lebe, wo alles geschehen wird. Das Bewusstsein von des gewohnten Lebensschicksals Möglichkeiten für einen positiven Handlungseinsatz über den des Zahnrades hinaus, macht, dass ich selbstverständlich nicht auf diese Zukunft rechne.«

Andere sahen eine solche Zukunft für ihn durchaus voraus. So zitiert der Schriftsteller Sven Stolpe 1965 in seiner Hammarskjöld-Biografie aus seinem Tagebuch: »Ich traf Dag Hammarskjöld im Jahre 1930 in der Sigtuna-Stiftung. [...] Niemals zuvor war ich in Schweden einem jungen Mann dieses Formats begegnet. [...] Ich sah voraus, er werde einmal [wie sein Vater] Ministerpräsident werden.«[6]

Die väterliche Tradition

»...väterlicherseits habe ich den Glauben geerbt, dass kein Leben befriedigender sei als jenes, das im selbstlosen Dienst für das eigene [neutrale und seit 1809 kriegsfreie; Anm. SMS] Land – oder die Menschheit – gelebt wurde. Dieser Dienst verlangt das Opfer aller persönlichen Interessen, aber ebenso den Mut, unbeugsam für seine Überzeugung einzustehen«, erklärt Dag Hammarskjöld Ende April 1953 in der New Yorker Radiosendung »This I believe«.[7]

Hjalmar Hammarskjöld, geboren am 4. Februar 1862 und verstorben am 12. Oktober 1953, wenige Monate nachdem Dag UN-Generalsekretär wurde, studierte unter anderem in Freiburg und Straßburg Jura. Zuvor hatte er in Schweden Klassische Literatur, Philosophie und Deutsche Sprache studiert. Er schätzt Goethe, Herder, Schiller und Wieland, deren Werke er im Original liest, aber auch Rilke und Hofmannsthal. Er verzichtet auf eine geisteswissenschaftliche Universitätskarriere und wendet sich den Rechts- und Staatswissenschaften zu. Er wird, konservativ-christlich aber parteilos, Staatsrat, später Justiz- und Kultusminister. Zudem wird er Mitglied der Haager Völkerrechtsakademie und Präsident des Schiedsgerichts in der Casablanca-Affäre, welche 1909 den Frieden zwischen Frankreich und Deutschland gefährdete. Auch zwischen den USA und China vermittelt er. Während des Ersten Weltkrieges wird er vom König zum Ministerpräsidenten Schwedens ernannt und muss Lebensmittelrationierungen durchsetzen. Getragen von einem hohen Arbeitsethos und Beamtenadel wirkt er kühl und unnahbar. Er ist ein Mann einsamer Beschlüsse, königstreu, weit davon entfernt, auch nur annähernd ein Populist zu sein. Viele Sozialisten und Liberale hassen ihn glühend.

Im August 1959 erinnert sich Dag Hammarskjöld in seinem Tagebuch an die Konsequenzen: »Ohrfeigen lehrten den Knaben, dass seines Vaters Namen ihnen verhasst war. [...] Er war nicht erwünscht. Als er dennoch kam, durfte er zusehn beim Spiel.« Die Kriegsjahre vergingen und die Zeit und der Geist heilten die Wunden.

1954. Zum ersten Mal in der fast 200-jährigen Geschichte der Schwedischen Akademie, welche auch für die Verleihung des Literaturnobelpreises verantwortlich ist, folgt ein Sohn seinem Vater als Akademiemitglied nach. In seiner Antrittsrede spricht Dag Hammarskjöld traditionsgemäß über seinen Vorgänger auf dem Stuhl Nummer 17.

»Ein Oktobertag im Vorjahr. Auf dem Schreibtisch lag Anakreon. Der leere Stuhl stand dem Humlegården zugewandt, wo die Dohlenschwärme sich ... sinnlose Kämpfe lieferten. Diese beobachtete mein Vater in seinen letzten Jahren mit amüsierter Ironie, da sie ihm als Abbild des Lärmes der Ungläubigen und der Aufgeregtheit des Volkes erschienen. [...] Ein reifer Mann ist sein eigener Richter. Schließlich wird die eigene Überzeugungstreue zu seiner einzigen Stütze. Die Ratschläge anderer mögen willkommen sein, sie befreien ihn jedoch nicht von seiner Eigenverantwortung. Deshalb kann er sehr einsam werden. Deshalb

Das Familiengrab der Hammarskjölds

muss er auch bewusst das Risiko auf sich nehmen, halsstarriger Selbstgenügsamkeit beschuldigt zu werden.« Ein elegant formuliertes Psychogramm (nicht nur) seines Vaters.

In einem Brief vom August 1930 schrieb der 25-Jährige an seinen Freund Rutger Moll, jenseits der gesellschaftlichen Formeln, über das väterliche Erbe: »... ein kühnes Verantwortungsbewusstsein, das fast ... blind dafür ist, wie leicht es verwunden kann und ... eine Verehrung der blanken Klingen [und] eine Scheuheit, die zu ... Isolierung führen kann, vereint mit einer rücksichtslosen Direktheit.«

Über die lebenslange Arbeit des Vaters für eine internationale Rechtsordnung sagt der UN-Generalsekretär: »Wenn ich versuche, den Internationalismus zu deuten, den Hjalmar Hammarskjöld vertrat, scheint mir Folgendes der Schlüssel zu sein: Der Gottesstaat war ein Traum der Vergangenheit. Der Versuch, eine übernationale Organisation mit gemeinsamen exekutiven Organen [eine Art Weltparlament] zu schaffen, ist in unserer Zeit noch nicht gemacht worden. An der Stelle einer solchen Organisation taucht der Gedanke an eine Weltgemeinschaft auf, in der die Nationalstaaten im Schutz eines Internationalismus leben, der seine Stärke aus dem Recht selbst schöpft, nicht aus einem Diktat der Macht, und in dem daher das erforderliche internationale Organ rechtlicher Natur sein müsste.«[7]

»Es kann keine einsamere Stellung auf der Welt geben als die des Papstes, es sei denn die des Generalsekretärs der Vereinten Nationen«, schreibt der Herausgeber der englischen Übersetzung »Markings« von Hammarskjölds Tagebuch, der Schriftsteller William Auden.

... und das mütterliche Erbe

»Von den Gelehrten und Geistlichen mütterlicherseits«, spricht Dag Hammarskjöld in der Radiosendung »This I believe«, »habe ich den Glauben geerbt, dass alle Menschen gemäß der radikalsten Auslegung des Evangeliums als Kinder Gottes gleich sind...«

Agnes Almquist, geboren am 15. Januar 1866 und verstorben am 21. Januar 1940, heiratete 1890 Hjalmar Hammarskjöld und gebar 1891 den ersten Sohn Bo. Sie entstammt einer Theologenfamilie. Ein Vorfahre, Carl Jonas Love Almquist, geboren 1793, darf zu den bekannten Schriftstellern und Dichtern Schwedens gezählt werden. Sie ist am gleichen Tag und im selben Jahr geboren wie der spätere Erzbischof von Uppsala, Nathan Söderblom. Die Familien Almquist und Söderblom sind schon lange befreundet. Agnes nennt Nathan Söderblom scherzhaft »Zwillingsbruder«.

Sie ist, nach Aussagen ihrer Söhne und von Zeitgenossen, begabt mit einem offenherzigen und radikaldemokratischen Gemüt. Als Gefühlsmensch breitet sich ihre mütterliche Fürsorglichkeit gleich einem warmen Windhauch in ihrer Umgebung aus. Mit einem wachen Interesse für religiöse Literatur und soziale Fragen, mit einem warmen und manchmal vielleicht auch etwas naiven Unterton von Antirationalismus, hat ihr Wesen fast etwas Theosophisches. Ihre Aufopferungsbereitschaft, nicht nur für Familie und Freunde, sondern auch für die Kirchengemeinde und die sozial Benachteiligten im Land, führen manchmal zu Erschöpfungszuständen. Sie ist, im Gegensatz zum kühl in Erscheinung tretenden Prinzipien-Kodex ihres Mannes, eine sehr feinfühlige Frau.

Am 29. Juli 1905 kommt als vierter und letzter Sohn, Agnes Hammarskjöld ist bereits 40 Jahre alt, Dag zur Welt. Sie hätte sich so sehr eine Tochter gewünscht. So kleidet und frisiert sie den kleinen Dag etwa bis zu seinem vierten Lebensjahr wie ein Mädchen. Das ist zu dieser Zeit für den Jüngsten in einer Reihe von Söhnen gesellschaftlich nicht ungewöhnlich. Mit seinen blonden Locken, den strahlend hellen Augen und dem dickbackigen Gesicht sieht er fast wie ein kleiner Engel aus. Auch Gute-Nacht-Gebete gehören als allabendliches Ritual in viele Familienhäuser. Aber für Agnes Hammarskjöld ist das Gebet mit Dag keine wirkungslose Routine, sondern zutiefst innerliches Anliegen und wirkt auch als solches. Vielleicht kann man die Auswirkungen und Veranlagungen einer solchen seelisch-geistigen Präsenz vor dem Einschlafen auch an der späteren Biografie Dag Hammarskjölds ablesen.

Die frühkindliche Aktualisierung der weiblichen Seelenanteile im Mann, tiefenpsychologisch gesprochen: der Anima, sowie der religiösen Tiefenschichten des Menschlichen an sich haben bei Dag Hammarskjöld zu einem letztendlich glücklichen »Ergebnis« geführt. Auf diese Veranlagung zum »neuen Menschen« werde ich in den späteren Absätzen und Kapiteln noch zu sprechen kommen.

Freude schöner Götterfunken

... Tochter aus Elysium; Wir betreten feuertrunken, Himmlische, dein Heiligtum! Deine Zauber binden wieder, Was die Mode streng geteilt; Alle Menschen werden Brüder, Wo dein sanfter Flügel weilt.

Beethovens Neunte Sinfonie in d-moll, Schlusschor-Worte aus Schillers »Ode an die Freude«. Der Geigenvirtuose und Komponist Joseph Joachim (1831–1907), ein Yehudi Menuhin seiner Zeit, nannte diese Ode »Ausdruck einer Zukunftsreligion« und sagte: »Mein Glaubensbekenntnis spiegelt sich darin wider.« Er war und ist nicht der Einzige, der so fühlte.

Am 9. Mai 1927 schreibt Dag Hammarskjöld an Rutger Moll: »Einige Tage später war ich mit meiner Mutter ... in Beethovens Neunter Sinfonie, die einen unerhört starken Eindruck bei mir hinterließ. Ich weiß nichts, was mehr als dieses Kunstwerk die Bejahung des Lebens, trotz aller Widrigkeiten, verkörpert. [...] So leer die Erinnerung an den Tanztee ist, so vollkommen lebendig ist die Erinnerung an diese Stunde.«

Wenn man mündlichen Überlieferungen glauben darf, dann hatte Dag Hammarskjöld schon vorgeburtlich seine erste Begegnung mit Schillers Ode. Es dürfte jedoch wohl eher dem Reich der Legendenbildung angehören, dass seine Mutter (vielleicht in Vorfreude auf die erhoffte Tochter) während der Schwangerschaft des Öfteren auf dem Grammophon den Chor von Beethovens 9. Sinfonie gehört haben soll. Ungeachtet dessen begleiteten Melodie und Thematik den, von Freunden als »Renaissance-Menschen« bezeichneten, späteren UN-Generalsekretär Dag Hammarskjöld durch seines Lebens Werk. So spricht er beispielsweise am 5. Juni 1958, in einer Zeit der Atomraketen und des »Gleichgewichts des Schreckens«, in der Universität von Cambridge, in seiner schon im Vorwort zitierten Rede »The Walls of Distrust« über Schillers Menschheitsvision:

»Wir begegnen uns hier in einer Zeit des Friedens, der kein Friede ist; in einer Zeit der technischen Errungenschaften, die ihre eigenen Erfinder mit Vernichtung bedrohen. Wir begegnen einander in einer Zeit, in der die Ideen, die durch den Ausdruck ›Menschheit‹ in unserem Geist wachgerufen wurden, von den hoffnungsvollen Träumen unserer Vorgänger in eine turbulente politische Realität überwechselten.

Die Erweiterung unseres politischen Horizontes, um in einem neuen Sinn die ganze Welt zu umarmen, sollte eine Annäherung an das in Schillers ›Ode an die Freude‹ besungene Ideal gemeint haben. Aber es hat, paradoxerweise, zu neuen Konflikten und Schwierigkeiten geführt, selbst auch nur einfachste menschliche Kontakte und Kommunikation aufrecht zu erhalten. [...]

Wir mögen wohl erfreut sein, die ersten Schritte zur Erreichung einer internationalen Demokratie der Völker getan zu haben, um alle Nationen – ungeachtet Vergangenheit, Größe und Reichtümer – auf einer gleichen Grundlage als Partner in dem weitreichenden Unternehmen der Erschaffung einer wahrhaften Weltgemeinschaft zusammen zu bringen.

Aber wir haben nur die ersten Schritte unternommen, und sie haben sich oft als schmerzvoll erwiesen. Es ist eine Reife des Geistes erforderlich bei denen, die [alte] Rechte abzugeben haben. Und es ist eine Reife des Geistes erforderlich bei jenen, die neue Rechte erwerben [wollen]. Lassen Sie uns hoffen, dass in wachsendem Maße sich die notwendigen spirituellen Qualitäten auf allen Seiten offenbaren werden.«

Etwa 30 Monate später. In seiner New Yorker Ansprache anlässlich eines Konzerts zum UNO-Tag am 24. Oktober 1960 – das Philadelphia Sinfonie-Orchester hat für Dag Hammarskjölds UNO-Feier einen Honorarstreik unterbrochen (wie macht dieser Mensch das?), um wunschgemäß Beethovens Neunte zu spielen – geht er noch intensiver auf die Thematik der Sinfonie ein:

»Es ist schwierig, etwas zu sagen, wohl wissend, dass den gesprochenen Worten dieses gewaltige Glaubensbekenntnis in den siegreichen menschlichen Geist und die menschliche Gemeinschaft nachfolgen wird. Eine Konfession, gültig für alle Zeiten und mit einer Tiefe und einem Reichtum des Ausdrucks, welcher niemals übertroffen wurde. [...] Im Beginn der Neunten Sinfonie betreten wir ein Drama voll von rauen, konfliktreichen Klängen und dunklen, bedrohlichen Untertönen. Aber der Komponist führt uns ... in Richtung einer endgültigen Synthese. Ein Moment der Stille – und ein neues Thema wird eingeleitet; das Thema der Versöhnung und der Freude in der Versöhnung. Eine menschliche Stimme taucht auf in der Zurückweisung aller vorangegangener Konflikte und wir betreten das ersehnte Himmelreich des Friedens.«

Dag Hammarskjöld belässt es nicht bei dieser fast messianischen Vision, sondern er zeigt in seiner Rede Parallelen auf zwischen der inneren Struktur der 9. Sinfonie und der Komposition der UN-Charta. Und der Generalsekretär erinnert die UNO-Mitarbeiter: »Auf seine Weise ... hat Beethoven uns eine Konfession und ein Credo gegeben, welches wir, die wir in dieser und für diese Organisation arbeiten, zu unserem eigenen machen sollten.« Bei vielen Regierungen treffen seine Worte auf taube Ohren. Die meisten Repräsentanten der Machtpolitik sind, in diesem höheren Sinne, fast gänzlich unmusikalisch.

Elf Monate später wird das Philadelphia Orchester nochmals in der Halle der UN-Vollversammlung am East-River spielen. Dann, Ende September 1961, wird es das Abschiedskonzert zur Erinnerung an die in Ndola »Gefallenen« sein. Vision und Wirklichkeit. Acht Jahre später, im Juli 1969, wird ein großer Teil dessen, was man bislang biologisch als Menschheit bezeichnen könnte, zu den Klängen von Beethovens Neunter gemeinsam vor den Fernsehbildschirmen sitzen, um die ersten Menschen bei der Landung auf dem Mond zu beobachten. Das von John F. Kennedy als Antwort auf den sowjetischen Sputnik-Satelliten initiierte amerikanische Raumfahrtprogramm hat seinen vorläufigen Höhepunkt gefunden.

In seiner Botschaft im Juni 1958 in Cambridge sprach Hammarskjöld nicht nur von Weltkultur (und Weltliteratur) als Strom hin zur Vereinigung der Menschheit, sondern auch »ironisch genug, teilweise als ein Nebenprodukt von Kriegsanstrengungen, sehen wir den Anbeginn des Vordringens in den Weltraum mit all seinen Möglichkeiten für einen neuen Fortschritt« im Zusammenwachsen der Völker.

Im Jahr 1785 schrieb Immanuel Kant in der »Jena'schen Literaturzeitung« über Herders 1784 publizierte Schrift »Ideen zur Philosophie der Geschichte der Menschheit«: »In der Kugelgestalt der Erde findet er einen Gegenstand des Erstaunens über die Einheit. [...] Wer, der diese Figur je beherzigt hätte, wäre hingegangen, zu irgendeinem Wortglauben in Philosophie und Religion zu bekehren oder dafür mit dumpfem, aber heiligem Eifer zu morden?« Zehn Jahre später veröffentlichte Kant seinen Entwurf einer weltweiten Föderation freier Staaten unter dem Titel »Zum ewigen Frieden«.

Die visionär-kosmopolitische Sichtweise der Erde als ein Organismus – 180 Jahre bevor die Kosmonauten in den 60er-Jahren des 20. Jahrhunderts von ihrer Reise über die Schwelle der Erdatmosphäre die ersten Weltraumfotos einer blauweißen Murmel im Dunkel des Weltalls in die Wohnzimmer der Menschen funkten. Dieses kosmische Bewusstsein unserer Ganzheit, von Herder und anderen Kosmopoliten zuvor in inneren Welt-Bildern geistig erfasst, dämmerte nun auch, raumfahrttechnisch veräußerlicht, der im Juli 1969, vor 30 Jahren, bei der ersten Mondlandung zeitweilig an den Fernsehbildschirmen »vernetzten« menschlichen Bevölkerung des Planeten Erde. Was Hammarskjöld wollte, war eine echte Verbundenheit, ein allgemeines Bewusstsein von Menschheitlichkeit. Was bislang realisiert werden konnte, war zumeist erst die fernsehtechnische Vernetztheit unserer Welt.

Uppsala. Der Götter Wort

Uppsala ist das historische Zentrum Schwedens, etwa 70 km nordwestlich von Stockholm an den Ufern der Fyriså gelegen. Einst war die in alter Zeit Östra Aros genannte Stätte das zentrale Erdheiligtum der Vanen-Gottheiten, bevor die Asen als Götter der Winde, der Stürme und der Wolkenmeere die Macht im alten Norden Europas übernahmen. Als Verkörperungen der Erd- und Wasserquellen sowie der Vegetationskräfte waren die Vanen Schutzgottheiten einer mütterlich orientierten Ackerbaukultur.

Nachdem sie in einem Kulturkampf den atmosphärisch und väterlich-kriegerisch orientierten Asen-Göttern unterlagen, wurden sie nicht vernichtet, sondern in die Himmelsburg Asgard aufgenommen. In gewisser Weise verkörperten die Vanen die aufsteigende »mütterliche Erdwärme« und die Asen das herabscheinende »väterliche Himmelslicht«.

Es muss dies ungefähr die Zeit gewesen sein, als sich die heimische Trichterbecher-Kultur (Megalith-Gräber) Nordeuropas mit der zugewanderten Streitaxt-Kultur (Hügel-Gräber) vereinigte. Dies war vor etwa 3.500 Jahren die Geburtsstunde der germanischen Kultur. Die Vanengottheit Freyja wird in Asgard zur Himmelsgöttin Frigg und zeugt mit dem Hauptgott der Asen, dem um die Geheimnisse der Runen und des Gewitters wissenden Odin, den Sohn zweier Kulturen. So entsteht zwischen Himmel und Erde, gleich einem Blitzstrahl oder einem Regenbogen, Baldur – der Gott des Lichtes, aber auch der Musik und der schönen Künste.

So wie der Lichtträger Baldur, dessen Name »der Leuchtende« bedeutet, einem Attentat Lokis, des Dämonen der Vernichtung und des Weltenbrandes, zum Opfer fällt, verschwinden die Vanen und letztlich auch die Asen im Dunkel frühgeschichtlicher Weiten. (Mit der Christianisierung Nordeuropas wird ein neuer, ein auferstandener und verwandelter Baldur wiederkehren.) Geblieben sind die Hügelgräber von Alt-Uppsala und die Runen-Steine beim Bronzedenkmal des Historikers und Dichters Erik G. Geijer (1783–1847), eines ideengeschichtlichen Vorgängers des Religionsphilosophen Martin Buber. Fußabdrücke im Sand der Gezeiten.

In einem Brief an Rutger Moll im August 1930 über das tiefenpsychologische Urbild des väterlichen und mütterlichen Archetypus, in dem auch der Kelch als Symbol der Vereinigung mitschwingt, schreibt Dag Hammarskjöld: »Wo das andere Licht war, ist dieses Wärme. Und wer will nicht Licht und Wärme vereinen. – Man fühlt sich sehr jung und sehr leer, und man betet, noch lange im Schweigen warten zu dürfen...«[5]

Am 4. Juni 1956 wird er dieses Schweigegelübde, von dem er am 26.11.1960 in seinem Tagebuch schreibt »Blutschwere band meinen Schwur«, von einigen Sätzen durchtönen lassen. Er spricht am US-amerikanischen Upsala College in East Orange, New Jersey, über »Die Uppsala Tradition«.

»Der Name dieses Kollegs trägt in sich eine Verantwortlichkeit. Nicht etwa, weil er der gleiche ist wie jener der großen Schwesterinstitution in Schweden, sondern als Folge davon, was der Name selbst symbolisiert an menschlicher Bestrebung, an Idealen und ihrer Realisation. Der Name trägt in sich Erinnerungen an das, was bekannt ist als der erste religiöse Tempelschrein im Norden, zu dem Menschen aus ganz Skandinavien ihren Weg gefunden haben. [...] Diese Uppsala Tradition reflektiert ... ein Erbe, von welchem ich fühle, dass es unserer heutigen Welt etwas mitzuteilen hat. [...] Indem ich dies tue, beziehe ich mich nicht auf irgendein Land oder ein Volk, sondern auf ein spirituelles Vermächtnis jenseits solcher Grenzen.

In ihrem besten Vermögen zeigen die Repräsentanten dieses Vermächtnisses die stille Selbst-Sicherheit von Menschenwesen, welche fest in ihrer eigenen Welt verwurzelt sind. Aber sie sind zur selben Zeit und aus dem selben Grunde fähig, ein wahrhaftes Weltbürgertum anzuerkennen und zu entwickeln.«

... der Kindheit Hort

Dag Hammarskjöld kommt 1907, im Alter von zwei Jahren, nach Uppsala, wo sein Vater als Regierungspräsident mit der Familie im von Reichsgründer Gustav Wasa 1548 erbauten Roten Schloss residiert. Während die beiden älteren Brüder, Bo (3.Juni 1891 – 4. August 1974) und Åke (10. April 1893 – 7. Juli 1937) mehr der väterlichen Obhut unterliegen, sind Dag und Sten (8. September 1900 – 23. Februar 1972) eher bei der Mutter beheimatet. Sten, der einzige der Söhne, der keine Beamtenkarriere einschlägt, sondern Journalist und Schriftsteller wird, veröffentlicht in den dreißiger Jahren den autobiografischen Familienroman »Der Junge, der sich vor Gott verbeugt«:

»...gerade in dem Augenblick als ich gehen wollte, kam Erna,

Uppsala: Das Rote Schloss, erbaut 1548

unser Kindermädchen, mit den kleinen Bruder [Dag] und legte ihn in den Kinderwagen, um mit ihm in den Park zu gehen. Als ich sah, wie lieblich er war, ... vergaß ich meinen Auftrag und begleitete Erna mit dem Baby. Ich liebte es sehr, dieses kleine, hellwache Geschöpf, und nachdem Erna den Wagen beim Rosenspalier abgestellt hatte, ... stieg ich auf eines der Räder, um dem Kleinen einen Kuss zu geben. Aber der [gut gepolsterte] Wagen stürzte um und erschrocken lief ich davon.«

Für Erna ist Dag »das merkwürdigste Kind der Welt«, so ruhig und besonnen, doch zugleich auch so wach und »mit strahlend wissenden Augen-Blicken«. Dag verblüfft auch die Mutter, wie zuvor schon erwähnt, als er dem Abendgebet eine Schutzbitte für die kleinen Negerkinder in Afrika hinzufügt. Keiner weiß, woher dieser Impuls kam. Ellen Hagen, die Frau eines hohen Staatsbeamten und eine gute Freundin Agnes Hammarskjölds, bezeugt[8], das Kindermädchen habe ihr gegenüber die Eingebung geäußert, dass Dag einer der bedeutendsten Männer der Welt werden würde. Mütterliche Frauenphantasien – oder weibliche Intuition?

In der Adventszeit, am 13. Dezember jeden Jahres, feiern die Menschen in Schweden das Kerzenlichter-Fest der heiligen Jungfrau und Märtyrerin Lucia. Ein mit einem Kerzenlichterkranz gekröntes Mädchen, die Lucia-Braut, erscheint und verteilt bei Gesang und Flötenspiel Geschenke. Das Lucia-Fest in einem Saal des Wasa-Schlosses auszurichten, gehörte mit zu den offiziellen Aufgaben Agnes Hammarskjölds.

In Dantes »Divina Commedia« (Göttliche Komödie) verkörpert die Lucia die himmlische Gnade, Céleste, die den Erzähler an den Ort der Entsühnung führt. Sicherlich hat Dag Hammarskjöld in Kindheit und Jugendjahren dem Lucia-Fest beigewohnt. Und von dem Malerfreund Bo Beskow Anfang 1953 gefragt, welche Bücher er auf eine einsame Insel mitnehmen würde, nannte Dag als eines der ersten Werke die »Divina Commedia«. So wie die unter der Regentschaft des römischen Kaisers Diokletian hingerichtete Luzia aus Syrakus lebte auch Dag Hammarskjöld ein zölibatäres Leben im Dienste für eine höhere Du-Welt inmitten der irdischen Es-Welt. (Zur Unterscheidung von Du und Es siehe Martin Buber.) Und die Geheimdienst-Operation, welche ihn hinrichtete, trug den Namen »Céleste«. Ein seltsames Muster scheint die ganze irdische Existenz Dag Hammarskjölds durchzogen zu haben.

... und der Jugend Studienjahre

Frühjahr 1998. Der Wind spielt mit den Laubresten des Vorjahres. Auf einer Parkbank sitzend, die Stadt Uppsala im Hintergrund schweigt in der Spätnachmittagssonne, blättere ich in Dag Hammarskjölds poetisch-ernster Jugenderinnerung »Castle Hill« (Burg-Hügel). Der Essay aus dem Jahre 1961, keine 21 Seiten Papier, ist eine Wegesgabe von Olle Nordberg, dem Direktor der Dag-Hammarskjöld-Stiftung. Die ersten Zeilen von »Castle Hill« beginnen mit den Worten: »Zeitlos und doch vorübergehend. Ganz allgemein und doch sehr persönlich. Widerspiegelung und Beobachtungsobjekt. Dies alles ist Teil des Bildes

des Burghügels in Uppsala, wie er nun in meiner Erinnerung lebt, lange nach jener Zeit, als er für mich Heimat, Spielplatz und Schule war.«

Als Junge wohnte Dag im roten Turm der Schlossburg, dort, wo heute ein Teil der literaturwissenschaftlichen Fakultät einquartiert ist. Aufschlussreich ist die psychologisch-geometrische Wirkungsweise eines solchen Turmhügels, nicht nur als Symbol der Verbindung von Erd- und Himmelskräften, sondern als reeller Ort der Kraft-Entfaltung. Einen Hinweis zur Dechiffrierung gibt hierzu die Autobiografie »Erinnerungen, Träume, Gedanken« von Carl Gustav Jung, Begründer der Tiefenpsychologie, welcher darin auch eine Art Einsamkeits-Initiation in seinem Wohnturm am Zürcher See schildert.

Dag ist während seiner Schulzeit Klassenprimus. Er ist seinen Mitschülern zumeist intellektuell weit voraus. Der Burghügel als Wohnort trägt zur Distanz bei. In den frühen Schuljahren muss er sich den Namen »Hungerskjöld« gefallen lassen, da sein Vater als Ministerpräsident kriegsbedingte Lebensmittelrationierungen durchsetzt. Auf manche Mitschüler soll Dag abgehoben und unnahbar gewirkt haben. Als junger Student beklagt er sich einmal über die »oberflächliche Kindersprache« der meisten Kommilitonen. Er meint damit Inhalt und Form. Er selbst bevorzugt lange Satzkonstruktionen, mit literarischen und historischen Anspielungen und Hinweisen beladen, deren Informationsdichte seine Zuhörer und Leser zum Nachdenken zwingt – oder schlicht überfordert.

Dag Hammarskjöld studiert zunächst Literatur und Philosophie, Deutsch und Französisch, und etwas später Volkswirtschaft, Jura und Staatswissenschaften. Er erwirbt drei reguläre Magister- und Doktortitel, welche er aber ebenso wenig öffentlich verwendet wie seinen Adelstitel (Baron bzw. Freiherr von…). »Er spielte die gefährliche Rolle des … Musterstudenten, er heimste gute Noten ein wie andere Blumen pflücken … und vermied es wohlerzogen, sich als Übermensch zu gebärden«, schildert ihn Sven Stolpe in seiner Hammarskjöld-Biografie.

»Meine Unart, alle Gespräche auf Wesentliches zu beschränken, ein intellektueller und moralischer Kubismus, ... führt zu trockenster Aufrichtigkeit«, schreibt der bescheidene »Übermensch« Anfang 1931 an Sven Stolpe. »Dies hat mich zur Überschätzung des Ideenaustausches zu zweit geführt, im Gegensatz zur Geselligkeit im größeren Kreis.« Hier schimmert Martin Bubers 1923 publiziertes dialogisches Prinzip »Ich und Du«, im Gegensatz zum oberflächlichen Ich-Es, hindurch.

In seinem Tagebuch wird Hammarskjöld 1950 deutlicher: »Laut denken nur mit dem, bei dem es sinnvoll ist. Lass ... Schweigen die tragende Welle sein für das Ungesagte zwischen zwei Gleichgestimmten. Eine gute Diätanweisung [...] aber im Gesellschaftsleben nicht gerade populär. [...] Nicht anderen folgen, um Gemeinschaft zu kaufen.« Und 1956: »Du wirst finden, dass du im Muster befreit bist von dem Bedürfnis, in der Herde zu leben.«

»Gabst du mir diese unlösbare Einsamkeit, damit ich leichter dir alles geben kann?«, steht am 29. Juli 1958 rückblickend im Tagebuch. Dieser Mensch war einsam in des Wortes tieferer Bedeutung. Der Essay »Castle Hill« endet mit den Worten über sich selbst als ergrauten Jubiläumsdoktor und als postgraduierten Studenten. »Da sind fünfzig Jahre dazwischen. Der eine geht über den Hügel, zu sehen ein letztes Mal die Stätte, bevor er sie verlassen wird, wo er eine lange Zeit damit verbrachte, das Fundament zu legen für seines Lebens Arbeit. Der andere misst derweilen, während er der Stätte seiner Jugend wiederbegegnet, die Distanz zwischen dem, was er einst erhoffte, und dem, was er erreichte. Wie viele von denen, die gingen, kehren wieder als Sieger? – Wie viele kommen zurück?«

Heute ruht die Materie, die einst seinen Geist und Namen getragen, im Schatten einer hohen und menhirartigen Grabsteintafel auf dem Waldfriedhof von Uppsala.

Genius loci. Dreiheit und Einheit des Ortes

Welch ein ungleiches Geschwisterpaar: die offene L-Form der Schlossburg oben auf dem Wasa-Hügel thronend und ihr Gegenüber, die im Jahre 1435 eingeweihte evangelische Domkirche im Stile der Hochgotik. Backsteinrot ragt diese Kathedrale mit ihrem himmelhohen Kreuzschiff und den beiden Kirchenwachtürmen, welche das Hauptportal in ihrer Mitte behüten, über den Bäumen, Häusern und Gassen der ältesten Universitätsstadt Skandinaviens empor. Die Weite der Domhalle bietet einer kleinen Friedenskapelle Freiraum und Geborgenheit, gewidmet den beiden Friedensnobelpreisträgern Dag Hammarskjöld und Nathan Söderblom. Die körperliche Hülle des Letzteren ist hier im Dom beigesetzt, wo auch König Gustav Wasa, der bedeutende Naturwissenschaftler Carl von Linné und der Philosoph Swedenborg ihre Ruhestätte fanden. Der Kapelle Dämmerlicht wird durchleuchtet von einer auf einem rotbraunen Wandteppich in Gold aufgestickten Sonnenkugel, in deren Mittelpunkt die Kreuzform sich bildet, als Ursymbol weit älter als die kirchenchristliche Geschichtsschreibung.

Uppsalas Wahrzeichen: die Schlossburg, in welcher früher der Könige Gericht tagte, und die vom Gebet der Pilger erfüllte Kathedrale: Thron und Altar, Rechts- und Geistesleben, Steinsetzungen auf heiligem Vanenackerboden, bestimmen die Atmosphäre des Ortes. Den Wasa-Hügel hinab, einst Wohnstätte der Familie Hammarskjöld, etwa auf halbem Wege zwischen diesen beiden monumentalen Spannungspolen, ruht die sandsteingelbe Universitätsbibliothek Carolina Rediviva – eine Verkörperung des Bildungsbürgertums. Fast verborgen inmitten dieser Dreiheit aus Staats-, Kultur- und Handelsleben, im Windschatten der klassizistischen Bibliothek, nahe bei der kleinen Dreifaltigkeitskirche (12. Jahrhundert), liegt das bescheiden fahlgelbe, doppelstöckige Holzgebäude der Dag-Hammarskjöld-Stiftung. Von dort, durch die hintere Pforte, führen etwa 333 bedächtige Schritte zum hammarskjöldschen Grabmenhir, nahe einer Kapelle, zwischen den hohen Ulmen des Friedhofparks gelegen. Links

Uppsala: Schlosspark mit Orangerie, gegenüber Rotem Schloss

Dag-Hammarskjöld-Stiftung in Uppsala, im »Schatten« der Uni-Bibliothek

Universitätsbibliothek Carolina Rediviva

des Weges und jenseits der mit über 2 Millionen Werken umfangreichsten Universitätsbücherei Schwedens, darunter, in Silber- und Goldbuchstabenschrift, die altberühmte Evangelienübersetzung »Codex Argenteus«, grünt und blüht die Botanische Gartenanlage Linnés – eine Verlobung von Renaissance und Barockstil.

Nathan Söderblom: »Der neue Mensch«

Nach dieser archetektonischen Umschreibung des Genius loci, der lokalen Geistessphäre, deren Beschreibung bewusst sparsam gehalten wurde, da Worte nur unzulänglich fassen können, was die persönliche Begegnung mit der Seele einer Landschaft oder einer Örtlichkeit mitzuteilen vermag, nähern wir uns der Idee des Geistesmenschen, wie sie von Erzbischof Nathan Söderblom

Nathan Söderblom

(1866–1931) in seinem Vermächtniswerk »Von der Wirklichkeit Gottes«[9] in christlich-protestantischer Sprache formuliert wurde.

Im 5. Kapitel dieses 45-Seiten-Büchleins, schreibt Söderblom über die Kennzeichen des neuen Menschen: »Was von dem Meister berichtet wird, dass er allein auf die Berge stieg und häufig in der Einsamkeit der Wüste weilte, gilt sowohl für die Männer vor ihm als auch von all seinen treuen Jüngern. [...] Die Einsamkeit wird gesucht, damit der Mensch umso besser Gottes Stimme hören kann. [...] Die sittliche Selbstständigkeit, die geistige Persönlichkeit, »der neue Mensch« wird ebenso wenig nach einem [dogmatischen] Rezept gemacht, wie auch die Werke des Genius nicht nach einer fertigen Regel zustandekommen, sondern in dem »neuen Menschen« erscheint ein über die Natur erhöhtes Leben, das sein Prinzip in sich trägt.«

Und »befreit von dem Bedürfnis in der Herde zu leben«, wie sein Zuhörer Dag Hammarskjöld Ostern 1956 in das Tagebuch nachtragen wird, erkennt Nathan Söderblom fast 30 Jahre zuvor:

»Wenn inmitten von Verwirrung und Versuchung die Klarheit siegt, wenn die Persönlichkeit ihre Freiheit behauptet, dann geschieht in dieser heiligen Stunde eine Schöpfung.« Und Söderblom fügt die Worte Kierkegaards hinzu, »dass das Leben ein Gedicht ist, das wir selbst dichten sollen. Aber der Christ lässt Gott sein Leben dichten.«

Über das Charisma des Verwandelten, des Individualisierten, des Initiierten, schreibt Söderblom: »Das Kennzeichen einer wirklichen Gebetserhöhung, nicht bloß einer mit künstlichen Mitteln zustande gekommenen Suggestion, hat man seit alters daran gesehen ... durch eine neu verliehene Kraft«, einer »Ruhe zur Arbeit trotz stürmischer Angriffe, bitterer Missverständnisse und schwerer Unglücksfälle.« Und der im interreligiösen Dialog engagierte, querdenkende Erzbischof stellt fest: »Aber das Kreuz auf Golgatha ist nicht zu Hause in der Welt der Liturgie oder der Gedankensysteme. [...] Gott besucht die Menschheit ... brutal und merkwürdig genug in jener Geschichte, die alle mit ihren eigenen Augen sehen können.« Die Nachfolge Jesu, die alle sehen könnten, wenn sie sehen – lernen – wollten.

Der interkulturelle Dialog

Der Dialog zwischen den Kulturen. Nathan Söderblom war nicht nur ein Prediger des Wortes, sondern auch ein Charismatiker der Tat. Durch seine internationale und überkonfessionelle Kirchenpolitik wurde Uppsala in dieser Zeit ein weltbekanntes Zentrum der ökumenischen Bewegung. Im Jahr 1925, der Student Dag Hammarskjöld war gerade 20-jährig, organisierte Söderblom zwei ökumenische Weltkonferenzen zu Fragen des Christseins in der Moderne. Im selben Jahr erschien sein Buch »Einigung in der Christenheit«. Zu den Konferenzen waren nicht nur die Vertreter der großen Staatskirchen eingeladen, sondern auch die Repräsentanten der kleineren Glaubensgemeinschaften, so beispielsweise die Quäker und Friedrich Rittelmeyer, Mitgründer der Christengemeinschaft. Fast alle kamen. Zu den wenigen, die nicht teilnehmen wollten, gehörten die Vertreter der römisch-katholischen Vatikanskirche. Und auch die Funktionäre – manchmal ein anderes Wort für »Würdenträger« – der britisch-anglikanischen Kirche blockierten den Dialog der Ökumene. Wohl aber kamen einzelne Katholiken und Anglikaner, welche ihr Mensch- und Christsein höher bewerteten als alle Kirchenzugehörigkeiten.

Erzbischof Söderblom, dessen jüngster Sohn Jon Olof Klassenkamerad und Schulfreund Dag Hammarskjölds war, ist kein Parteibuchfunktionär einer dogmatischen und selbstverliebten Christentümlerei. So schreibt er auf Seite 33 seines Werkes »Von der Wirklichkeit Gottes«: »Was für eine Bedeutung haben denn tatsächlich unsere Kirchen und unsere religiösen Gemeinschaften für die Menschen, die heute mit Kopf und Herz an der Arbeit sind? Was denkt Gott darüber? Sicherlich stehen wir und unsere Christenheit als Angeklagte vor ihm.« Und zwei Seiten weiter folgert er: »Das Bekenntnis zum lebendigen Gott kann verbunden sein mit einem Leben, das keineswegs von ihm Zeugnis ablegt. Umgekehrt kann Gottes Kraft bei Menschen hervortreten, welche nicht an ihn glauben.«

Söderblom, zeitweilig auch Theologieprofessor in Leipzig, erhält 1930 den Friedensnobelpreis für seine Arbeit der interkulturellen Versöhnung und Völkerverständigung. In den Häusern von Nathan Söderblom und Hjalmar Hammarskjöld, Mitglied des Komitees für die Vergabe des Nobelpreises für Literatur, verkehren die Repräsentanten von Kultur und Geist aus aller Welt. So auch Rabindranath Tagore (1861–1941), der Literatur-Nobelpreisträger von 1913, bei seinen Europareisen. Tagore, unter anderem Gründer der indischen Philosophie-Schule »Shantiniketan« (Wohnstätte des Friedens), heute eine staatlich geförderte Universität, begegnete auch dem jungen Dag Hammarskjöld. In dessen Todesjahr 1961 wird im Freiburger Hyperion Verlag die Übersetzung des Tagorewerkes *Towards Universal Man* unter dem Titel *Die Einheit der Menschheit* erscheinen.

Auch diese Ereignisse und diese Persönlichkeiten gehören zum Zeitgeist (nicht nur) des Ortes Uppsala. Wir werden diesem

Geist in der überkonfessionellen Biografie des Kosmopoliten und späteren UN-Generalsekretärs immer wieder begegnen. Zeitweise befasste sich Dag Hammarskjöld mit dem Gedanken, Theologie zu studieren, entschied sich dann aber dagegen. Geboren 1905, in jenem Jahr, in dem Söderbloms interkulturelles und friedenspädagogisches Werk »Die Religionen der Erde« erschien, war in Dag Hammarskjöld ein noch viel weitreichenderes Licht im Aufscheinen begriffen.

In seiner Rede »An Instrument of Faith« (Ein Instrument des Vertrauens) am 20. August 1954 vor der Zweiten Versammlung des Weltkirchenrates in Evanston, US-Bundesstaat Illinois, erinnert Dag Hammarskjöld an seine Zeit in Uppsala: »Als Student erlebte ich [...] den Anbeginn der Ökumenischen Bewegung, und ich lernte einen ihrer begeisterungsfähigsten Leiter, Erzbischof Nathan Söderblom, schätzen.«

Über die aktuelle Form seines Glaubens, wie sie sich unter anderem in der Einleitung zur UN-Charta manifestiert, sagt der Generalsekretär, dass diese »den Glauben [faith] in die Würde und den Wert der menschlichen Individualität« ausdrückt. »Die Vereinten Nationen stehen notwendigerweise außerhalb aller Konfessionen, aber sie sind trotzdem ein Instrument des Glaubens. [...] Wir sollten uns aber nicht von dem Glauben [belief] gefangen nehmen lassen, dass die Unterteilung unserer Welt zwischen Rechtschaffenden und Übeltätern, zwischen Idealismus und Materialismus, zwischen Freiheit und Sklaverei mit nationalen Grenzen übereinstimmen würde. Die Gerechten wie auch die Übeltäter finden sich überall.«

»Die Auseinandersetzungen hinter der Oberfläche internationaler und nationaler Politik sind Konflikte, deren Schlachtfeld immer schon in den Seelen der Menschen war und sein wird. [...] Ein Krieg, der in den Herzen der Menschen ausgefochten wird, kann nur von jenen wahrgenommen werden, welche unmittelbar zu den [Herzen der] Menschen sprechen. [...] Aber ... unserer Arbeit für den Frieden sollte mit einer Ausdauer nachgegangen werden von einem, der keine Angst wegen der Ergebnisse hat, da er in der stillen Selbsthingabe des Glaubens handelt.«

Und Dag Hammarskjöld beendet seine Rede »in dem Gefühl universaler Brüderlichkeit, welche wir eines Tages wieder zu finden hoffen in einer Welt von Nationen wahrhaftig vereint.« [10]

... *und das intra-religiöse Bewusstsein*

Am 30. August 1956 findet sich diese Menschheits-Ethik im Tagebuch: »Jenseits aller Glaubensfragen. [...] Es ist eine Idee, der du dienst – diese Idee, die siegen muss, wenn eine Menschheit, dieses Namens würdig, überleben soll.« Etwa vierzig Tage nach diesem Eintrag wird Hammarskjöld vom New Yorker SAD-Korrespondenten in einem Zeitungsartikel vom 14. November, unter der Überschrift »Tag und Nacht im Dienst des Friedens«, zitiert werden: »Es wird der Tag kommen, an dem die Menschen begreifen werden, was die UNO eigentlich bedeutet!«

In seinem Vortrag »A New Humanism as a Condition for the One World« (Ein neuer Humanismus als Voraussetzung für die Eine Welt), gehalten am 4. April 1962 in Kalifornien[11], denkt der Sozialpsychologe Erich Fromm über die Konsequenzen des Begriffes Menschheitlichkeit nach: »Es gibt keinen Zweifel daran: Die Eine Welt ist im Entstehen. Wahrscheinlich ist dies das revolutionärste Ereignis in der Geschichte der Menschheit. [...] Lernen wir es nicht, als der Eine Mensch in der Einen Welt zu leben, dann wird der Nationalismus Bedingungen und Situationen hervorbringen, welche die Gefahr heraufbeschwören, dass der Mensch sich selbst zerstört.«

Und Fromm spricht sodann über Goethes Streben nach Universalität und das Erbe der bislang noch unerfüllt gebliebenen Renaissance-Humanität: »Ähnlich wie bei Nikolaus von Kues, Herder und Lessing findet sich auch bei ihm die Vorstellung, dass der Mensch nicht nur seine eigene Individualität, sondern die ganze Menschheit mit all ihren Möglichkeiten in sich trägt, obwohl er sie wegen der äußeren Grenzen seiner Individualität [zumeist] nur in ganz beschränktem Maße zu verwirklichen vermag.«

Der intra-religiöse Dialog, der Einweihungs-Weg in die tieferen und zumeist unbewussten Schichten der menschlichen Seele, durch das Land der Schatten hindurch, kann letztendlich zu einem bewusst universalen Menschsein führen.

Stockholm im Mai. Neben mir im Café Örtagården sitzt Sture Linnér, ein alter Freund und UNO-Mitarbeiter Dag Hammarskjölds, und betont dessen überkonfessionelle und sehr individuelle »Menschheits-Religiosität«. Weit jenseits aller Gruppenegoismen.

Oder mit den Worten des Schriftstellers Tschingis Aitmatow: »Was wäre denn zu erwarten, fragte er sich, wenn jeder Mensch ... die freie Entscheidung hätte, sich in gleichem Maß zu allen Weltreligionen zu bekennen? [...] Wenn der Mensch also nicht nur Glied einer bestimmten Sekte oder Konfession wäre. [...] Sich also gleichermaßen als Christ und Muslim, als Buddhist und Jude oder als Gläubiger anderer universaler Glaubensgemeinschaften bekennen dürfte? [...] Er würde freilich nicht die sektiererischen und einander isolierenden Werte akzeptieren, sondern vor allem die einer wahrhaftigen Ökumene. ... Der Mensch am Ende des zwanzigsten Jahrhunderts könnte doch ... kundtun: ... ich bin Träger aller Religionen! [...] Heute bin ich Christ unter Christen, gestern war ich Muslim unter Muslimen. In Japan verehre ich Buddha, in Schweden wiederhole ich Luthers Thesen.«[12] Hier schimmert die Philosophie einer neuen, geistigen Freiheit durch.

»Es wird der Tag kommen, an dem die Menschen begreifen werden, was die UNO eigentlich bedeutet!« Dies ist bislang noch nicht geschehen. Beginnen zu begreifen, das setzt für einen Menschen wie Dag Hammarskjöld voraus – innen zu reifen. Der neue Mensch beginnt mit dem intra-religiösen Dialog bei sich selbst, bevor diese Dialogübung die Grenzen zu eines anderen Wesens Du wirklich zu überschreiten vermag. Dies betont der UNO-Leiter auch in seiner Stockholmer Rede »Know yourself - know your world« (Erkenne dich selbst – erkenne deine Welt) vom 27. Februar 1960, auf die Inschrift »gnothi seauton« des Tempels von Delphi hinweisend. In Hammarskjölds Tagebuchworten, Anfang 1945: »Körper und Seele haben tausend Möglichkeiten, aus denen du viele Iche bauen kannst. Doch nur eines von ihnen ergibt die Kongruenz zwischen dem, der wählte, und dem Gewählten. Nur eines – und du findest es erst, wenn du alle anderen Möglichkeiten ausgeschlossen hast ... im Erlebnis von des Lebens höchstem Mysterium und im Bewusstsein: um das anvertraute Pfund, das Ich bin.«

In der tiefenpsychologischen Sprache dessen, der sich durch einen brennenden Dornenbusch zu äußern vermag: »Ich bin, der ich bin« (Moses, Bibel). Oder in den Sanskritworten der indischen Vedanta gesprochen: »Atman, tat twam asi - Seele, das bist du!« (nämlich letztendlich Brahman: Weltengeist; Anm. SMS).

Nun stehen wir an jener Schwelle, über die hinaus die meisten mehr oberflächlich-materialistisch eingestellten Leser Dag Hammarskjöld nicht mehr werden folgen können – oder wollen. Es ist dies der Bereich, in dem sich die »UNIO mystica« vollzieht, jener abendländische Hilfsbegriff für den Vorgang der zeitweisen Vereinigung des Ich-Bewusstseins mit dem Urgrund des Seins, sei dieser nun Gottheit oder Nirvana oder Tao genannt.

Hinzu kommt, dass man Dag Hammarskjölds Biografie und Tagebuch-Botschaften nur dann wirklich entziffern kann, wenn man um die sprachliche Verwandtschaft des schwedischen Wortes »Jag« (für das Ich) mit jener des Wortes »Dag« (für den Tag und das Tageslicht), jener des Wortes »Dig«, für das persönliche Anrede-Fürwort Dir (mit welchem er in *Zeichen am Weg* seinen Dialogpartner im Sinne Bubers anspricht), und jener des Wortes »Såg« (für Gesehenes) weiß. Dann offenbaren auch gewisse Sprachspiele einen tieferen Zusammenhang, wie etwa die Eintragung vom 11. Juni 1961: »Berufen ihn [den Sonnen-Geist; Anm. SMS] zu ertragen, ... frei ihn zu verneinen, sah ich [såg jag] einen Augenblick das Segel im Sonnensturm.« Bei der bisherigen Übersetzung des Buches ins Deutsche verschwanden diese sprachlichen Feinheiten und »Zeichen« seines geistigen Schulungsweges fast ganz. Zurück blieben stattdessen oftmals ratlose Leser.

Woher
jene lautlos Entschlossenen
die sich nicht fürchten
im Finstern wandern
im Finstern wirken

ihre Zeichen zu setzen
ihre Marksteine

von Stufe zu Stufe
hinauf und hinunter

ihr Rufen
ihr Pochen
ihre Spur

für Momente erahnbar

vor dem Nichtsein
bewahrend

ihre Opfergefässe
ihre Salzsignatur

Heide Overhage-Baader
aus: *Ohrmuschel und Stimme der Stille*
Heman Verlag Basel

4.
Initiation

Die Geheimnisse der Lebenspfade
darf und kann man nicht offenbaren;
aber es gibt Steine des Anstoßes
über die ein jeder Wanderer
stolpern muss.

Goethe: Aus Makariens Archiv, *Wilhelm Meisters Wanderjahre.* Drittes Buch, drittes Kapitel.

Die Pforte zur Einweihung

Das Hineingehen (lat. inire) in das Tempelinnere setzt ein initiatives Bewusstsein voraus und als solches die Überwindung der Furcht- und Trägheitskräfte sowie der Entfremdung des Menschen von sich selbst und anderen. Dafür ist die Entwicklung der Aufrichte-Kraft einer ethisch geraden Wirbelsäule von Nöten. Ein solcher Einweihungs-Weg wird beispielsweise von Rudolf Steiner in dessen Werk *Wie erlangt man Erkenntnisse der höheren Welten?* beschrieben: »Menschen mit einer Denkungsart, die zur Phantastik, zum Aberglauben neigt, können auf« dem Geistespfad »keinen Fortschritt machen«. Und »Wer sich die Fähigkeit erworben hat, hohen Grundsätzen und Idealen mit Hintenansetzung der persönlichen Laune und Willkür zu folgen, wer versteht, die Pflicht auch immer da zu erfüllen, wo die Neigungen und Sympathien gar zu gerne von dieser Pflicht ablenken wollen: der ist unbewusst schon mitten im gewöhnlichen Leben ein Eingeweihter.«

Jene, die in seiner Biografie und seinem Tagebuch etwas gründlicher gelesen haben, werden vielleicht erkennen können, dass dem UNO-Generalsekretär, ob als nächtliches Traumbild oder als kurze Vision im Tagesgeschehen, geistige Phänomene wie (zeitweise) Hellsichtigkeit nicht fremd gewesen sind. Sei es verschlüsselt in einem harmlos klingenden »såg jag« oder beispielsweise auch deutlich genug in einem englischsprachigen Tagebucheintrag vom 29. Juli 1956 (mit Bezug auf ein zukünftiges Geschehen): »Im Prozess dieser absoluten Aufrichtigkeit kann einer bei einer Erkenntnis ankommen von dem, was sich ereignen wird.«

Warum hat Dag Hammarskjöld nicht öffentlich über seine spirituellen Erfahrungen gesprochen? Wer die wenigen Zitate aus Reden Hammarskjölds in diesem Buch gelesen hat, der weiß, dass dieser hohe Staatsbeamte sehr wohl diese geistigen Erfahrungen in sein öffentliches Leben hat hineinleuchten lassen. Bei der modernen Vermarktung »des Esoterischen«, von Talkshow zum Showtalk, ist es vielleicht mittlerweile schwer geworden, zu begreifen, dass jemand aus einem geistigen Tiefenbewusstsein heraus seinen sozialen und kosmopolitischen Menschheitsdienst ohne lautstarke spirituelle Außenreklame vollbringt. »I am here to do a job and not to talk about it.« (»Ich bin hier, um eine Mission zu vollbringen und nicht, um darüber zu reden.«), sagte er Ostern 1953 bei seinem Amtsantritt in New York.

»Hätten bestimmte Mächte vorzeitig gewusst, was in Dag Hammarskjöld wirklich vorging, hätten sie ihn niemals zum Generalsekretär gewählt«, sagt mir Sture Linnér beim Nachmittagskaffee. Im Herbst 1955 findet sich hierzu folgender Tagebuchvermerk: »... als den, der du im Innersten sein musst, um deine Aufgabe zu erfüllen, darfst du dich nicht zeigen – damit man dir gestattet, sie zu erfüllen.« Hammarskjöld hat dies richtig erahnt. Als später sein Nachlasswerk *Zeichen am Weg* erscheint, wird er von gewissen politischen wie auch intellektuellen Kreisen schärfstens kritisiert.

Wanderer zwischen den Welten

»Der Einfluss der Persönlichkeit auf die Geschichte ist und bleibt ein umstrittenes Thema. Hammarskjöld, selbst immer ein Wanderer zwischen den Welten, hat dazu ein neues Kapitel geschrieben«, anerkennt Ernst-Ulrich Fromm in seinem Artikel »Der eine gegen die vielen« am 2. August 1962 in der WELT.

Es wäre sicherlich aufschlussreich, Hammarskjölds Leben und Schriften genauer unter dem Aspekt außerkörperlicher Wahrnehmungen, des luziden Träumens und der Möglichkeit der sogenannten Astralreisen zu untersuchen. Phänomene, die so außergewöhnlich nicht sind. So beschreibt der erste Transatlantikflieger Charles Lindbergh in seiner Autobiografie ein solches »Loslösen der Seele vom Körper« während seines Langstreckenfluges 1927. Und der Literaturnobelpreisträger Ernest Hemingway schildert seine außerkörperliche Nahtodeserfahrung 1929 in einer Schlüsselszene seines Romanes »In einem anderen Land«. »Meine Visionen«, schreibt Lindbergh, »können leicht rational wegerklärt werden, aber je länger ich lebe, für umso begrenzter halte ich die Rationalität.« Diese Thematik weiter auszuführen, würde den Rahmen dieses Buches sprengen und eignet sich eher für eine besonnene tiefen- oder parapsychologische Dissertationsarbeit.

Zwei Andeutungen nur, aus Dag Hammarskjölds Tagebuch, mögen hier stellvertretend genannt werden. Zunächst über seine Aufenthalte in der Welt der Natur, Sommer 1951: »Wohin verläuft die Grenze? Was ist es, was wir erreichen in diesen Träumen [...] bedeutungsschwer [...] tiefer in die Sinne geätzt als der Augen Zeugenschaft? [...] Die Erinnerung an die Wirklichkeit von ihren Körpern – wohin verschwindet sie? Während das Bild von dieser Träume Welt nicht altert.«

Und im dritten Tagebucheintrag vom 25. Dezember 1955 notiert er: »So ging ich im Traum mit Gott durch die Wesenstiefe: Wände wichen zurück, geöffnete Tore, ... bis um mich Grenzenlosigkeit war, worin wir alle zusammenflossen und weiterlebten, wie Ringe nach fallenden Tropfen auf weite, ruhige, dunkle Wasser.«

Ungeachtet der öffentlichen Kontroverse kommt der Geschichtsprofessor Eric Goldman in seinem Artikel vom 18. Oktober 1964 in der »Herald Tribune Book Week« zu der Erkenntnis, dass »Hammarskjölds Beharrungsvermögen, in zwei Welten zu leben, offensichtlich [...] einen großen Teil zu seiner durchschlagenden Wirksamkeit als UN-Generalsekretär beitrug. [...] Er hatte weder dem Osten noch dem Westen zu dienen, er diente Gott.«

Jener zumeist noch unbekannten Gottheit, um dies im Sinne Hammarskjölds anzumerken, die wir wieder finden in der Ganzheit der Menschheit, jene Ganzheitlichkeit, die mehr und tiefer und reifer ist als die Summe ihrer Teile. Dieses ungewohnt vielschichtige Gottesbild sowie Hammarskjölds Charisma und Intuition verunsicherte so manchen in und außerhalb der UNO. So schrieb der ehemalige UN-Beamte Sir Brian Urquhart in seiner Biografie »Ein Leben in Krieg und Frieden«[1] auf Seite 142: »Als ein rationaler und international gesinnter Liberaler war mir manchmal unbehaglich bezüglich der Möglichkeit, dass Hammarskjöld beginnen könnte, hellhörig für Stimmen zu werden.« Es gab andere, Mächtigere und Gewaltbereitere, welche diese Befürchtung teilten.

Menschsein. Diesseits des Sexualtriebes

Am 7. April 1993, 40 Jahre nach Hammarskjölds Berufung zum UN-Generalsekretär, schreibt der Journalist Kurt Buch unter der Rubrik »Damals« in der *Berliner Morgenpost*: Hammarskjöld »war für seine unglaubliche Arbeitsleistung genauso bekannt wie für seine asketische Einsamkeit. Sein Beruf war ... seine Berufung, seine zölibatäre Lebensweise die Basis für sein unermüdliches Schaffen für andere.« Sir Urquhart, dem Hammarskjöld in vielen Dingen nicht nur außergewöhnlich, sondern fast schon verdächtig übermenschlich erschien, notierte zu dessen sexueller Enthaltsamkeit in seiner Biografie auf Seite 126: »Ich würde vermuten, dass er asexuell war, zugegebenermaßen ein seltener Zustand.«[2]

Hammarskjöld hat sich, wie er im Tagebuch mehrfach betont, »einer Aufgabe«, dem kosmopolitischen Dienst für die Menschheit »geweiht« – mit der Ganzheit seines Seins. Wo andere einschliefen, arbeitete er wochenlang fast die ganze Nacht hindurch, ohne Ermüdungserscheinungen zu zeigen. Um sich diesem Menschheitsdienst, welcher zugleich aus einem geistigen Schulungsweg resultierte und als Grundlage auch solch eines einsamen Weges bedurfte, gänzlich widmen zu können, verzichtete er auf Frau und Kinder. Er verzichtete aber nicht nur auf die Gründung einer Familie (war ihm doch die Menschheit in ihrer kulturellen und individuellen Reife wie auch in ihrer politischen und antihumanen Adoleszenz zur Familie geworden), sondern auch auf den Sexualakt als solchen.

Einige politische Feinde und einige Freudianer haben diese scheinbare »Asexualität« gerne pathologisch deuten wollen; wobei ihre Deutungen mehr über sie selbst als über Dag Hammarskjöld aussagten. Carl Friedrich von Weizsäcker kommt in dem Buch »Die biologische Basis religiöser Erfahrung«[3] der Wahrheit wesentlich näher, wenn er über die Verwandlung der sexuellen Kraft schreibt: »Die Sexualität kann der Evolution in der Fortpflanzung oder in der Steigerung des Bewusstseins dienen. Aber auf gewissen Stufen ... der Bewusstseinsentwicklung reicht sie bei den meisten Menschen, die diese überhaupt erfahren, nicht für beides aus. So entsteht das sinnvolle Ideal der Enthaltung ... als ›evangelischer Rat‹ für die, denen der Rat entspricht, und nicht als Gebot für alle.«

Dag Hammarskjöld schreibt rückblickend auf seinen Weg am 29. Juli 1958, seinem 53. Geburtstag, in das Tagebuch: »Dieses Körpers Feuer brennt ihn zur Reinheit, ... vernichtet seinen geschlossenen Mikrokosmos. Einige sind erwählt, um dadurch an die Schwelle der endgültigen Überwindung geführt zu werden, zum Schöpfungsakt des Opfers statt zu körperlicher Vereinigung – in einem Blitzschlag von der gleichen blendenden Kraft.«

Dag Hammarskjöld spricht über das, was der Yogawissenschaftler Gopi Krishna das Erwachen der Kundalini-Energie[4] nennt, wenn er schreibt: »Dieses Körpers Feuer brennt ihn zur Reinheit« und zuvor, im Eintrag von 1952, »dieses Erlebnis von Licht, Wärme und Kraft«. Carl Friedrich von Weizsäcker, Mitgründer der Forschungsgesellschaft für Östliche Weisheit und Westliche Wissenschaft in Starnberg, schreibt in dem zuvor genannten Buch über seinen Mitautoren Gopi Krishna auf Seite 8 und 9: »Er war jahrzehntelang Regierungsbeamter. [...] Vierunddreißigjährig erlebte er den Durchbruch eines neuen ... Bewusstseins. Aber der begonnene Vorgang hatte eine physische und seelische Umwandlung zur Folge, die wie ein verzehrendes Feuer seine Existenz bedrohte. [...] Sein Ich behielt jedoch die Kontrolle der Vorgänge, die ... eine nun nicht mehr weichende innere Helligkeit und Lebendigkeit [aus]lösten. Jetzt empfand er sich wie ein neuer Mensch [siehe die Gebetserfahrung von Nathan Söderblom, Anm. SMS], mit objektiven Gaben, die er nie zuvor gehabt hatte...«

Diese Schilderung könnte genauso gut auf die im Tagebuch verschwiegenen Jahre von 1931 bis 1940, das 26. bis 35. Lebensjahr Dag Hammarskjölds, zutreffen. Was bisherigen Biografen nicht auffiel, ist, dass diese verschollene Zeit von den Todesjahren der beiden »Zwillinge« Nathan Söderblom († 12. Juli 1931) und Agnes Hammarskjöld († 21. Januar 1940) markiert wird; von zwei spirituellen Menschen also, deren Einfluss auf den zukünftigen UNO-Generalsekretär prägend war.

Die Transformation der Sexualkraft in Lebens- und Geisteskraft hat in allen Kulturen dieser Welt eine lange Tradition. Nicht nur der Osten kennt yogische Übungen, sondern auch der alte schamanistische Norden kennt eine Art Runen-Yoga: in die Welt gebracht von dem neun Tage und Nächte kopfunter an der Weltesche hängenden Schamanen namens Odin. Hier deutet sich eine potentielle Kreisschließung zum vorgeschichtlichen Uppsala als Tempel- und Mysterienstätte an. Durch eine lange Kette von mündlichen Überlieferungen verschmolz dieser Initiierte (Eingeweihte) schließlich mit der mythologischen Figur des Gottes Odin.

Die Androgynität des Menschlichen

»Der neue Mensch«, bei Nathan Söderblom das Resultat eines urchristlichen Einweihungsweges, findet sich auch in Platons Idee einer ursprünglichen »Androgynität«[5] wieder. Er begegnet uns in Goethes Werk, welcher in jüngeren Jahren tiefenpsychologisch-alchemistische Naturstudien betrieb: »Was kann der Mensch im Leben mehr gewinnen, als dass sich Gottnatur ihm offenbare«, und wird insbesondere in seiner Homo Humanus Vision (»Die Geheimnisse«) verkörpert: »Von der Gewalt, die alle Wesen bindet, befreit der Mensch sich, der sich überwindet.« Wir finden ihn auch im »hermaphroditischen Menschen« des legendären, altägyptisch-griechischen Kulturstifters Hermes Trismegistos. Im alten China als »Sohn des Himmels« bezeichnet, nannte die hebräische Kabbalah[6] den himmlischen Menschen »Adam Kadmon«. Hammarskjöld starb unter dem geheimdienstlichen Codenamen »Céleste« (Himmlischer).

Kommen wir aus diesen historischen Tiefen wieder zurück in die nackte Realität der Moderne. Selbst die Mehrzahl der Leute in unserer etwas sexistisch-hedonistisch erscheinenden Gesellschaft sind, zumeist unbewusst, auf der Suche nach der menschlichen Ganzheit. Und die Verwandtschaft von Sexualität und Spiritualität ist enger, als es manchen Mönchen und Nonnen lieb ist. Lassen wir einen Autor zu Wort kommen, dessen erstes Buch »Ein Kind der Erde« 1905 erschien. Der Psychotherapeut Georg Groddeck (1866–1934) beschreibt den möglichen Höhepunkt des Sexualaktes, das kurzzeitige Verschwinden des männlichen und weiblichen Ichteiles im gemeinsamen Orgasmus und Organismus (sofern dieser zustande kommt), als einen schnell verwehenden »androgynen Augenblick«. In diesem Augen-Blick kann der himmlische Mensch kurz aufleuchten. Leider nehmen es die beiden daran Beteiligten zumeist nicht wahr.

Hammarskjöld hat sich nicht für den oftmals in Sexismus oder Narzissmus-zu-zweit ausartenden Versuch der sexuellen Selbsterfahrung entschieden, sondern für den Pfad der sexuellen Enthaltsamkeit und Selbstdisziplin. Ein Weg, welcher auch nicht frei von psychischen Gefahren und Extremismus ist. Er erlaubte es sich nicht, eine Frau als sexuell-menschliches Du anzusprechen. Er konzentrierte seine Energie auf den Dialog mit dem Wesen von Natur, Menschheit und Gottheit. In *Zeichen am Weg* spiegelt sich dieses Ringen, auch die Begegnung mit dem Tod und der eigenen Nichtigkeit, wider. Ein Teil des Tagebuches ist durchzogen von Anzeichen einer existenziellen Krise, welche Hinweise bleiben, die der Autor nicht weiter konkretisiert.

Daher würde sich der Vergleich mit Georg Groddeck, dem Begründer der Psychosomatik, lohnen, der in seinem autobiografischen Roman »Ein Kind der Erde« (1905) eine solche spirituelle Krise beschreibt, welche ihn dem Tod (Selbstmord) nahe bringt. Von der Überwindung dieser »Krise um das 33. Lebensjahr« (1899–1905) zeugt dann 1909 die Schrift »Hin zur Gottnatur« des vergeistigten Menschen. (Für theistische Menschen hießen die Alternativen: Gott und / oder Natur.) Über den Weg dahin gibt sein 1921 publiziertes Buch »Der Seelensucher« Auskunft. Diese Lebenserfahrung gipfelt schließlich in dem kurz vor seinem Tod, 1933, veröffentlichten Werk »Der Mensch als Symbol«. Wer es sich anmaßen möchte Hammarskjöld psychoanalytisch zu betrachten (siehe hierzu seinen Tagebucheintrag über die »Vulgärpsycholgie« im Frühjahr 1951), sollte dafür wenigstens die heutzutage fast vergessene Psychologie Groddecks benutzen.

Bergeinsamkeit: Regeneration und Inkarnation

Auch Hammarskjöld meistert seine Lebensmitte-Krise durch Hinwendung zum göttlichen (geistigen) und natürlichen (seelischen) Grunde des irdischen Seins. Während sich seine Amtskollegen in der Stadt vergnügen, verschwindet er an Wochenenden und in den Ferientagen zu Wanderungen und Meditationen in die Wildnis des schwedischen Hochgebirges (Fjälls).

Der Heilkraft der Natur begegnete Hammarskjöld als intensiver Leser anspruchsvoller Literatur (»Lesen ist für mich Meditation und Dialog mit des Autoren Geist«) unter anderem auch in der Ariel-Szene des »Faust«. Nachdem Faust Gretchens Liebe und Leben verloren hat, erleidet er einen Zusammenbruch. Der Tragödie zweiter Teil beginnt mit seinem Erschöpfungsschlaf in einer einsamen Gebirgsgegend. Ariel, der Geist der Lüfte, spricht dort in der Abenddämmerung zu den Pflanzengeistern: »Erst senkt sein Haupt aufs kühle Polster nieder, dann badet ihn im Tau aus Lethes Flut[7]; Gelenk sind bald die krampferstarrten Glieder, wenn er gestärkt dem Tag entgegenruht; Vollbringt der Elfen schönste Pflicht, gebt ihn zurück dem heiligen Licht.«

Inkubationszeit, Tempelheilschlaf. *Zeichen am Weg*-Eintrag Herbst 1952: »Sei im Nichts, ruhe im Schweigen, weine in der Finsternis – kleiner Incubus, wann, wann je?«

In diesem Vorgang leuchtet die Erinnerung auf an die traumtherapeutische Tempelschlafstätte Epidauros im Griechenland der alten Mysterientage. Geleitet durch eine dafür ausgebildete Priesterschaft wurden dort für die Ratsuchenden Schlüsselträume initiiert und gedeutet. In diesem Zusammenhang gewinnen auch die letzten Kreuzesworte von Jesus eine neue Bedeutung: »El'i, El'i, lama asabthani« – »Meine Gottes-Kraft, wozu hast du mich verlassen?«[8]

Es ist dies die Exkarnation jener Kraft, welche sich nach langen Meditationen und Fasten in Wüste und Bergen bei der Jordantaufe in den Menschensohn Jesus inkarniert hatte. Und nicht nur in ihn. Der Literaturhistoriker Hjalmar Sudén deutet dieses »Inkarnationsmysterium« in seinem Essay »Die Christusmeditationen Dag Hammarskjölds«[9] kurz an, ohne aber weiter darauf einzugehen. Die Verbundenheit von Gott, Geist und Natur. Jeder ernsthafte Naturmystiker steht dadurch schon mit einem Fuß im transzendenten Bereich (Gottes).

»Er setzte auf eine Möglichkeit seines Wesens und seines Schicksals, die er erahnt hatte, als er aus der Wildnis zurückkam. [...] Wissend indessen, dass er ihm folgen müsse, zweifelnd, ob er »derjenige, welcher« sei, war er sich klar, dass die Antwort nur gefunden werden konnte, wenn er dem Weg der Möglichkeit folgte.« (Tagebuch, Frühjahr 1951)

Der Schriftsteller Sven Stolpe, Autor von Werken wie »Das

Mädchen von Orléans« (über das Schicksal der Jeanne d'Arc; ob er dabei auch an seines Jugendfreundes kosmopolitischen und spirituellen Weg gedacht hat?), schreibt auf Seite 75 seiner Hammarskjöld-Biografie: »1953 wurde Dag Hammarskjöld zum Generalsekretär der Vereinten Nationen berufen. [...] Er konnte ... schreiben, er sei nun vollkommen glücklich, ein Wort, das er – wie ich weiß – früher nie in den Mund genommen hatte, außer vielleicht hoch oben in den Bergen Nordschwedens.«

Sarekbergwelt – Sonne um Mitternacht

Sommerferien. »Heute versuchte ich den ganzen Nachmittag dich anzurufen, aber die ewige Eile, die nun mein Schicksal zu werden scheint, verhinderte dies. [...] Ich freue mich sehr, in mein geliebtes Fjäll hinauf zu kommen«, notiert der beinahe 25-jährige Student am 9. Juli 1929 im Zug von Brunflo nach Röjan für seinen Jugendfreund Rutger Moll.

Und drei Wochen später, in einem Brief vom 29. Juli: »Gibt es noch etwas, im tiefsten Sinne so Aufbauendes wie die Hochgebirgsnacht, wo man der Erde uralte Ruhe erlebt ... und wo alle Töne eintauchen in die tausend Stillen, wie es Bertil Ekman sagte? Und so waren die Tage: Sonnenwind mit dem Duft von Schnee.«

Im Sommer 1931 schreibt er an Rutger Moll über seine Lapplandreise jenseits des Polarkreises: »... meine eigenen Kräfte übertrafen die Erwartung. Per Olaf taufte danach Lappland zum ›Land, jenseits von allem‹ – und das ist auch wahr, ... was mich betrifft. [...] Das wunderbare Drama, welches das Licht aufführte, übertraf sogar alles, was ich auf dem Weg hierhin gesehen habe. Am prächtigsten war der Regenbogen in der Kårsevagge – in Gewitterwolken, die zusammenstießen und aufgesprengt wurden, sodass die Sonne – und später das Nachtlicht – hindurchbrach auf die kleinen Gletscherseen.«

»Wir bedürfen alle der Stille und der Perspektive. [...] In diesem Zusammenhang bin ich dazu gekommen, am stärksten das schwedische Gebirge zu entbehren, das Einsamkeit und Abstand gewährt – nicht durch Wirklichkeitsflucht, sondern durch die Begegnung mit einer anderen Wirklichkeit«, wird Hammarskjöld 1957 in einem Grußwort für das Jahrbuch des Schwedischen Gebirgs-Clubs schreiben. Und er beendet die Grußbotschaft mit einer Sichtweise des Gebirges als Lehrmeister: »Es bereitet uns schließlich eine neue, reiche Gelegenheit, die uns über uns selbst belehren kann. Diese kann des Willens und des Körpers Schwächen enthüllen, aber sie kann auch Beweise liefern von anderen Hilfsquellen, die sich uns sonst verschweigen.«

Enttäuscht wird, wer sich von Hammarskjöld eine New-Age-Szenen-mäßige Beschreibung spiritueller Erlebnisse erhofft. Es tanzen keine sichtbaren Elfen- oder Engelsgestalten durch seinen bislang öffentlich zugänglichen Nachlass. Hammarskjölds Selbstanspruch als humanistisch-intellektuell Gebildeter und als weltweit öffentlich wirksamer Staatsbeamter verlangen in diesem Bereich nach der Fähigkeit, zwischen den Zeilen zu lesen. Am spirituell deutlichsten wird er in seinem anspruchsvoll verschlüsselten Tagbuch *Zeichen am Weg*, in welchem er Zeichen setzt und zugleich durch seine Sprachgestaltung die Spuren wieder verwischt.

Tagebuchnotiz 1950: »Eines Augenblickes Zusammenspiel von Licht und Schatten, ... des weißen Krokusses Gral in der Alpenwiese Morgenlicht - Worte in der Sinne übersinnlicher Sprache.«

Tagebuchnotiz Frühjahr 1951: »Erlebe dieser großen fernen Welten Übergang in die Nacht. [...] Nun ist es zu spät für uns, den Weg zurück zu finden. [...] Durch die Pflichten des Oberflächenlebens ... langsam dafür gerüstet, formend in das Chaos niederzusteigen, aus dem der Duft der weißen Anemonen das Versprechen einer neuen Zusammengehörigkeit trägt. An der Grenze – .«

Tagebuchnotiz Sommer 1951: »Der arktischen Sommer-Nacht Tagesmahl des Eisblockes Todesglanz im Gegenlicht ... weiße Spritzer von des Sonnenlichtes kühlem Wasser. Sieger – .« Worüber?

Tagebucheintrag Adventszeit 1955: »Bereit – falls ich begegne meinem Ich. Bilder, Bilder – mit heimlichem Zusammenhang. Sie schaffen oder vernichten so im Leben wie im Traum. So im Gedicht.«

»Die Demut vor den Blumen an der Baumgrenze öffnet den Weg hinauf zum Gipfel.« Und dem nachfolgend: »Gebrannt von der Möglichkeit eines größeren Einsatzes, weil das Leben noch nicht alles gefordert hat. [...] Gut und schön, alles geben zu wollen, falls ich vermag mein Wesen so anzureichern, dass alles Wert erhält. [...] Welche Ströme von Ehrsucht fließen durch mein Bestreben nach [vollkommenem] Menschsein?« – Wer wagt schon, solche Fragen zu stellen?

Haben Sie jemals naturalistisch-abstrakter einen Einweihungsvorgang in die Geheimnisse des Wirkens der Naturkräfte geschildert bekommen? Und dies durchaus in der Tradition der frühen irisch-keltischen Mönche, welche in ihren schamanistisch-christlichen Meditationen inmitten der Natur (und deren Gewalten) den Christus-Geist als »Herren der Naturelemente« erkannten. Das Eintauchen in diesen Bereich eröffnete eine Kraftquelle, die Hammarskjöld einen 16 –18-Stunden Arbeitstag ermöglichte.

Landschaft als Kosmos der Seele

»Im Zentrum unseres Wesens ... wird der Baum zu einem Mysterium, die Wolke zu einer Offenbarung und der Mensch zu einem Kosmos, dessen Reichtum wir nur in Bruchteilen erfassen können.« (Tagebuch, 4. August 1959)

Der Versuch, Hammarskjölds feinsinnige Symbolsprache ins allgemein Verständliche zu übersetzen, erinnert mich an den Besuch einer Ausstellung mit dem Titel »Landschaft als Kosmos der Seele«, über die Malerei des Nordischen Symbolismus (1880–1910) im Kölner Wallraf-Richartz-Museum, Mitte Mai 1998, auf dem Weg nach Schweden. Selbst die Ausstellungsdauer, von Ostern bis Pfingsten, vom Frühlingspunkt zur Sommersonnenwende, schien schon Teil der Botschaft zu sein. *Zeichen am Weg* als hammarskjöld'scher Ausdruck eines Nordischen Symbolimus? Dies macht die Übersetzung nicht leichter.

Ralph Waldo Emerson (1803–1882), einer von Hammarskjölds frühen Lieblingsautoren, amerikanischer Vertreter des Transzendentalismus und eines sozial engagierten »ethischen Individualismus«, schreibt in seinem Essay »Nature«, dass Worte Zeichen für Natur-Tatsachen sein können und dass bestimmte Naturvorgänge symbolhafte Auswirkungen geistiger Tatsachen und Prozesse sind. Für das Verständnis des mystischen Naturerlebens Dag Hammarskjölds scheint mir Emersons Werk, ebenso Walt Whitmans *Grashalme* sowie Knut Hamsuns Bücher *Pan* und *Mysterien*, hilfreich.

1961. Es ist der Sommer, an dessen Ende Dag Hammarskjöld stirbt. Berlin. Mauerbau. Der Student Rudi Dutschke ist frustriert und verbittert. Aller Protest war erfolglos. Er entflieht der Berliner Isolation, alleine, in die norwegischen Berge, nahe der schwedischen Grenzregion. Körperlich und seelisch todmüde erreicht er eine einsame Berghütte und fällt in einen tiefen und langen Schlaf. Jäh wird er von einem Donnerknall aus dem Schlaf hochgerissen und taumelt hinaus ins Freie. Dort erlebt er staunend ein grandioses Naturschauspiel. Gretchen Dutschke schildert dies mit seinen Tagebuchworten Jahre später in dem Buch *Rudi Dutschke - Eine Biografie* auf Seite 36 f.: »... die Sonne wandte mir ihr glutvolles Angesicht zu. Sie, die schon sah, was keines Menschen Auge je sah oder sehen wird, die den mit Treibeis gefüllten Nil, die ersten Menschen, den Untergang Karthagos und den Aufgang Roms, den sterbenden Christus sah, Verbrechen und Nächstenliebe sah und sieht, alles erhaltend und verschönernd, sie blickte auch mich an. [...] Und ich stand auf, dankte für die mir in den Schoß gefallene Freiheit, ging in die ... Hütte, packte meine Reisesachen zusammen und verließ diese wunderbar unbewohnte Gegend, wollte mich [geistig] erneut in den Schmutz, in die ewige Unvollendetheit, die ja nun einmal unser Wesen ist, werfen.«

Rudi Dutschke wird nun nach diesem Initiationserlebnis zu

einem der Führer der Studentenbewegung. Er will Veränderungen und er hat nun die Arbeitskraft, sich nicht mehr entmutigen zu lassen. Er tritt gegen die alten Mächte und Strukturen an – für einen freien humanistischen »Sozialismus des Menschen« und nicht des Staates. Auch er trifft auf seinen Attentäter und überlebt, verletzt zwar, aber weiterarbeitend.

»Eine Landschaft kann von Gott singen«

Jenseits des Polarkreises. Das Lappendorf Kaitum. Pfingsten 1998. Die nächstgelegene Eisenerzstadt ist Gällivare. Sie liegt am Hammarsee, auch Vásarajärvi genannt. Einmal am Tag verkehrt von dort ein Bummelzug ins noch nördlicher gelegene Kiruna. Die nächstgelegene Haltestelle zu Kaitum ist auf dieser einsamen Nebenstrecke Fjällåsen. Leise läutet die Glocke der Hammarskjöld gewidmeten Gedächtniskapelle zum Frühlingsgebet der Natur. Und in diesem Klang schwingt die in drei Sprachen eingemeißelte Inschrift der Glocke mit: »Eine Landschaft kann von Gott singen.« Hammarskjöld fügte in seinem Tagebucheintrag von 1953 noch »und ein Leib vom Geist« hinzu.

Die Christuserfahrung, das Gesalbtwerden mit Geist in der Natur: Winternachtende. Schneeschmelze. Das Eis stirbt in den Schoß der Erde hinein. Maiblumen blühn. Der Merlin kreist über den Spuren des Schneehasen. Rentiere und Samen ziehen am Horizont der Sarekbergketten. Des Gipfels Glorie leuchtet im Nordlichtmysterienspiel der Natur. Aeolsharfenklang. Der Wind, der durch der Felsenritzen Steinorgel spricht. Das Magneteisengestein der hohen Berge sammelt die Sonnenlichtkräfte der Jahrtausende in seiner Mineralstruktur. Ein Ring aus Opfersteinen. Und die Osmose der Gezeiten hüllt diese Welt in einer ionisierten Atmosphäre Gebirgsaura. Hellgrün rauscht der Gletscher Ausfluss in die schweigend tiefen Bergseegewässer. Im Tal blüht lächelnd die Tundra. Die Farben zweier Regenbögen eröffnen ein Tor im Grau der Wolkenformationen. Ein Lichtstrahl, der durch die Wolkendecke bricht. Ein glitzernder Teppich aus Sonnenlichtfunken tanzt freudestrahlend über das Blau des nahen Flusses. Die Helligkeit des Tages senkt sich dem marsroten Sonnenuntergang entgegen. Der Glühwürmchen Lichterketten und -figuren, die Elmsfeuerentladungen an den Felsenspitzen, das Zittern der Erde zum rechten Zeitpunkt – vom Getrampel der Rentierherden. Die Sternschnuppen und des Mittsommers Mitternachtssonne. Die mit Heulen die Berghänge hinabrollenden Kugelblitze und der Stürme Urgewalt.

Dieses Stimmungsbild spiegelt die verschiedenen, von Hammarskjöld aufgezeichneten Empfindungen angesichts der Gebirgswelt des Nordpolarkreises wider.

Jag och du. Ich und Du. Die Begegnung von Geist und Natur. Und man beginnt die Einprägungen zu ahnen, die Dag Hammarskjölds Ich erfüllt haben mögen. Einer ging über die Tundrahügel hinaus, auf der Suche nach einer Form von Menschheitsethik, um dieses kosmische Bewusstsein in die Welt der klimatisierten Stahlbetonhochhäuser und Glasfensterpaläste zu tragen.

Lappland. Und ein Hauch von Ahnung. Ein Altarwandgemälde in der Dorfkirche von Fetu Saikko am Nordwestende des heiligen Inari-Sees der Samen. Inmitten des Sees liegt das Inselheiligtum Ukonkivi (»Opferstein der Gottheit«). Wir werden dem Opferstein-Gedanken im Meditationsraum der Vereinten Nationen in New York wiederbegegnen. Wissenschaftler fanden in am See gelegenen Höhlen unter anderem altorientalische Münzen, vermutlich als Opfergaben aus frühgeschichtlichen Handelsbeziehungen stammend.

Der Titel des Ölfarbenbildes von Fetu Saikko lautet »Die Offenbarung Christi an eine Lappenfamilie«. Im linken unteren Bildteil ist ein Lappenehepaar zu sehen. Die Frau im Vordergrund des Bildes hält eine Krippe mit einem Neugeborenen in ihren Armen. Von ihrer linken Hand führt eine Leine (als Symbol schamanistischer Verbindung) zum Kopf eines Rentierhirsches. Aus dessen Hauptgeweih scheint das fast durchsichtig-fahlgelbliche Gewand einer ätherischen Christusgestalt zu entströmen. Der im oberen Bildteil am Himmel vor einer Nordlichterscheinung schwebende Christus streckt seine rechte Hand segnend

Dag-Hammarskjöld-Gedenkstätte Backakra; das Original-New-Yorker Arbeitszimmer von Hammarskjöld

nach unten zu der Samenfamilie, wo der Mann ehrfürchtig seinen von der Fellmütze entblößten Kopf vor der Epiphanie (Geist-Erscheinung) verneigt. Die rechte Hand des Epiphanators (Erscheinenden) ruht oberhalb des Hirschgeweihes. Im Hintergrund schlängelt sich der Juutuanjoki-Fluss, welcher in den Inari-See mündet, durch eine Berglandschaft.

Das Bild, in dem Christus den Hirschkönig als Symbol für die Naturkräfte des Tierreiches mit den Kulturkräften des Menschenreiches verbindet, erinnert an die Auffassung der frühen irisch-keltischen Mönche von Christus als »Herrn der Naturelemente«. Ein Motiv auf dem frühgeschichtlichen, in Dänemark gefundenen »Silberkessel von Gundestrup« (Nähe Årborg, westlich von Kopenhagen) zeigt einen meditierenden Schamanen mit Geweih, zu dessen rechter Hand einen Hirsch, während er in der linken Hand eine Schlange (als Vorläufer des heilkundlichen Äskulapstabes) zur Beratung an sein Ohr hält.

Einst, in vorgermanisch-schamanistischen Zeiten, gab es neben der – später als Prozession ritualisierten – Bergbesteigung, auf Visionssuche nach einer Zeit des Fastens, auch den Lauf in der Abenddämmerung inmitten einer Hirsch- oder Rentierherde. Dabei musste der Ein-Geweih-te zeitweise eins werden mit der Tiergruppenseele, ohne sich (sein Ich) darin zu verlieren, um den Hirschkönig zu erjagen bzw. zu reiten. Ein solches Ritual schildert Marion Zimmer-Bradley in ihrem Kultbuch »Die Nebel von Avalon«, und über die Yogaübung des sich geistig in ein Tier Hineinversetzens schreibt Hermann Hesse in seiner Erzählung *Siddhartha*. Es klingt auch die Verbindung zur Hubertus-Legende mit an, in der im Geweih des (weißen) Hirsches der Naturgöttin das Kreuzzeichen aufleuchtet, sodass der (christliche) Jäger den Hirsch verschont.

In Dag Hammarskjölds südschwedischem Backåkra (Landhaus), heute eine Gedenkstätte, hängt an der Wand des Arbeitszimmers, neben dem Eispickel, den der Sherpa Tensing bei der Erstbesteigung des Mount Everest benutzte, die Skulptur eines Hirsches – einst ein Geschenk des Hethitischen Museums.

In *Zeichen am Weg* blickt Hammarskjöld auch auf die Lapplandzeit seiner Lebensmitte zurück: »Der Himmel [ist] so blau wie über Schneespalten bei seinem letzten Lauf« (01.11.1959). »Wer [ist] der Gejagte, wer der stille Jäger, über dem Nebelfeld, zwischen schwarzen Bäumen, lange vor Tagesbeginn?« (30.07.1961). »Fort rinnt die Hirschspur zwischen der Erde Blutfleck« (05.10.1958). »Zwischen Eichen ein flacher Felsen für des Menschen Opfergaben, um Seewinde herbeizurufen« (Sommer 1959).

Die Dag-Hammarskjöld-Kapelle in Kaitum

Kaitum, keine zwanzig Holzhäuser, ist das samische Wort für »einsame Öde«, inmitten eines Naturschutzgebietes liegend. Am Rande der Siedlung, auf einer kleinen Anhöhe, steht die am 2. August 1964 in Erinnerung an Dag Hammarskjöld eingeweihte Gedächtniskapelle. Während der Einweihungszeremonie sprach

Die Dag-Hammarskjöld-Kapelle in Kaitum

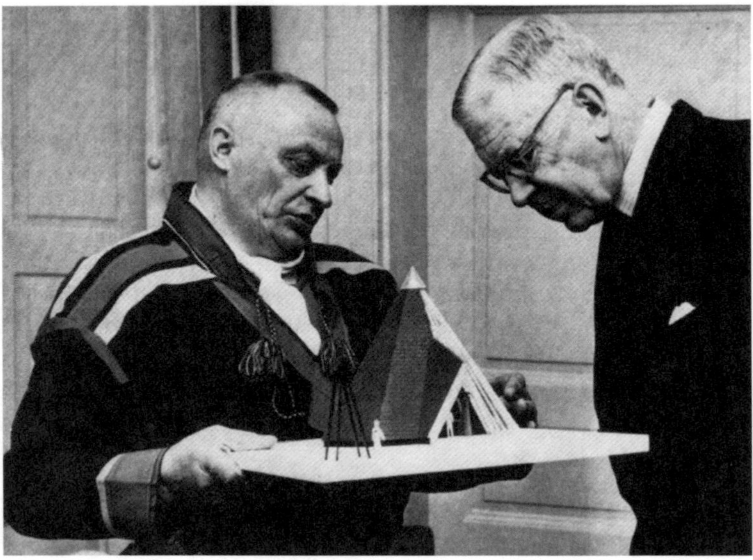

Andreas Labba erläutert dem schwedischen König Gustav Adolf das Modell der Gedächtniskapelle

Andreas Labba, Dag Hammarskjölds Bergführer, welcher einer alten samisch-schamanistischen Traditionslinie entstammte

der Älteste der Brüder, Landrat Bo Hammarskjöld, von der Gedenkstätte als einem »Heiligtum« und »Ödmark-Tempel«. Bei den letzten Arbeiten an der Holzkapelle legten junge Menschen eines in der Nähe zeltenden internationalen Jugendlagers mit Hand an. Sie brachten auch Muttererde aus ihren Heimatländern mit nach Lappland. Die Kapelle entstand infolge einer samischen Bürgerinitiative und mit Unterstützung einiger schwedischer Freunde von Hammarskjöld.

Basierend auf einer Vision des alten Bergführers von Dag Hammarskjöld, Andreas Labba, wurde eine achtflächige Pyramidengestalt mit einer Lappenzeltform verschmolzen. Die Spitze des Pyramidenoktaeders ist aus Glas, wodurch zu bestimmten Jahreszeiten und Wetterlagen, in der Sonne Zenit, eine Lichtsäule in das Zentrum der Kapelle hineinscheint. Diese Konstellation findet sich makrokosmisch auch in der Bauweise einiger Kathedralen, welche mit ihrem Wald aus Innensäulen und den Dämmerlichtstrahlen ihrer schmal-bunten Glasfenster an die heiligen Lichtungen und Haine der Druiden in den vergangenen Urwäldern Europas erinnern. Konsequenterweise wurden einige von diesen Domen auch an denselben alten und heiligen Plätzen erbaut. In der Dunkelheit, während einer spirituellen Nachtwache oder der Weihnachtsmesse am Heiligen Abend strahlt die durchsichtige Dachspitze der Dag-Hammarskjöld-Kapelle wie ein Leuchtturmfeuer in der Finsternis – über die weite Fläche der Tundra.

Die Eingangspforte liegt im Schatten eines dreieckigen Dachvorsprungs. Und auch der Altarraum ist in eine zeltartige Kapellenerweiterung hinausverschoben, welche durch eine große, dreieckkige Glasfensterfront den Blick des Meditierenden in die Tundralandschaft hineinführt. Ein einfaches, großes Holzkreuz (ohne Leichnam) reiht sich dort draußen zwischen die Bäume. Am linken Rand des langen Altartisches steht eine bronzefarbene Gedenktafel. Das Reliefbild zeigt, vor einem Bergmassiv ausschreitend, einen einsamen Wanderer im Vordergrund. Aus dem Hintergrund des Berges tritt die überdimensionale Synthese einer Sonnen- und Weltkugel hervor, in deren Zentrum das Gesichtsprofil Hammarskjölds abgebildet ist. Die etwas rätselhafte Inschrift, mit welcher der Same Andreas Labba diese gusseisernschwere Relieftafel seinem Wanderbruder widmete, lautet: »Dag Hammarskjöld - Fjället danade honom«. (Die Gebirgslandschaft hat ihn geformt.)

Die Aussage-Kraft eines Bronzereliefs

»Ich bespreche mich mit dem Unendlichen durch das Instrument der Natur, durch die Weltgeschichte. Jeder Zustand der menschlichen Seele hat irgendeine Parabel in der physischen Schöpfung. [...] Die Ewigkeit ist ein Zirkel, ein Geheimnis hüllt sich in Mitternacht, und die Wahrheit wohnt in der Sonne«, schreibt Friedrich Schiller 1786 in seinem Werk *Philosophische Briefe*.

In der Kapelle: Altar mit Bronzerelief

Das Bronzerelief: Welt-Sonne, Mensch und Berg. Ein Wanderer (Sucher), der seinem menschlichen Gesicht (als Profil und als Vorausahnung der Berufung) nachwandert und dessen Individualität, auf des Berges Gipfel, nahezu identisch wird mit der von Sonnenflammen umrandeten Weltkugel. Wer das UNO-Symbol damit vergleicht, der erkennt, dass, wo dort zufälligerweise die Nordpolarregion den Zentrumspunkt bildet, im Bronzerelief der Gedächtniskapelle das Profil des Nordpolarkreiswanderers Dag Hammarskjöld erscheint.

In dem anthropologischen Werk *Saami Pre-Christian Religion* schreibt einer der Autoren, Bo Lundmark, in einem Kapitel »Über den Sonnenkult der Samen«, dass diese die Sonne als eine auf Erde und Erdbewohner einwirkende, feminin-maskuline Gottheit empfanden. (Gegenspieler dieser samischen Sonnenwesenheit ist die Mondgottheit.) Diese Sonnenverehrung erinnert an den zeitweise in Ägypten aufleuchtenden Sonnenkult des Echnaton. Der Anthropologe Åke Hultkrantz geht in seinem Buch »Die Religion der Lappen« sogar so weit, von einem gemeinsamen und in dunklen Zeiten verschollenen Ursprung des Sonnenkultus an sich zu sprechen (Seite 297): »Eine ganze Reihe von Bräuchen im Sonnenkult scheint skandinavischen Ursprungs gewesen zu sein.« Abgesehen von dem 11-jährigen Zyklus von verstärkten Sonnenflecken und –winden (Protuberanzen) vollzogen sich während der Lebenszeit Dag Hammarskjölds in Europa, und speziell in Skandinavien, auch eine ungewöhnliche Anzahl von Sonnenfinsternissen, welche mythologisch den Kampf von Sonnen-Licht und Mond-Schatten widerspiegeln. So in den Jahren 1905, 1914, 1927, 1945, 1954 und 1961.

Worauf die Symbolik des Bronzereliefs letztendlich hinweisen könnte, darüber mag ich nicht spekulieren, dies möge der Imaginationsfähigkeit eines jeden selbst überlassen bleiben. Natürlich ist der Berg, und Gleiches gilt für die Sonne, nicht nur ein altes, religiöses Symbol, sondern in fast allen Kulturen auch Begegnungsort mit dem Übermenschlichen und dem Göttlichen. Moses und der Berg des Gesetzes im Sinai legen davon ebenso historisches Zeugnis ab wie Jesus und der Berg Tabor, Mohammed und der Berg Hira oder jener taoistische Berggipfel, auf dem Lao-tse verschwand. Es seien hier nur einige prominente Beispiele genannt. Unter tiefenpsychologischer Berücksichtigung solcher Naturphänomene wie Bergglorie[10], Elmsfeuer, elektrostatisch aufgeladenes Dornengebüsch und jenes Windes, der sprachbegabt durch Felsenritzen weht, kann man nicht nur den Geist, sondern auch die Natur selbst als Religio(ns)stifterin bezeichnen. In den Grundstein des Kapellenbodens wurde von Andreas Labba eine Schatulle eingemauert. Vielleicht wird deren Inhalt eines Tages Auskunft geben.

Dieses naturreligiöse, in einem lichten Sinne auch pantheistische Gefühl bzw. Bewusstsein spiegelt sich in einer hammarskjöld'schen Ode an die Freude wider, verfasst von ihm am Karfreitag 1925 auf einer Bergwanderung mit seinem Jugendfreund Rutger Moll.[11]

»Welt, du bist schön!
Schön ist der Himmel, der sich über uns wölbt
Schön in des Sommertages lichtem Blau
Wenn in der Winternacht Dunkel Sternenlicht zittert
Wenn an der Tag-Nacht-Gleiche Sturmwolken
über ihn gehn.

Welt, du bist schön!
Schön ist unsere Erde, wo wir eine kurze Zeit streiten
Schön in strahlender Sonne und wenn Schatten
schwer sich senken
Schön in des Morgens Dämmerung, wenn uns ruft
die ewig junge
Sonne – von neuem zu jubeln und von neuem zu leiden.

Welt, du bist schön!
Deine Schönheit doch wohl du hütest
Schlägst mit Blindheit, der dich begehrt als ein Ganzes
Klar verbleibt der Blick nur bei jenem, der dich achtet
Als Gottes reinigende Hand, prüfend unseren
innersten Gehalt.«

In einem Brief an seine Schwägerin Britte Hammarskjöld (1893 - 1990), die Witwe seines 1937 verstorbenen Bruders Åke, antwortet er im August 1961 auf ihre begeisterte Schilderung einer Lapplandreise nach Abisko zur Zeit der Mitternachtssonne: »Wie sehr ich dich verstehe! Eine solche Nacht kann dort von einer überirdischen Schönheit sein. [...] Nun kannst du verstehen, warum dies für mich jener Teil der Welt ist, den ich am meisten schätze.«[12]

Andreas Labba: Bergführer

»Dag Hammarskjöld – die Gebirgslandschaft hat ihn geformt.« Wenn im 9. Kapitel des zweiten Buches von Goethes »Wanderjahren« der weise Montan zu Wilhelm Meister spricht, »die Gebirge sind stumme Meister und machen schweigsame Schüler«, so gilt dies auch für den stillen Seelenmenschen Andreas Labba und auch für jenen, dem dessen Widmung gilt, den Geistesmenschen Dag Hammarskjöld. Wer war dieser Hammarskjöld'sche Berggefährte und Seelenfreund, in dessen samischen Adern sich christliches und schamanistisches Blut glücklich mischten?

Im Okober 1961 schreibt der persönliche Pressesprecher und Freund Dag Hammarskjölds, George Ivan Smith, ein Australier mit Zweitwohnsitz in den schottischen Highlands, in einem Brief an Professor Martin Buber über die Tragödie in Ndola: »Durch eine Reihe von Zufällen war ich nicht mit ihm bei seiner letzten Afrikareise. [...] Linnér sagte mir, die letzten Worte, an die er sich erinnern kann, bevor das Flugzeug startete, waren über Ihre Arbeit [Ich und Du] und über die mittelalterlichen Mystiker. Für sie, sagte Dag, meinte Liebe ein Plus an Energie und ein Überfließen von Stärke, welche sie erfüllte, wenn sie in wahrhafter Selbsthingabe lebten.«

Und über die Beerdigung in Uppsala schreibt Smith: »Ganz am Ende, als die Menge und die Repräsentanten der Königshäuser und der Regierungen sich zerstreuten, bekam ich einen Mann in der farbigen Kleidung der Lappen zu Gesicht. Er stand im Schatten der nahe gelegenen Friedhofskapelle, von wo aus er die Beerdigung beobachtet hatte. Ich drang zu ihm durch und entdeckte mit Hilfe eines Übersetzters, dass er jener Bergführer aus Lappland war, der Dag auf vielen nördlichen Reisen begleitete. [...] Die leidvolle Trauer in dieses Mannes Gesicht ist etwas, das ich niemals vergessen werde.«[13]

Es war im Sommer 1935, als der damals 30-jährige Dag Hammarskjöld auf einem Bergpfad des Kebnekaise (mit 2117 m höchster Berg Schwedens) dem Samen Andreas Labba begegnete. Aus dem, was hätte nur eine augenblickliche Begegnung im

Vorübergehen sein können, wurde eine lebenslange Freundschaft. Zu dieser Zeit gab es nicht viele Fremde, Schweden wie auch andere Ausländer, welche die Kultur der Lappen – jenseits der Folklore – wirklich ernst nahmen und respektierten. Bis weit in die heutige Zeit hinein wurden die Samen, so der Eigenname der »Lappen«, rechtlich benachteiligt und von vielen Touristen nur als Träger ihrer Rucksäcke und als bunte Foto-Objekte wahrgenommen.

Dag Hammarskjöld gehörte zu jenen, welche die Fähigkeit hatten, tiefer zu schauen und sensibler zuzuhören. So wurde er zum stets willkommen Gast an den Lagerfeuern der Labba-Sippe, wo noch die alten Geschichten und Lebensweisen erzählt wurden. Mündlich. Von Generation zu Generation. Wie die Edda oder die Kalevala, bevor ihre Restüberlieferungen dann in Schriftform in unsere heutige Zeit hinübergerettet wurden. Andreas Labba besuchte Hammarskjöld auch mehrfach in Stockholm und zuletzt 1958, nach der Einweihung des neuen UNO-Meditationsraumes, in New York City. Während der Mann, welcher auch heute noch als samischer Schriftsteller unter seinem christlichen Namen Andreas Labba in Lappland bekannt ist, dem Mann aus Uppsala die heiligen Plätze seines Volkes zeigte, motivierte Dag Hammarskjöld seinen samischen Freund auf Schwedisch Lesen und Schreiben zu lernen, um die alte und vom Vergessen bedrohte Sagenwelt aufzuzeichnen.

... Rentierbesitzer und Lachsfischer

Ende September 1964 besuchte ein freier Journalist der »Zürcher Weltwoche« während einer Lapplandreise den »Freund des toten Generalsekretärs« und zeigte etwas weniger Sensibilität. »Die Eintragung im Reichs-Telefonbuch ... war faszinierend. Auf Seite 384 besagte eine klein gedruckte Zeile: Labba, Andreas, Nomade, Kaitum, Tel. Nr. 4.«, schrieb der Weltwoche-Mann auf Seite 15 in seinem Artikel »Hammarskjöld war kein einsamer Mann« vom 30.10.1964. Der Kollege hatte zuvor in der englischen Ausgabe von *Zeichen am Weg* geblättert: »Schwermütige, vergrübelte Tagebuchblätter sind es, die stellenweise eine betroffen machende Luzidität erreichten. [...] War dies nur das verquälte Bergman-Motiv, mit dem der Südschwede Hammarskjöld zeitlebens rang, oder aber war dies das Logbuch eines Mystikers? [...] In Kaitum fanden wir eine Antwort nicht. Aber eine grandiose Kulisse...«

Das Einzige, was in der Nettigkeit des fünfspaltigen Reiseberichts und der mehrfachen Erwähnung seiner mitreisenden Freundin aufhorchen ließ, war ein kurzer Nebensatz: »Labba wusste, dass Hammarskjöld diese Tagebücher schrieb?« Genau wie der junge Parzival hat der Kollege dann vergessen, zum rechten Zeitpunkt die richtigen (wichtigen) Fragen zu stellen. Stattdessen unterhielt er sich mit Labba über schwedische Armeehelikopter und Rentierzucht: »Die gläserne Spitze auf dem Kapellen-Kegel, die sei von einem Helikopter aufgesetzt worden. Von einem Helikopter? Ja, auch der Lebenszuschnitt der Lappen ändert sich. [...] Ich hatte zwar den fauxpas begangen und Andreas Lappa gefragt, wie viele Rentiere er eigentlich habe, und er hat entsprechend zurückgegeben, er frage mich ja auch nicht, wie viel Geld ich auf meinem Bankkonto hätte, aber er erzählte doch von den Rentieren, denen Europas letzte Nomaden nachziehen...«

Verpasste Chancen. Andreas Labba als Rentierbesitzer und Lachsfischer. Ja, auch dies ist ein berechtigter Teil der Wahrheit. Über Labbas Kampf gegen die soziale Benachteiligung der Samen, gegen die Gewalt der schwedischen Lehrer in den (damaligen) staatlichen Lappengrundschulen und gegen den Staudammbau, welcher die alten und heiligen Plätze der Samen zu überfluten drohte, fand sich in dem romantischen Artikel nichts. Unerwähnt blieb jene Trancetanztechnik, welche Initiierte unbeschadet durch Feuer gehen ließ. Und auch von den schamanistischen Traumreisen und Visionen der Sippe des Andreas Labba erfuhren interessierte (schwedische) Leser erst 1971, als dessen autobiografischer Ethno-Roman *Anta* gedruckt wurde.[14]

... Barde und Visionär zugleich

Die Geheimnisse im *Faust* und anderen Werken andeutend, spricht Goethe am 25. Januar 1827 zu Eckermann: »Wenn es nur so ist, dass die Menge der Zuschauer Freude an der Erscheinung hat, dem Eingeweihten wird zugleich der höhere Sinn nicht entgehen.«

In der Einleitung der Autobiografie seiner Sippe schreibt Andreas Labba: »Ich versetzte mich in die Zeit, in die Menschen, die da lebten. Wenn ich schrieb, empfand ich, dass sie bei mir waren. Ich hörte sie sprechen. [...] Die ganze Zeit habe ich den Zwang empfunden zu schreiben. Oft wachte ich mit einem fertigen Geschehen im Kopf auf und stürzte unmittelbar los, um es niederzuschreiben. Ich schrieb in den Nächten und schlief am Tage. [...] Ich hatte meinen ›Anta‹ [zuerst] in unserer alten Gällivare-Sprache geschrieben...«

Auch sein Anta, die Abkürzung für Antaris, ein Heil- und Seelenkundiger, ein Schamane (Nåjde), erhält im Traum seine heilkundlichen Anweisungen. So erscheint ihm der Schutzgeist der Sippe in Gestalt einer alten und eindrucksvollen Samenfrau und belehrt ihn über die Heilkraft der neun Baumarten und die Zubereitung ihrer Bestandteile. Labba lässt im Buch Antas Bruder sagen: »Anta hatte einen sehr merkwürdigen Traum. [...] Auf diese Weise sind in vergangenen Zeiten zu Menschen Schutzgeister gekommen, auch um ihnen zu raten, wie man Krankheiten heilen kann...« Später schildert Labba (sein Bruder hieß Jon), wie Antas Vater-Bruder Jova »das zweite Gesicht« erscheint und dieser ein hellseherisches Erlebnis hat. Hammarskjölds Freund, der Anthropologe und Bergsteiger Ernst Manker schrieb 1950 in seinem Werk »Menschen und Götter in Lappland«: »Erst im 18. Jahrhundert wurde der lappländische Schamanismus offiziell ... ausgerottet.«

Bei einem Interviewgespräch in Stockholm, unter anderem über die Götter-Dämmerung im nordischen Edda-Epos, sagte mir der Schriftsteller Frans Carlgren: »Es wird dabei nicht ein äußeres Ereignis beschrieben, sondern die tiefgreifende Bewusstseinsveränderung der Menschheit. [...] In einigen abseits gelegenen Gebieten, zum Beispiel im Norden [Skandinaviens], scheint das alte Hellsehen sich länger erhalten zu haben als im übrigen Europa. Der britisch-amerikanische Historiker E.R. Dodds hat umfangreiches Material gesammelt, das darauf hindeutet, dass Wahrträume, Visionen und andere übersinnliche Erlebnisse ... immer mehr abnahmen.«[15]

In den Kapiteln des Nachwortes von »Anta« schreibt Andreas Labba auch über den mehr äußerlichen Teil der gemeinsamen Wanderungen mit Dag Hammarskjöld: »Als ich mit Dag wanderte, empfand ich, dass ich ein Mensch war wie alle anderen. [...] Ich begann zu verstehen, dass wir alle auf derselben Erde wandern, mit den gleichen Sorgen und dem gleichen Recht zu leben, wenn auch mit verschiedenen Lebensaufträgen. Und ohne die neue Sicherheit, die Dags Freundschaft mir gab, hätte ich vermutlich nie gewagt, mir als Ziel zu setzen, alle Sagen und Erzählungen aus der alten Zeit niederzuschreiben.«

Andreas Labba konnte dieses Werk nicht mehr vollenden. Er starb am 4. November 1970, entkräftet vom Kampf gegen das Stauseeprojekt und in Sorge um die samische Kultur, im Hospital der Eisenerzgruben-Stadt Gällivare. Dort, wo in Bahnhofsnähe das 1957 errichtete steinerne Mahnmal »Der nachdenkliche Same« steht. Die Körperhaltung der Skulptur zeigt einen mit überkreuzten Armen fröstelnden Samen aus einer Steinsäule herausragen. Auf der Inschrift einer Messingtafel ist zu lesen: »Mein war das Land in der Vergangenheit. Bewahre mein Volk in der Zukunft.« Für viele Menschen dieser Region ist dies auch zum Denkmal für Andreas Labba geworden.

Auf der letzten Seite von *Anta* schrieb er: »Hängt der Wert des Menschen von einer Anzahl Steuerkronen ab? Ist ein Mensch, der die Steuern nicht bezahlen kann, beinahe wertlos? [...] Wir müssen unmittelbar versuchen, einander über alle künstlichen Mauern hinweg zu verstehen, die sich um und zwischen uns im Laufe all der Jahre erhoben haben. [...] Wir müssen alle zusammenarbeiten.« Gab es je schlichtere Worte für den Begriff Menschheitsethik? Labba hat wiederholt darauf hingewiesen, dass der Eigenname seines Volkes, Samen, einfach nur »Menschen« heißt: nicht Finnen, nicht Schweden, nicht Norweger, nicht Russen, nicht Deutsche, nicht Franzosen, sondern einfach nur – Mensch-Sein. Beide, Andreas Labba wie Dag Hammarskjöld, haben diese Lektion der Berge und des Landes der Mitternachtssonne gelernt und jeder auf seine Art und Weise gelehrt.

C.G. Jungs Weltraumtempel-Vision

Am 6. Juni 1961, etwa drei Monate vor Dag Hammarskjöld, verstirbt Carl Gustav Jung. Der Schweizer Psychologe, Begründer der Tiefenpsychologie, überrascht seine Nachwelt, genau wie der UN-Generalsekretär durch seine *Zeichen am Weg*, mit einem autobiografischen Nachlasswerk. In diesem Buch über sein zumeist geheim gehaltenes Innenleben mit dem Titel »Erinnerungen, Träume, Gedanken« beschreibt Jung auch eine außerkörperliche Erfahrung. Mit 68 Jahren, 1944, erlitt er einen Herzinfarkt und wurde mit Sauerstoff und Kampfer behandelt (was im Yoga und Schamanismus der Aktivierung brachliegender Teile von Gehirn und Nervensystem durch Hyperventilation und Kräuterdämpfe nahe kommt). Im Grenzbereich zwischen Leben und Tod hat Jung die Vision eines Meteoriten-Tempels.

Er beschreibt, wie sich sein Bewusstsein vom Körper löst und im erdnahen Weltraum auf einen »dunklen Steinblock« zubewegt, welcher einem freischwebenden großen Meteoritenkubus gleicht. Eine Eingangshalle führte in das Innere dieses Weltraumfelsentempels. In dieser Halle saß ein schweigsamer Inder im Lotussitz. Bevor Jung mit diesem Yogi das Tempelinnere betreten konnte, wurde er von dem ihm nachfolgenden Bewusstsein seines Arztes zur Erde zurückgerufen. In seiner Erinnerung verblieb ein Gefühl von kosmischer Religiosität und Individualität und zugleich ein Bewusstsein für die organische Einheit unseres Planeten. Möglicherweise hatte Dag Hammarskjöld irgendwo und irgendwann eine ähnliche Vision.

Der UNO-Meditationsraum in New York

Die Gestalt des Raumes

New York City, 11. November 1957. Die Eröffnung des Raumes der Stille. Eine Pendeltür in der rechten Ecke der lichtdurchfluteten Public Hall des Gebäudes der Generalversammung. Durch diese Tür betritt man zunächst den schmalen Vorraum, um dann in den Meditationsraum zu gelangen. Die Dunkelheit des Welten-Raumes empfängt den Besucher. In der Mitte der etwa 50 qm großen Kammer steht ein anthrazitgrauer Quader aus sieben Tonnen schwedischem Eisenerz. Er wurde auf Hammarskjölds Bitte vom LKAB-Bergbaukonzern gestiftet. Die einzige Lichtquelle ist ein künstlicher »Sonnen«lichtstrahl aus einer in der Raumdecke verborgenen Leuchte. Der Lichtstrahl trifft auf die Oberfläche des glattpolierten Eisenerzblockes, von wo aus sein Licht in den Raum gestreut wird. Im vorderen Raumdrittel, wo der Schritte Schall auf dem Natursteinboden durch einen roten

Teppich gedämpft wird, erwarten 12 Hocker die Kontemplationswilligen.

Die trapezförmige Geometrie des Raumes läuft auf ein Fresko mit geometrischen Flächen und Figuren zu, dessen abstrakte Symbolik vom im Raum ausgestreuten Lichtquantum etwas erhellt wird. Die Breite der Eingangswand beträgt etwa neun Meter und die der Stirnseite mit dem Fresko nur noch etwa drei Meter. Mit einer Länge von etwa neun Metern und einer Höhe von etwa drei Metern kann der Meditationsraum durchaus den Eindruck einer Grab- oder Initiationskammer im Innern eines Felsentempels oder einer Pyramide erwecken. Als 1972 eine Gruppe von amerikanischen Ureinwohnern die UNO und den Meditationsraum besuchte, fiel deren Medizinmann dort in Trance und verkündete den überraschten UN-Mitarbeitern, dass dieser Raum auf einem heiligen Ort der Kraft errichtet worden sei.

Der Grundstein

Der Eisenerzquader, Altar und Erdreich zugleich darstellend, kommt aus der Erzgrube der Nordpolarkreisstadt Gällivare-Malmberget. Die Legende will wissen, dass das Material einem Eisenerz-Meteoriten (Holosiderit) entstammt, welcher sich vor prähistorischen Zeiten in Lapplands Boden gebohrt haben soll. Dag Hammarskjöld sagte über diesen Grundstein in seiner Eröffnungsansprache: »Wir können ihn als einen Altar ansehen, leer, nicht weil da kein Gott [anwesend] ist, … sondern weil er jener Gottheit gewidmet ist, welche die Menschen unter vielerlei Namen und in vielerlei Formen verehren.«

Man beachte, dass Hammarskjöld im Konjunktiv (»ansehen können«) sprach. Es gibt auch Stimmen, welche in diesem behauenen und geschliffenen Magnetgestein den formvollendeten Grundstein der Freimaurerei zu erkennen glauben. In der Symbolsprache der esoterischen Vereinigung der Freimaurer wird von der geistigen und charakterlichen Arbeit am »Rauhen Stein«, bzw. am noch rohen und unfertigen Bewusstsein der menschlichen Seele gesprochen. Der eigene Ego-Charakter soll solange geistig bearbeitet werden, bis er sich als dem Geiste der Humanität dienliches Ich und Selbstbewusstsein in den Bau des Menschheitsdomes einfügt. Psychologisch gesprochen: die Verwandlung von Gruppen-Egoismus, Glaubens-Konformismus und Auto-Aggressivität in Ich-Stärke, Menschenliebe und Menschheitsdienst.

Dieser Menschheitsdom findet sich auch als Tempel Salomons oder als Neues Jerusalem in der Bibel wieder. Im 21. Kapitel der Johannes-Offenbarung beschreibt der Seher von Patmos das Neue Jerusalem als einem formvollendeten Kubus. Dies bedeutet, dass das Kunstwerk des Menschheits-Tempels, bzw. der Menschheit als Tempelstätte des Welten-Geistes, nun endlich vollbracht ist. Das Ganze ist am Ende mehr als nur die Summe der Teile. Eine gedankliche Verbindung zu dem zerbrechlichen und noch sehr UNvollkommenen Versuch namens »Vereinte Nationen« bietet sich an.

Block aus Eisenerz im Raume des Schweigens, Mars gezähmt durch Meditation. Die Synthese aus freimaurerisch anmutendem Tempelbaustein und scheinbar alttestamentarischem Opferaltar (letztendlich um die Habgier des Egos zu opfern, auf-zu-geben, bzw. dessen Triebkraft zu transformieren), eine sehr überpersönliche Idee von Hammarskjöld, war und bleibt vielen Besuchern ein Rätsel. Das Rätsel hat ein Vorbild. Der Vorläufer dieses Eisenerz-Altarsteines findet sich in der 1944 erbauten Allhelgonakyrkan (Allerheiligenkirche) in Malmberget, einem Stadtteil der am Hammarsee gelegenen Stadt Gällivare. Kirche und Altar sind eine Schenkung der schon erwähnten LKAB-Bergbaugesellschaft. Einer der Direktoren war ein Bruder des Hammarskjöld'schen Jugendfreundes Jan Waldenström.

Das Fresko

Zusammen mit der zum Trapez verkürzten, dreieckigen Grundfläche des Raumes sowie der Dunkelheit, dem Eisenerzblock und dem Lichtstrahl bildet das Fresko des schwedischen Malers Bo

Beskow ein weiteres Element des UNO-Meditationsraumes. Das Medium selbst ist schon, zumeist unbeachteter, Teil der Botschaft: Ein Fresko ist eine aus der Antike stammende Technik der Wandmalerei auf frisch aufgetragenen Putz, mit dem sich die Farben unauflöslich verbinden. Diese hellenistisch-orientalische Maltechnik aus dem Zeitraum der alten Mysterienstätten wurde später auch von Michelangelo virtuos benutzt. Genau wie in der Biografie eines Menschen kann der Maler mit dieser Technik sein Werk nur stück- und schrittweise vollenden. Der Maler muss eine umfangreiche Erfahrung und eine gute Intuition besitzen, da die endgültigen Tonwerte der Farben erst nach Wochen in Erscheinung treten, wenn alle Putzmörtelschichten im Laufe der Zeit langsam durchgetrocknet sind.

Aber nicht nur die Maltechnik und das Material ist Teil der Botschaft, sondern auch die Musik (Schwingung) und die Mathematik des Wandgemäldes sind Teil seiner Aussage-Kraft-Einwirkung auf das Bewusstsein des Meditierenden. Auf die pythagoräische Verbindung von Geometrie (Welten-Form) und Musik (Welten-Klang) anspielend, zitiert der Maler Bo Beskow auf Seite 72 seines Buches über Dag Hammarskjöld aus der Schrift »Lebendige Musik« des Komponisten Carl Nielsen: »Lerne, dass das Geringfügigste das Bedeutsamste ist, dass zwei Farben, drei Töne, zwei rechte Winkel und ein Kreis für jenen, der die wahrhafte Glückseligkeit als bescheidener Diener in der Welt des Künstlerischen erreicht hat, genug sind.« Dies gilt nicht nur für den Künstler im gewohnten Sinne, sondern auch für den Seelenkundigen und für die soziale Regierungskunst eines Menschheitsethikers.

Nordischer Kubismus

Die von Picasso und Braque begründete (psychologische) Kunstrichtung des (geometrischen) Kubismus, welche alles Gegenständliche auf mathematische Grundformen (z.B. Quadrat, Kugel, Dreieck, Spirale, Kreis) abstrahiert, erzeugt durch das

Fresko sowie als allgemeines Prinzip der Raumgestaltung psychologisch-optische Effekte, welche das Bewusstsein in einen meditativen und überwachen Zustand versetzen können. Die ganze Dämmerlicht-Atmosphäre des UNO-Meditationsraumes mit seinem das lokale elektromagnetische Feld und den Körper des Meditierenden leicht beeinflussenden Eisenerzblock erinnert an den nordischen Surrealismus der Polarnächte mit ihren Nordlichtphänomenen und ihrer Sonne, welche am Horizont stehend die Nacht hindurch scheint. Die Menosphäre des Nordpolarkreises findet sich auch in den Farben des Freskos wieder: eisblau-weiße und ockergelb-graubraune Töne bestimmen das Fresko, in welchem sich die Rechteckform des Eisenerzquaders mehrfach widerspiegelt.

Michaeli. Des Freskos Wesen

Das Fresko entstand in der Zeit von Anfang September bis Ende Oktober 1957, also während der Tagundnachtgleiche. In diese Zeit fällt auch das Michaeli-Fest, die Begegnung des Erzengels Michael mit dem Drachen Ahriman als Ausdruck des kosmischen Ringens von Licht und Finsternis. Ein Ereignis, welches auch beständig in der menschlichen Psyche stattfindet – als Ringen der sozialen und humanen Kräfte mit den anti-sozialen und inhumanen Trieben. Dag Hammarskjölds Körper wurde am 29. September (Michaeli) in Uppsala beerdigt.

Das Fresko zeigt einen von oben kommenden Lichtstrahl bzw. Lichtspeer in der Form einer Doppelhelix, der ein irdisches Rechteck (Eisenerzquader) als Symbol der marsianischen Drachenkräfte durchbohrt und damit zugleich die Oberwelt mit der Unterwelt verbindet. Die frei schwebend kegelförmige und weißgelbe Fläche im linken oberen Bildbereich scheint durchaus den Leib des Michael zu symbolisieren, während die beiden halbkreisförmigen Möbiusbänder stellvertretend für des Himmelsboten Flügel stehen. Das Zentrum des Freskos, wo sich die Mehrzahl der geometrischen Linien treffen, bildet der

Eugen Renggli: »Michaels Kampf mit der Schlange« zum Vergleich mit der Raumgestalt und dem Fresko auf Seite 122

Die Schlangenkraft, hier als Rechteck dargestellt, symbolisiert die Marskraft des Eisenerzblockes.

abstrakte Yin-Yang-Kreis mit seiner dominant dunklen Halbmondseite.
Bo Beskow und Dag Hammarskjöld schweigen eisern in der Öffentlichkeit zu der Bedeutung des überkonfessionellen Freskos. Gegenüber der Hauszeitschrift UN-Review und dem Magazin The New Yorker sagt Beskow: »Alles, was ich ernsthaft beabsichtigte, war, die Wand zu öffnen, um das Auge weiter und tiefer reisen zu lassen und dabei den Geist zu öffnen, um eine meditative Wahrnehmung hervorzurufen…« Und auf die voreilige und denkträge Frage, was dies bedeutet, antwortete der Künstler: »Es ist nicht die Frage, was dies bedeutet [entscheidend], sondern was dies beim Beobachter auslöst.«

Zur visuellen Konkretisierung ist oben die themengleiche Skulptur des Schweizer Künstlers Eugen Renggli abgebildet. Das Kraftpotential der Schlange wird auch dort als eine Art Altarblock dargestellt, auf welchen der Sonnenlichtstrahl des Michaelsgeistes fällt. Aber bleiben wir in New York. Außerhalb des Initiationsraumes steht in der angrenzenden UNO-Parkanlage ein Zeichen am Weg zur Entschlüsselung des Freskomotives. Eine groß angelegte Skulptur zeigt dort einen Reiter (St. Georg), welcher seine Lanze in das Herz eines am Boden liegenden, zweiköpfigen Drachens hineinstößt. Der Drachenkörper besteht aus (verschrotteten) Titanstahlbauteilen atomarer Interkontinentalraketen.

Der Sinn des Raumes

Der zuvor schon bestehende UN-Gebetsraum litt unter dem babylonischen Symptom: Alle wollten ihre konfessionellen Symbole darin wieder sehen und ihre gewohnten Gebete darin sprechen. So konkurrierte unter anderem das jüdische Glaubenssymbol, die Menora, der siebenarmige Kerzenleuchter, mit dem katholischen Kruzifix, mit islamischem Halbmond und Gebetsteppich, mit der hinduistischen Figur eines tanzenden Shiva und mit dem Lotussitz einer Buddhastatue. Kurzum, der Gebetsraum vor Dag Hammarskjölds Initiative drohte zu einem Krämerseelenladen zu werden.

Lassen wir den Komponisten des UNO-Meditationsraumes selbst zu Wort kommen. In seiner Einweihungsrede, welche als Faltblatt an alle Besucher des Raumes verteilt wurde, spricht Dag Hammarskjöld:

»Es war die Absicht, in diesem schmalen Raum einen Ort zu erschaffen, wo die Tore zu dem unendlichen Land der Gedanken und der Gebete offen stehen mögen. Menschen vieler Glaubensbekenntnisse werden sich hier zusammenfinden; und aus diesem Grund konnte keines der Symbole verwendet werden, an die wir in den einzelnen Meditationen gewöhnt sind.

Doch es gibt Dinge [Ur-Erfahrungen], welche zu uns allen in der selben Sprache reden. Wir haben nach solchen Dingen gesucht und wir glauben, dass wir sie gefunden haben in einem

Lichtstrahl, welcher auf die schimmernde Oberfläche eines schweren Felsens trifft. Darum sehen wir in der Mitte des Raumes ein Symbol dafür, wie Tag für Tag das Himmelslicht der Erde Leben spendet. Für viele von uns ein Symbol dafür, wie erst das Licht des Geistes der Materie Leben gibt. [...]

Das Material des Eisenerzsteines lenkt unsere Gedanken auf die Notwendigkeit der Wahl: zwischen Zerstörung und Aufbau, zwischen Krieg und Frieden. Aus Eisen hat der Mensch seine Schwerter geschmiedet, aus Eisen hat er aber auch seine Pflugscharen hergestellt. Aus Eisen hat er Panzer konstruiert, aber mit Hilfe des Eisens hat er ebenso auch Häuser gebaut. Der Block aus Eisenerz ist Teil des Reichtums, den wir auf dieser unserer Erde ererbten. Wofür werden wir ihn benutzen? [...]

Ein sehr altes [buddhistisches] Sprichwort besagt, dass der Sinn eines Gefäßes und eines Fahrzeuges nicht in ihrer materiellen Umwandung liegt, sondern in ihrer Leere. So ist es auch mit diesem Raum hier. Es ist Aufgabe jener, die diesen Raum betreten, die Leere zu füllen mit dem, was sie im Zentrum ihrer Stille finden.«

Der Meditationsraum nicht nur als Kunstwerk, sondern auch als ein zen-buddhistisches Koan (meditatives Rätsel). Der Initiationsraum als In-Frage-Stellung der gewohnten Formen und als Angebot, den Geist zu öffnen für andere Weiten. Ein Ort für Meditation und Mediation: Ent-Spannung, Versenkung, Vermittlung und Verwandlung. Viele Menschen, bekannte wie unbekannte, haben den UN-Meditationsraum besucht. So auch der mit Hammarskjöld befreundete Religionsphilosoph Martin Buber.

Dieser zitiert in seiner Schrift *Ekstatische Konfessionen* über religiös-mystische Erlebnisse in allen Kulturen dieser Welt einen Absatz aus Rumis *Divan*, welcher den Leitgedanken des Meditationsraumes widerspiegeln könnte: »Ich bin nicht Christ, nicht Jude, nicht Parse, nicht Moslem. [...] Mein Ort ist das Ortlose, meine Spur ist das Spurlose. [...] Ich habe geschaut, dass die Welten eins sind.«

Der Anthropologe und Mystiker Pierre Teilhard de Chardin stirbt in seinem New Yorker Exil. Hammarskjöld schreibt in sein Tagebuch: »Rumi: Wer Gott liebt, hat keine Religion außer Gott.«

Dies dürfte für manche, konfessionell stark fixierte Besucher nicht einfach nachzuvollziehen sein. Manche finden (hier) weder ihr Zentrum noch die Gedanken-Stille, die zum namen- und gestaltlosen Herz-Zentrum führt, in dessen Bewusstsein alle Namen und Gestalten gleichberechtigt miteinander verbunden sind. Dieser durch den UNO-Meditationsraum auslösbare intra- und interkulturelle Prozess ist ein anderes Wort für Weltfrieden.

Die Stunde der Meditation

Wie Bo Beskow in seiner Hammarskjöld-Biografie andeutete, ist der Raum infolge des allgemeinen Lärmpegels der Umgebung und der emotionalen wie mentalen Geschäftigkeit während der Tagesstunden eigentlich nur nach dem allgemeinen Dienstschluss für echte Kontemplationsübungen nutzbar. Spätabends nach Sonnenuntergang bis frühmorgens vor Sonnenaufgang breitet sich in dem UNO-Gebäude jene physikalische und mentale Stille aus, welche eine ungestörte Meditation ermöglicht. Oft war es die Stunde um Mitternacht, wenn ferne Sonnen als Sterne erscheinen, die der zumeist bis spät am Abend werktätige UN-Generalsekretär und einige (wenige) seiner Mitarbeiter für ihre meditative Regeneration nutzten. Die normalen Touristenströme und UNO-Besucher haben nicht die Möglichkeit, die mentale Atmosphäre des Raumes im mitternächtlichen New York nachzuerleben. Und da nur noch wenige in diesen Raum eintreten, mit dem Wissen, wie zu sinnen und wonach zu beten, ist dies auch nicht weiter dramatisch.

In gewisser Weise ist dieser unterschätzte und durch Fehlbehandlung mittlerweile in seiner aktiven Wirksamkeit reduzierte Raum zu einem Zukunftsfragment geworden, welches auf jenen wartet, der es zu reaktivieren weiß. In dieser Tragik, welche zugleich aber auch eine Verheißung beinhaltet, ähnelt er dem unvollendet gebliebenen Werk *Die Geheimnisse*, das Goethe dort abbricht, wo der einzuweihende Geistesschüler aus dem nächtlichen Innern des Initiationsraumes das dreimalige Klingen eines Hammers »auf hohles Erz« erlauscht.

Das Rückgrat des Raumes

Dag Hammarskjöld, zu seiner Zeit »die Wirbelsäule der Vereinten Nationen«, starb um Mitternacht, nahe der herbstlichen Tagundnachtgleiche, mit gebrochenem Rückgrat für die Menschen in Afrika. Die Umstände des Todes selbst sind schon Teil einer verborgenen Botschaft. Es wurde da nicht nur einem Menschen und Kosmopoliten das Rückgrat gebrochen, sondern es war dies der Versuch, der UNO als potentieller Menschheitsrepräsentanz die spirituelle Lebensader abzuschneiden. Viele Menschen haben dies damals auch so empfunden. So übertitelte die SAD-Mitarbeiterin Dr. Mathilde Köhler am 19. September 1961 ihren Bericht aus New York (im Hamburger Abendblatt): »Hammarskjölds Tod bringt die UNO in ernste Existenzkrise.«

Die Mehrzahl der Leute nimmt die Dinge bedauerlicherweise nur an der Oberfläche wahr. Einige Menschen schauen tiefer. Zum Beispiel in den Kellerraum unter dem UNO-Meditationsraum, wo eine mit dem Felsengestein Manhattans verbundene, massive Stahlsäule die sieben Tonnen Magneteisen des Erzquaders mitträgt. Jener Besucher, der in das Untergeschoss, die Unterwelt und Tiefgarage der UNO, hinabsteigt oder die Seite 78 von Beskows Hammarskjöld-Biografie gelesen hat, erkennt einen weiteren, unsichtbaren Bestandteil des Meditationsraumes. Künstlerisch gesprochen kann dieser ausgelagerte Teil als Tempelsäule, menhirartige Steinsetzung oder Irminsul gesehen werden und symbolisiert damit sowohl den heiligen Weltenbaum (den schamanistischen Initiationsort Odins) wie auch die menschliche Wirbelsäule mit ihrem Nerven- und Blutbildesystem.

Ales Stenar - Steinkreisoval

Ales Stenar. Der Kreis der Steine

Dreitausend Meter von Dag Hammarskjölds südschwedischem Urlaubsdomizil und seinem geplanten Altersruhesitz Backåkra entfernt, ragen an der Ostseeküste die Steinsäulen eines alten Sonnenheiligtums aus dem Erdboden. Ales Stenar ist eine ovale Steinsetzung aus einstmals 60 Monolithen, in ihren Ausmaßen bescheidener als Stonehenge. Astronomisch ist das Steinoval nach den Sonnenwenden und den Tagundnachtgleichen ausgerichtet. Über den Hügeln von Hammar kreisen heute die Drachenflieger. Die Landschaft hier im Südosten Schwedens ist reich an Hügelgräbern, Menhiren, unterirdischen Steinkammergräbern aus der Eisenzeit und anderen frühgeschichtlichen Kultstätten. Auf Initiative von Bo Beskow und mit Unterstützung von Dag Hammarskjöld wurden weite Teile des Gebietes unter Naturschutz gestellt und so vor den auch hier in den 50er-Jahren einbrechenden Bodenspekulanten und Immobilienmarklern gerettet.

Backåkra. Das Landhaus am Meer

»Er liebte ungebrochene Weiten. Dies ist der Grund, warum er das Hügelland kaufte«, erinnert sich sein Grundstücksnachbar und Freund Bo Beskow. »Das erste UN-Gehalt für eine Fischerhütte« titelte der WELT-Korrespondent Michael Salzer aus Schweden in Hinblick auf den ersten Landankauf Hammarskjölds in Österlen, so der Name dieses Teils der südöstlichen Landschaft Schonens. Zu der 1953 erworbenen Fischerhütte gesellte sich dann 1957 das Landhaus Backåkra mit etwa 30 Hektar Hügelland.

Frühjahr 1998. Einsam und still liegt das weißgetünchte, quadratisch um seinen wind- und sichtgeschützten Innenhof angeordnete Bauerngehöft im Abendrot. Die Frühjahrsstürme schweigen. Der Ostseemeereswind spielt mit der grasüberwachsenen Dünenlandschaft, Moorheide und Pferdeweide. Unten am Strand von Sandhammaren steht ein Fischreiher mit stoischer Ruhe im Wasserspiel der Gezeiten. An einer Lagerfeuerstelle brennen Holzscheite der Dunkelheit entgegen. Später löscht Sand die Glut. Vor 42 Jahren verbrachte Dag Hammarskjöld hier seine eng begrenzte Ferienzeit, führte Tagebuch und fasste seine Gedanken in Prosaform. Oder feierte mit Freunden wie dem Maler Bo Beskow und dem Schriftsteller John Steinbeck und deren Familien das Mittsommernachtsfest im Kreis der Steine.

Heute ist sein damaliger Bauernhof Backåkra eine vom normalen Touristenrummel weitgehend verschonte Gedenkstätte (Tel.: 0046-411-52 60 10). Möbel, Kunstwerke und Bücher aus seinem New Yorker Haushalt finden sich hier, so auch das Taufgeschenk aus Kindheitstagen, der leere Kelch, in der Glasvitrine Nummer Drei. Daneben gibt es eine Fotoausstellung mit Bildern aus Dag Hammarskjölds Leben. »Viele kommen nach Backåkra, ... um eine Weile Stille auf dem Meditationsplatz zu suchen, der nach dem Vorbild des Meditationsraumes angelegt wurde, den Dag Hammarskjöld im UN-Gebäude eingerichtet hatte«, schreibt Per-Erik Sjösten in der Regionalzeitschrift Vad Händer unter dem Titel »Backåkra - Friedenssymbol und Erholungsort«.

Backåkra – Dag Hammarskjölds Landhaus in Österlen

An jener Stelle, wo heute eine kreisförmige Sitzsteinemauer einen geweihten Platz umringt, in dessem Innenbereich ein altarähnlicher Naturstein mit dem in lateinischer Sprache eingemeißelten Wort für Frieden steht, war von Dag Hammarskjöld und Bo Beskow einst eine überkonfessionelle Kapelle geplant gewesen. Nach Hammarskjölds Tod rief die Redaktion der regionalen Tageszeitung Ystads Allehanda zu einer Spendenaktion auf. Da für eine im Geiste Dag Hammarskjölds zu gestaltende Kapelle nicht genügend Gelder zusammenkamen, entschied man sich für die Form eines Steinkreises. Im Sommer spricht hier auch schon einmal der evangelische Bischof von Lund, Karl Gustav Hammar, mit einer Ausgabe von Hammarskjölds *Vägmärken* in der Hand über Menschheits-Ethik, interkulturelle Mystik und Christentum.

Aber auch die schwedische UNO-Gesellschaft traf sich in Backåkra zu Tagungen mit internationalen Gästen, darunter der Friedensforscher Johan Galtung und der Zukunftsforscher Ossip Flechtheim. Und im Sommer kann man hier durchaus einigen Mitgliedern der Schwedischen Akademie und des Komitees für den Literaturnobelpreis begegenen. Aber diese Landschaft ist auch ein Ort der Jugend. Auf dem Weg ins nahe gelegene Dorf Löderup, die nächste Stadt ist der Ostseefährhafen Ystad, liegt eine 1952 von Dag Hammarskjöld eröffnete Jugendherberge (Tel.: 0046-411-77 681). Ab und an erzählt hier ein Lehrer seinen Schülern die Lebensgeschichte des ehemaligen UN-Generalsekretärs. Und das Eintrittsgeld der Backåkra-Besucher? Es dient unter anderem der Unterstützung des Hammarskjöld-Hofs, einer internationalen Jugendbegegnungsstätte im nordländischen Abisko.

Sture Petrén, ein Hammarskjöld'scher Wanderbruder aus dem Schwedischen Gebirgsverein, schreibt in der Backåkra-Besucherbroschüre: »Wenn es Dag Hammarskjöld vergönnt gewesen wäre, sich auf seinen Schonen-Hof zurückzuziehen, hätte er sich dort … literarischen Arbeiten gewidmet.« In einem seiner letzten Briefe an Sven Stolpe[17] deutet Dag Hammarskjöld an, dass er gedanklich eine Autobiografie vorbereite, in welcher er offen über seine eigenen spirituellen Erfahrungen sprechen wolle. Ein Projekt, welches er selbst nicht mehr ausführen konnte. Die Hand der Mörder war schneller.

Was blieb, war ein verkürztes und teilweise verschlüsseltes Tagebuch. Und dieses Landhaus, von dem Dag Hammarskjöld aus der New Yorker Ferne in *Zeichen am Weg* präkognitiv schrieb: »Diese andere Wohnstatt einzurichten – das ist, als ordne man eine Grabkammer: niemals, das weißt du, wirst du darin leben – nach diesem hier.«

Backåkra, der schwedische Name für Hügelland (Hügelgräber-Land bzw. Grabhügel-Land), wurde von Bo Beskow und Dag Hammarskjöld »die Admiralität« genannt.[18] Mit dieser Chiffre ist nicht nur die (militärische) Befehlshaberschaft zur See gemeint, etwas, was man nur richtig verstehen kann, wenn man Saint-John Perses »See-Marken« gelesen hat, sondern auch das englische Wort »admirable«, welches eine Erscheinung bezeichnet, die »verehrenswert« und »bewunderungswürdig« ist. Auch hier scheint er wiederum hindurch, der transzendente Bereich des Geistes und einer geistig wahrgenommenen Natur-Erfahrung.

Ich gehe an den Wassern eines Meeres entlang,
Nass ist der Sand, in dem ich die Worte eingraviere;

Stunden später, am Morgen eines neuen Tages,
kehre ich zurück zu des Ufers Schwelle;

Doch die Nacht und die Wellen
haben meine Worte mitgenommen.

Sachte, mit einem wehmütigen Lächeln,
schreibe ich sie wieder in den Sand:

Ich liebe dich See-le

Und ich erinnere mich wandernd
an den Wassern eines Ozeanes entlang,

Und die Gezeiten verwischen
unsere, meine, deine Spuren im Sand.

Was bleibt, ist vielleicht Erinnerung
an Momente der Freundschaft,
der Offenheit, und - der Liebe.

Ich werfe zwei Steine in einen See,
ihrer beider äußeren Kreisbögen
Wellen berühren einander niemals,

und sind doch eins, verebbend
in den Bewegungen ihrer Seelen.
Es wird immer Geheimnisse geben.[19]

(siehe Seite 229)

5.
Die UNO.
Das Amt eines Kosmopolitikers

»Der Staats- oder Wirtschaftsmann, der dem Geist botmäßig ist … weiß wohl, dass er den Menschen, mit denen er zu schaffen hat, nicht schlechthin als Träger des Du gegenübertreten kann, ohne sein Werk aufzulösen; aber er wagt es dennoch …«

Martin Buber: *Ich und Du.*

Der schwedische Wohlfahrtsstaat

Noch während der Endphase seiner Studienzeit wurde Dag Hammarskjöld 1930 zum Sekretär der Arbeitslosenkommission berufen. Es war dies das Jahr nach dem Banken- und Börsenkrach in der Wall Street, als dessen Folge sich die Massenarbeitslosigkeit ausbreitete. Im Jahr 1932, in welchem der Konkurs des schwedischen Streichholzfabrikanten Kreuger erfolgte, war der Parteilose dann unter dem Sozialdemokraten Ernst Wigforss als Assistent im Finanzministerium tätig. Zwischendurch, im Jahre 1933, verteidigte er seine Doktorarbeit auf dem Gebiet der Konjunkturschwankungen in einer öffentlichen Debatte mit dem Volkswirtschaftler und UNO-Berater Gunnar Myrdal. 1935 ernannte ihn Finanzminister Wigforss zum bis dahin jüngsten Staatssekretär Schwedens. Fast gleichzeitig wird er Verbindungsperson und Sekretär der ältesten Notenbank der Welt: der Schwedischen Reichsbank. Deren Präsident Ivar Rooth wird später Chef des Internationalen Währungsfonds in Washington. Dies wird für die zukünftige UNO-Arbeit Hammarskjölds sehr nützlich sein. 1935 war auch das Jahr, in dem der dreißigjährige

Hammarskjöld bei einer Bergwanderung dem Samen Andreas Labba begegnete.

Andreas Labba schrieb später in dem Buch *Anta* über den Anbeginn der 30er-Jahre: »Die früheren Rentierbesitzer sahen mit besseren Augen auf die Armen als die unserer Tage. [...] Die Reichen fühlten damals mehr ihre soziale Verantwortung. Im Jahre 1930 änderte sich diese Einstellung. Wahrscheinlich waren das Geld und die Neidkrankheit die Ursache dafür. [...] Hilfsbereitschaft den Armen gegenüber war eine uralte samische Sitte. [...] Aber die großen Rentierherdenbesitzer waren nicht mehr religiös.«

Viele waren arm in dieser Zeit. Und viele der armen Lappen drohten zu verhungern. Der zunehmende Materialismus und die schwindende Barmherzigkeit und Brüderlichkeit machten die Erfindung des modernen Sozialstaates notwendig. Dag Hammarskjöld war in jenen Tagen als Staatssekretär im Finanzministerium für Gesetzesvorlagen und die Zusammenarbeit mit dem Wirtschafts- und Sozialministerium zuständig. Wie sein erster Biograf Joseph Lash, Journalist und persönlicher Bekannter von Hammarskjöld, in seiner Ende 1961 erschienenen, autorisierten Hammarskjöld-Biografie »Ein Leben für den Frieden« schrieb: »Bo Hammarskjöld war damals Staatssekretär im Sozialministerium, und so kam es, dass die beiden Brüder beinahe allein die Gesetze abfassten, die Schweden in einen Wohlfahrtsstaat verwandelten.«[1]

Dag und sein ältester Bruder Bo Hammarskjöld, die Söhne des Mannes, den seine Feinde einst »Hungerskjöld« schmähten, waren nun unter einer Sozialdemokratischen Regierung federführend an der Gestaltung eines weltweit beispielhaften Sozialstaates beteiligt. Die sozialstaatliche Unterstützung und die Arbeitsbeschaffungsmaßnahmen, gegen den erbitterten Widerstand erzkonservativer Industriekreise und liberaler Wirtschaftstheoretiker, retteten vielen Menschen in den kalten Winternächten Nordschwedens das Leben.

1941, mit 36 Jahren, wurde Hammarskjöld Mitglied des Aufsichtsrats der Reichsbank, wenig später dessen Vorsitzender. In dieser Position flog er während des Zweiten Weltkrieges mehrfach zu Verhandlungen mit der norwegischen Exil-Regierung nach London. Infolgedessen gewährte die Schwedische Reichsbank der exilierten Staatsbank von Norwegen mehrfach überlebenswichtige Kredite.

Bei einem dieser geheimen Flüge entkam die schwedische Militärmaschine nur mit knapper Not der deutschen Luftwaffe. Ein mitfliegender norwegischer Diplomat berichtete, dass er vor Aufregung seinen eigenen Namen vergessen habe und noch Stunden später zitterte. Hammarskjöld las währenddessen in stoischer Seelenruhe ein Werk über französische Philosophen und Mystiker zu Ende. Nach dem Krieg erhielt er für seine Verdienste von der norwegischen Regierung das Großkreuz des St. Olav-Ordens verliehen.

Die Dankbarkeit Norwegens zeigte auch ihre Nachwirkungen Ende 1952 bei der stillen Lobbyarbeit für seine Wahl zum UN-Generalsekretär, als Ablösung für den von der Sowjetunion aus dem Amt gedrängten ersten Generalsekretär Trygve Lie, welcher zuvor norwegischer Außenminister gewesen war. Auch der Umstand, dass Norwegen zu den ersten Staaten gehören sollte, die später kurzfristig Soldaten für die von Hammarskjöld ins weltpolitische Leben gerufenen UNO-Blauhelmtruppen zur Verfügung stellten, hat unter anderem hier seine Wurzeln.

Pariser Jahre. Die Weltbürgerbewegung

In den Jahren von 1947 bis 1953 ist Hammarskjöld in Paris Schwedens Hauptdelegierter bei der Organisation für wirtschaftliche Zusammenarbeit in Europa (OEEC) und zeitweise Vizepräsident des Exekutivkomitees. Er nutzt die Zeit in Frankreich auch zum Besuch historisch-religiöser Stätten, darunter Chartres, Cluny und Clairvaux. Seine Begleiter, Prof. Karin Koch und Leif Belfrage, der spätere Herausgeber seines Tagebuches *Zeichen am Weg*, konnten nur staunen: »Dag wusste alles über die Kathedralen und Klosterplätze.«

Dag Hammarskjöld mit Nehrus Schwester Vijaya Lakshmi Pandit, Vorsitzende der UN-Vollversammlung, im September 1953

Die Gründung des Klosters Clairvaux, französisch für »Tal des Lichtes« (clara vallis), durch den aus einer Adelsfamilie stammenden Bernhard von Fontaines, so der Name des Schlosses seiner Familie in Burgund, zeigt aufschlussreiche Parallelen zu der Goethe'schen Klosterburg des Ordensstifters Humanus in dem Prosafragment »Die Geheimnisse«. Ähnlich wie Bernhard von Clairvaux wandelt sich Humanus von einem potentiellen Ritter und Burgherren zum Klosterabt und Oberhaupt eines geistlichen Ordens. In literarischer Weiterführung des Impulses von Clairvaux ist die Ordensgemeinschaft, die Goethe skizziert, allerdings überkonfessionell und humanistisch-interreligiös. Hammarskjöld, dessen tiefe Beziehung zu seiner tatchristlichen Mutter durchaus jener von Bernhard zu seiner Mutter Aleth vergleichbar ist, kannte sowohl Goethes wie auch Bernhards Schriften gut.

War Dag Hammarskjöld nicht auch zeit seines Lebens auf der Suche nach einer geistigen Gemeinschaft, welche er dann in dem spirituellen Bund der Mystiker und Morgenlandfahrer aller Zeiten und Kulturen sowie bei seinen Künstlerfreunden und Mitarbeitern im Umkreis der UNO zu finden hoffte – und vielleicht auch ansatzweise fand.

Aber es taucht zu dieser Zeit auch eine neue soziale Bewegung auf. Ausgelöst durch die Opferfluten des Nationalismus und Rassismus, bewegt von den Zerstörungen des Zweiten Weltkrieges und der Erfindung der Atombombe, treffen sich im Oktober 1946 menschheitlich gesinnte Vertreter friedenspolitischer und föderalistischer Organisationen zu einem ersten Weltkongress in Luxemburg. Auch der damalige UNO-Sondervermittler für Palästina, der Kosmopolit Graf Folke Bernadotte aus Schweden, wird Ehrenmitglied des Kongressbeirates.

Vom 17. - 24. August 1947 findet bei einem Nachfolgekongress in Montreux am Genfer See die Gründung eines internationalen Dachverbandes der Welt-Föderalisten (WFM) statt. Im Hotel nebenan gründen sich die Europäischen Föderalisten (Europa Union). Der Inder Raja Mahendra Pratap gab seit 1938 ein englischsprachiges Magazin unter dem Titel »World Federation« heraus. Mahatma Gandhi, von 1924 bis 1937 Präsident der Indischen Kongresspartei, gehört zu den Fürsprechern der Quit India Resolution von 1942, welche unter anderem den Zusammenschluss der Nationalstaaten zu einer weltweiten Föderation befürwortet. Gandhi wird am 30. Januar 1948 von einem fanatischen Hindu-Nationalisten erschossen.

Im Mai 1948 verbrennt der Gandhi-Verehrer und junge Weltföderalist Garry Davis öffentlich seinen amerikanischen Pass in Paris und erklärt sich zum staatenlosen Weltbürger. (Eine Aktion, des griechischen Wanderphilosophen Diogenes von Sinope würdig, der sich angesichts der antiken Klein- und Stadtstaaterei als Bürger der ganzen Welt bezeichnete, auch, um seine Wanderung durch alle Stadtstaaten ungestört fortsetzen zu können. Hammarskjöld schätzte mehr die staatstragenden Schriften von Zenon, den kosmopolitisch gesinnten Begründer der Philosophenschule der Stoa.) Davis plädiert für eine auf die Lösung weltweiter Probleme spezialisierte globale Regierung, die aus gewählten Weltbürgern besteht, und für einen weltweiten Staatenbund auf föderalistischer Grundlage, ähnlich dem Koinon im hellenistischen Griechenland oder nach Immanuel Kants Vertragsentwurf *Zum ewigen Frieden*. Davis wird später für eine Weile mit seinem Basler Weltbürgerbüro Gast des Schweizer Bundesstaates sein, in welchem deutsche, französische und italienische Kantone (Bundesländer) seit 1848 friedlich und erfolgreich zusammenleben.

Das Beispiel von Garry Davis machte Schule und Schlagzeilen. Am 19. November 1948 besetzten die Weltbürger, darunter der Philosoph und Schriftsteller Albert Camus, der Dichter und Maler André Breton und der Priester Abbé Henri Pierre, die in Paris tagende UNO-Generalversammlung, um die Verabschiedung der Allgemeinen Erklärung der Menschenrechte durchzusetzen. Zehntausende von Menschen in aller Welt gingen für die Idee des Weltbürgertums auf die Straße, um für eine stärkere UNO zu demonstrieren. Manche forderten sogar eine Weltregierung, darunter die Nobelpreisträger Albert Einstein und Linus Pauling. (Ich schildere dies ausführlicher in meinem vorherigen Buch *Die Unteilbarkeit der Erde*, siehe S. 252.)

Diese Ereignisse werden am Bewusstsein Dag Hammarskjölds nicht spurlos vorübergegangen sein, fand hier doch der Versuch einer Popularisierung auch seiner Ideale statt. Allerdings war er als Repräsentant einer stilleren Diplomatie kein Teilnehmer von Massenspektakeln gleich welcher Art. So nahm er, allein schon aus Rücksicht auf seine Position, zunächst nur als Beobachter und Zaungast an dieser Art von Weltbürgerbewegung teil.

Wenn der Pragmatiker nicht zum Volk kommt, dann kommt manchmal die Bürgerbewegung in die Heimatstadt eines zukünftigen Visionärs. Vom 29. bis 31. August 1949 tagte der dritte Weltkongress der Weltföderalisten im Stockholmer Reichstagsgebäude. Der ehemalige Direktor der Welternährungsorganisation FAO, eine UNO-Tochter, Lord John Boyd Orr, wurde als Präsident der Weltföderalisten wieder gewählt. Präsidiumsmitglied wurde auch Elisabeth Mann-Borgese, die Tochter Thomas Manns, welcher sich gleichfalls für eine föderative Weltordnung und die Schaffung einer an den Menschenrechten orientierten Weltverfassung einsetzte.

Im Herbst des Jahres 1949 gibt der damalige Vorsitzende der schwedischen Weltföderalisten, Anders Clarin, in einem in den Medien publizierten Brief an den König (zeitweise) seinen schwedischen Pass und seine Staatsbürgerschaft zurück. Zum Jahresende wird dem WFM-Präsidenten Lord Boyd Orr der Friedensnobelpreis verliehen. Von 1951 bis 1957 ist der norwegische Polarforscher Riiser-Larsen WFM-Präsident und von 1957 bis 1961 Ghanas Finanzminister Gbedemah. (Ghana stellte 1960 und 1961 UNO-Truppen für Hammarskjölds Kongo-Mission.) Auch von der Konfrontation mit den Kinderkrankheiten der Weltbürgerbewegung blieb der UN-Generalsekretär nicht verschont. Ab 1953 reiste Garry Davis, mittlerweile als Medienentertainer von den auf Seriosität bedachten Weltföderalisten getrennt, mit einem selbstproduzierten Weltbürgerpass durch die geteilte Welt. Zum Leidwesen der Zöllner war der Pass mit einem erfundenen UNO-Stempelzeichen und der gefälschten Unterschrift von Dag Hammarskjöld versehen.

Der Künstler Bo Beskow, in jüngeren Jahren zeitweilig selbst den (schwedischen) Weltföderalisten nahe stehend, bevor ihn die kleinbürgerliche Enge einiger Funktionäre und das übermäßige Produzieren von Papiertigern wieder das Weite suchen ließ, spricht seines Freundes Verbundenheit mit der weltföderalistischen Idee in seiner Hammarskjöld-Biografie (S. 58 - 59) an: »... traurig kommentierte er die begrenzten Möglichkeiten der UNO: Wir können nicht mit Gewalt eingreifen – vielleicht später einmal.« Auf Seite 76 fügt Beskow hinzu: »Er war ein wahrhafter Weltbürger – mit einer interkulturellen Philosophie.« So wie der Diplomat Sir Brian Urquhart im Vorwort seines UNO-Buches Hammarskjöld zitiert, war sich dieser bewusst, dass »wir die Eine Welt faktisch geschaffen haben, ohne dass wir geistig und politisch darauf vorbereitet wären«.

Aber auch Hammarskjöld selbst äußerte sich mehrfach in öffentlichen Reden zu der Idee und Notwendigkeit einer Welt-Föderation. Sein Biograf Joseph Lash, Redakteur bei der New York Post und Verfasser der einzigen von Dag Hammarskjöld autorisierten Biografie, war Mitglied der Weltföderalisten und publizierte regelmäßig in deren Zeitschrift.[1] Die beiden nachfolgenden Beispiele[2] zeigen, wie richtig Hammarskjöld bei allem Idealismus die Komplexität der Zeitsituation und die Trägheitskräfte in der Geschichte einzuschätzen verstand.

In einer Rede in der Universität von Oslo am 3. Juni 1958 sagte er: »Gewiss, es ist schwierig zu sehen, wie ein Sprung von der heutigen chaotischen und zerteilten Welt zu so etwas wie einer Weltföderation passieren könnte. Um ein solches Ziel zu erreichen, sind Elemente eines organischen Wachstums [eine Anspielung auf die Philosophie von Teilhard de Chardin und Henri Bergson, Anm. SMS] erforderlich. Wir müssen jetzt unserer Lehrzeit dienen, ... wenn unsere Hoffnung berechtigt sein soll, eines Tages die etwas radikalere Lösung, nach der die Situation zu rufen scheint, zu realisieren.«

Bei einer Pressekonferenz in New York am 30. April 1959 nimmt er Stellung zu Klagen aus der weltföderalistisch gesinnten Friedensbewegung, dass die UNO zu schwach und zu langsam sei: »Es ist wiederholt gesagt worden, dass die Lösung des Problems der internationalen Koexistenz eine Weltföderation sein müsse. Unglücklicherweise ist es zuerst notwendig, Krabbeln zu lernen bevor man aufrecht stehend Laufen lernt.« Dag Hammarskjölds Biografie zeigt, dass er zwar besonnenerweise der zeitbedingten Dominanz nationaler Regierungsformen Zugeständnisse zu machen bereit war, dass er aber letztendlich nicht gewillt war, vor dem nationalen Egoismus einiger Regierungen zu Kreuze zu kriechen. Er bezahlte sein menschheitliches Aufrichtevermögen mit einer körperlich gebrochenen Wirbelsäule. Die Frage bleibt offen, inwieweit der Geist seiner Menschheits-Ethik gleich einem Samenkorn im Gedächtnis der Menschen fortwirkt.

Dem UNO-Amt entgegen

Am 26. Juni 1945 wagte sich in San Franzisko das Grün eines anderen Samenkorns aus der Erde. Die Gründungsakte der neuen Organisation, welche den anspruchsvollen Namen »Vereinte Nationen« trug und eines kommenden Tages als Instrument eines schwedischen Menschheitsethikers dienen sollte, wurde von den Repräsentanten von 50 mehr oder minder »souveränen« Regierungen unterzeichnet. Der Geigenvirtuose Yehudi Menuhin, später Vizepräsident der Weltföderalisten, spielte als Solist beim abendlichen Gründungskonzert. Die Verhandlungen hatten dreieinhalb Jahre in Anspruch genommen. Soweit nationaler Eigennutz sie wirksam werden ließ, trat am 24. Oktober 1945 die Charta der UNO »in Kraft«.

Im Jahr 1949 wird Dag Hammarskjöld als Kabinettssekretär quasi zweiter Mann im Außenministerium. Sein Arbeitsschwerpunkt sind internationale Fragen der Finanz- und Wirtschaftspolitik. Im Herbst 1951 erfolgt die offizielle Ernennung zum stellvertretenden Außenminister Schwedens; eine Aufwertung seiner Beamtenlaufbahn, welche rückblickend als Vorbereitung für seine insgeheim und sehr dezent von Freunden betriebene Wahl zum UN-Generalsekretär angesehen werden kann. Der UNO-Berater Gunnar Myrdal, dessen Frau Alva in verantwortlichen Positionen für UNO-Projekte arbeitete, beschreibt später eine Art Schlüsselerlebnis aus dieser Zeit: »Ich entsinne mich eines gemeinsamen Essens in Rosenbad, eineinhalb Jahre bevor er Stockholm verließ. In seiner kühlen, herzlichen und diszipliniert offenen Art vertraute er mir an, er sähe nicht, wie er nun in Schweden [beruflich] weiterkommen solle. [...] Inzwischen erhielt er seine große Chance, und wir wissen alle, mit welcher Energie er sie genutzt hat.«

Ein staatspolitischer Aufsatz von Hammarskjöld in der September-Ausgabe 1951 des sozialdemokratischen Magazins TIDEN kann durchaus als inoffizielle Erklärung auch seiner zukünftigen Amtspolitik bei der UNO gelesen werden: »Das grundlegende ... Gebot in der Ethik eines Staatsbeamten besteht darin, dass er der Gesellschaft und nicht einer Gruppe, einer Partei oder irgendwelchen Sonderinteressen dient.« Wir werden dieser Ethik in dem Radiointerview »This I believe« wiederbegegnen, welches er 1953 zu seinem Amtsantritt in New York geben wird und in welchem er über sein väterliches und mütterliches Erbe spricht (siehe auch S. 67 ff.): »Die beiden Ideale, welche die Welt meiner Kindheit beherrschten, sind mir, in völliger Harmonie und den Forderungen unserer heutigen Welt angepasst, in der Ethik Albert Schweitzers entgegengetreten.«

Der schwedische Publizist Gösta von Uexküll wird am 9. April 1953 in der deutsch-schweizerischen Zeitung »Die Tat« unter dem Titel »Die UNO bekommt einen Manager« zum Amtsantritt von Hammarskjöld, rückblickend auf dessen perfekte Karriere im Staatsapparat, skeptisch schreiben: »Dag Hammarskjöld nennt sich selbst gerne einen [Verwaltungs-] »Techniker«, schon um allen Versuchen zuvorzukommen, ihn auf irgendeine politische Linie oder Partei festzulegen. [...] Sein Debüt vor der Auslandspresse machte er nach dem Kriege, als der damals neuernannte Außenminister Undén seine erste und bisher letzte Pressekonferenz hielt. Jede unangenehme (d.h. politische) Frage parierte der sowohl die englische Sprache wie auch die behandelten Gegenstände weit besser als sein Chef beherrschende Kabinettssekretär. Undén wird ihm dankbar gewesen sein, aber im Grunde hatten die Journalisten den Eindruck, dass er den Außenminister entmündigt hatte.«

Dreieinhalb Jahre später, am 15. November 1956, wird ein etwas andersklingender Gösta von Uexküll in der Hamburger Wochenschrift Die ZEIT über den von ihm mittlerweile neu wahrgenommenen UNO-Generalsekretär unter der passenderen Überschrift »Kosmopolitiker Hammarskjöld« berichten.

»Was Hammarskjöld als Kandidat für das höchste UNO-Amt empfahl, war sein Ruf als Mann der Mitte. Er hatte nie irgendwo angeeckt ... ein idealer Kompromisskandidat. Niemand glaubte ferner, er könne den Ehrgeiz haben, aus der UNO mehr zu machen, als sie war: ein universaler Club – und kein Überstaat! [...] Seinem Vater ... hätte man solche Anwandlungen von Machtpolitik schon zugetraut, genauso wie seinem hoch begabten ... Bruder Åke, der zuletzt Richter am Internationalen Schiedsgericht in Den Haag war, die Leidenschaft für ein über den Staaten stehendes Recht. Aber dass Dag auf beides zusteuern würde: überstaatliches Recht und überstaatliche Macht – das hätte niemand gedacht. [...] Ein Mann, der lieber zu Fuß geht, als Auto fährt, lieber Zweiter als Erster Klasse reist, der keinen Hut trägt, auch wenn es schneit...«

Im zweitletzten Absatz seines Artikels über diesen »Meister der Kunst, fremde Gedanken zu lesen [!] und die eigenen zu verbergen«, fragt von Uexküll seine Leser: »Wer weiß schon, wie ein Staatsmann aussehen muss, der nicht zwischen und nicht in, sondern über den Nationen steht. Wir kennen den Typ des nationalen Staatsmannes und wir kennen den Typ des Kosmopoliten, aber wir kennen nicht den Typ des Kosmopolitikers.« Die Ära Dag Hammarskjöld sollte den daran Interessierten Gelegenheit geben, den humanistischen und zugleich spirituellen Genotyp eines zukünftigen Weltstaatsmannes, demokratischer als Alexander von Mazedonien und weltbürgerlicher als Franklin D. Roosevelt, kennen zu lernen: als Vorahnung auf ein künftiges Ziel der Geschichte – wenn die Allgemeinheit der Leute je dieses Stadium menschheitlicher Reife erreicht.

Im Herbst 1952, der Norweger Trygve Lie hat gerade zwangsweise seinen Rücktritt als UN-Generalsekretär angekündigt, ist Dag Hammarskjöld zufälligerweise als Leiter der schwedischen UN-Delegation in New York. Der schwedische Botschafter in Washington, Eric Boheman, wurde als ein potentieller Nachfolger Lies gehandelt. Er bat Hammarskjöld in New York ihm dabei behilflich zu sein, dass er nicht tatsächlich gewählt würde. Hammarskjöld, effizient wie fast immer, tat sein Bestes und muss dabei wohl irgendwie selbst auf die Namensliste geraten sein. Zwei UN-Diplomaten, gute Bekannte aus den Pariser OEEC-Tagen, der Franzose Henri Hoppenot und der Brite Sir Gladwyn Jebb, brachten ihres Freundes Namen in den Sicherheitsrat. Hinter den Kulissen unterstützte auch Eleanor Roosevelt, die Frau jenes US-Präsidenten, welcher über die Atlantik-Charta hinaus die Gründung der UNO vorangetrieben hatte, seine Wahl. Unter dem Deckmantel eines politisch harmlosen Managers bekamen die Regierungen jenen Menschen zugespielt, welcher wenig später schon zu einer Verkörperung des UNO-Geistes werden sollte.

Zum 50-jährigen Bestehen der Vereinten Nationen brachte das schwedische Ordfront Magasin im Mai 1995 eine Titelgeschichte. Eines der Fotos zeigt Dag Hammarskjöld mit Eleanor Roosevelt. Im Text stellte die Redaktion fest: »Die UNO von Dag Hammarskjöld und Eleanor Roosevelt war anders als die heutige UNO. Eleanor Roosevelt war jene Persönlichkeit, die mehr als andere dafür stritt, dass ein menschengemäßes Wirtschaften und soziale Gerechtigkeit zur Sache der UNO würden. Dag Hammarskjöld meinte, dass die UNO zuerst für die kleinen und armen Staaten da sein solle. Während seiner Zeit als Generalsekretär stand das Vertrauen in die UNO auf einem Höhepunkt.«

Ende Januar 1999 knüpfte UN-Generalsekretär Kofi Annan, welcher 1961 als junger Student, noch in der Amtszeit von Dag Hammarskjöld, als UNO-Praktikant tätig war und mit einer Schwedin verheiratet ist, bei seiner Rede auf dem Weltwirtschaftsgipfel in Davos wieder an diese ökonomisch-soziale Traditionslinie aus den 50er-Jahren an.

Im Glaspalast. Der Amtsantritt

Am 9. April 1953 trifft Hammarskjöld in Begleitung von Botschafter Boheman auf dem Höhepunkt der von Senator McCarthy initiierten Kommunistenjagd in New York ein. Der frustrierte Trygve Lie empfängt ihn mit den Worten, das Amt des UN-Generalsekretärs sei »die unmöglichste Aufgabe auf Erden«. Das FBI hat faktisch die UNO besetzt, um die (amerikanischen) Mitarbeiter auf unamerikanische Aktivitäten hin zu überprüfen. Nicht nur Kommunisten sind zu dieser etwas hysterischen Zeit verdächtig, sondern auch Kosmopoliten. Trygve Lies juristischer Chefberater, Abraham »Abe« Feller, springt zermürbt aus dem Fenster seines New Yorker Apartmenthochhauses. (Oder wurde

Dag Hammarskjöld vor dem UNO-Hauptsitz in New York. Juni 1953

er gestoßen?) Abe ist nicht das einzige Opfer. Doch gegen Pfingsten weht plötzlich ein neuer Wind. Kaum im UNO-Hochhaus am East-River angekommen, unterstreicht Hammarskjöld die Souveränität der Organisation, indem er die unter Lie bislang unbehelligt agierenden Kommunistenjäger der amerikanischen

Bundespolizei FBI vom exterritorialen Boden des UNO-Geländes verweist. Das US-Innenministerium ist verärgert. Dag Hammarskjöld ist dabei, seine Hausaufgaben zu erledigen.

Wie sollte Senator McCarthy auch einen schwedischen Kosmopolitiker einschüchtern können, der nicht nur diplomatische Immunität genießt, sondern Ostern 1953 in sein Tagebuch notiert: »Wenn Gott handelt, geschieht es ... mit einer harten Zielbewusstheit. [...] Wer sich Gottes Hand überlassen hat, der steht den Menschen frei gegenüber. [...] Frei sein, aufzustehen und alles hinter sich zu lassen – ohne einen Blick zurück. Ja zu sagen – Demütig und stolz im Glauben; Das heißt dies leben: dass ich nicht in Gott bin, aber Gott in mir.«

Sven Stolpe vermerkt in seinen Erinnerungen an Dag Hammarskjöd über dessen Berufung zum UN-Generalsekretär: »Er leuchtet jetzt!« Sein Jugendfreund Rutger Moll schreibt in einem Brief am 2. April 1953: »Dein Dasein, Dag, ist mit bedeutenden Gewinnen verknüpft, ... wenn ein so totaler Einsatz von persönlichen Möglichkeiten eine in entsprechendem Maße totale Aufgabe bekommt. Ich ... weiß nicht, ob du hier den »Glauben an die Sache« beibehalten kannst, man war so froh, es in den Berichten aus Paris zu bemerken. Sicher ist, dass deine vier Kugeln und die gekreuzten Hämmer auch eine verlustbringende Schlacht zu einer harten Auseinandersetzung machen können. [...] Im vorherigen Jahr auf Sizilien fragte mich Direktor Askvig, der frühere norwegische UN-Delegierte, ob nicht Myrdal ein guter Lie-Nachfolger wäre. Worauf ich antwortete, dass ich in diesem Fall einen anderen wüsste, dem ich mehr zutraute. [...] Für so jemanden wie dich ist man nur froh, wenn er mehr Einfluss bekommt, sagt [Molls Frau] Maj.«

Dag Hammarskjöld antwortet seinem Freund erst Monate später: »Du hast lange auf Antwort warten müssen, Rutger. Aber du verstehst wohl die Veranlassungen. Wieder gibst du mir einen Schock durch eine fast erschreckende Intuition. Hinter dem, was geschah, liegt eine Wahl, oder richtiger: die Fortsetzung einer Wahl, die ich bereits vor einigen Jahren traf – und von der ich nicht weiß, wohin sie führt... – Da ist es gut zu wissen, dass

Dag Hammarskjöld bei seiner ersten Pressekonferenz in N.Y. Mai 1953

wenigstens einer versteht!«, und darüber in der Öffentlichkeit schweigt.

Auch ein anderer Freund aus alten Tagen sendet dem neuen Generalsekretär einen brüderlichen Glückwunsch. Am 9. Mai schreibt der Ethnologe und Schamanismus-Forscher Prof. Ernst Manker an Hammarskjöld: »Bruder! Wir saßen und sonnten uns ... als wir in einer Zeitung zu lesen bekamen, dass du ernannt wurdest zum sicherlich schwersten Amt der ganzen Welt. Mögen die guten Mächte mit dir sein! Deine alten Freunde sehen mit Bewunderung dich immer mehr in der großen Weltarena auftreten...« Jener, der dies schrieb, war Direktor des Nordischen Museums in Stockholm. Das Brief-Emblem dieser Institution (siehe S. 229) zeigte damals einen aufleuchtenden Fünfstern (Pentagramm) auf der Spitze eines Berges stehen. Im Vordergrund ist ein mit Runen-Zeichen beschrifteter Menhir zu sehen, darüber die drei schwedischen Worte »Kärr Dig Själf« - Erkenne dich selbst. Das Pentagramm ist auch das alte Symbol für den freien, im Kontakt mit den geistigen Kräften stehenden Menschen. Die Zusammenhänge sprechen für sich selbst.

Die Geheimnisse um Hammarskjölds brüderlichen Freundeskreis enthüllen sich erst langsam und schrittweise der Nachwelt. In einer Rezension des im Mai 1998 von Prof. Karl Birnbaum veröffentlichten Buches *Des jungen Dag Hammarskjölds innere Welt* schreibt der Journalist Mats Svegfors am 18. November 1998 im Svenska Dagbladet, einer der großen schwedischen Tageszeitungen: »Der Dag Hammarskjöld, der im Briefwechsel mit Moll und Waldenström hervortritt, ist wahrhaftig keine distanzierte Person. Es gibt da eine Art von hemmungsloser Aufrichtigkeit in diesen Briefen, derer wenige von uns mächtig wären. [...] Ich bin fast schockiert, wenn ich Hammarskjölds Briefe lese. So hingabebereit bin ich kaum in der Beziehung zu meinen Allernächsten in meiner Familie. In der modernen, oder vielleicht besser postmodernen Gesellschaft ist ›Authentizität‹ dabei, ein Begriff zu werden und eine Vorstellung mit einer unheimlich starken Anziehungskraft.«

Aber zugleich muss der authentische, der mit seinem Selbst übereinstimmende Mensch in dieser auf spirituelle Authentizität oftmals allergisch reagierenden Welt-Gesellschaft auch die Fähigkeit entwickeln, die Hammarskjöld im Herbst 1955 in seinem Tagebuch mitteilt: »als den, der du im Innersten sein musst, um deine Aufgabe zu erfüllen, darfst du dich nicht zeigen – damit man dir gestattet, sie zu erfüllen.« Dies gilt für all jene – wenigen – Menschen, die wie Hammarskjöld zugleich einen geistig-esoterischen und einen öffentlich-politischen Weg gehen.

Aber ein UN-Generalsekretär braucht, wie jede Führungspersönlichkeit, nicht nur die Fähigkeit der Anziehungs-, sondern auch jene der Abstoßungskraft. Nachdem sein Amtsvorgänger Trygve Lie nicht von der UNO lassen konnte und sich ungebeten wochenlang als besserwisserischer Schatten und »Berater« Hammarskjölds auf irritierende Art im Generalsekretariat betätigte, inszenierte der neue UN-Chef kurzfristig eine öffentliche Abschiedszeremonie und ließ Lie anschließend mit einer Limousine aus der UNO hinausbefördern. Das Büro, welches Lie quasi besetzt hatte, wurde sofort an einen anderen UNO-Beamten vergeben, Lies Zutrittsausweis zur UNO verlor seine Gültigkeit. Und Lie war nicht der einzige Bürokrat, der in der neuen Ära seinen Hut nehmen musste. Manche dieser Bürokraten und Intriganten bezeichneten Hammarskjöld später deswegen nicht nur als Aristokraten, sondern auch als Autokraten. (Und im tieferen Wortsinne war er dies vielleicht auch.) In der marsianischen Qualität des Unternehmers und des Initiators begann Hammarskjöld über die merkurialen Fähigkeiten eines Managers und Verwaltungsbeamten hinauszuwachsen.

Die China-Mission. Spirituelle Diplomatie

Der im Juni 1950 zwischen dem von China unterstützten kommunistischen Nordkorea und dem prowestlichen Südkorea ausgebrochene Krieg tobte 1953 einem Waffenstillstand entgegen. Die UNO stagnierte in der Ära Lie als Zaungast im Weltgeschehen. Die »Vereinten Nationen« durften im Korea-Krieg die blauweiße Flagge für die von den USA angeführte westliche Allianz bereitstellen, ohne selbst Einfluss auf das Geschehen nehmen zu können. (So wie die USA später in den 90er-Jahren die Irak-Kuwait-Resolution des UN-Sicherheitsrates als »Persilschein« für ihre Wüstensturm-Aktion, die Rückeroberung der Kuwait'schen Ölfelder, benutzten.)

Im Waffenstillstandsvertrag vom 27. Juli 1953 wurde der Austausch der Kriegsgefangenen vereinbart. Stattdessen verfrachteten die USA 14.000 nordkoreanische und rotchinesische Gefangene als Geisel und zur Umerziehung nach Taiwan (Nationalchina), welches entgegen dem Völkerrecht, aber mit Unterstützung der USA den UNO-Sitz der Volksrepublik China (Rotchina) einnahm. Zudem setzten sich die USA dem Vorwurf aus, den Korea-Krieg unnötig in die Länge zu ziehen – als Rechtfertigung dafür, die Südostasiatische Verteidigungsorganisation SEATO, das asiatische Gegenstück zur NATO, gründen zu können. Von den etwa 5.000 in den USA zeitweise studierenden und arbeitenden Chinesen wollten wenigstens 350 in ihr Heimatland zurück, erhielten aber (als indirekte Geisel?) keine Ausreisegenehmigung von der US-Regierung.

China bombardierte im September 1954, möglicherweise als Vorbereitung einer Invasion, einige von Taiwan beanspruchte Inselgruppen. Zugleich verurteilte Peking fünfzehn während des Korea-Krieges gefangene US-Flieger des südkoreanischen »UNO«-Kommandos als CIA-Spione. Es drohte den US-Amerikanern, trotz UNO-Emblem auf Flugzeug und Brust, theoretisch die Todesstrafe, faktisch aber eine lebenslängliche Haft. Der republikanische Senator Knowland forderte eine Seeblockade Chinas, was nach der amerikanischen Verfassung einer Kriegserklärung gleichkäme, und Außenminister Foster Dulles drohte mit der Atombombe (gebaut mit Uran aus der belgischen Kongoprovinz Katanga). Eine von den USA eingebrachte Resolution der UN-Generalversammlung vom 7. Dezember 1954 verurteilte das Noch-Nichtmitglied China und forderte von Peking die sofortige Freilassung der US-»UNO«-Flieger. Moskau solidarisierte sich mit Peking. Und die Welt stand wieder einmal am Abgrund.

Dies war die Situation, in der Dag Hammarskjöld seine eigene Art von Diplomatie erfand: »Entweder verurteilt man oder man verhandelt, beides gleichzeitig geht nicht.« Statt die ultimative Resolution an Peking weiterzuleiten und mit der Nichtaufnahme Chinas als Veto-Mitglied in die UNO zu drohen (wie von den USA empfohlen), schickte er der kommunistischen Regierung am 10. Dezember ein Telegramm, in welchem er den chinesischen Ministerpräsidenten Tschou En-lai um »ein persönliches Gespräch über aktuelle Fragen« ersuchte. Für die damalige Dip-lomatie des Kalten Krieges war diese »Peking-Formel« ein unerhörtes Novum. Schweden gehörte zu den wenigen westlichen Regierungen, welche die Volksrepublik China damals völkerrechtlich anerkannten. Da Hammarskjöld die UNO gemäß ihrer Charta als eine universelle Weltorganisation gestalten wollte, war es für ihn grotesk, dass ein Land mit über einem Fünftel der Erdbevölkerung nicht Teil des UNO-Systems werden sollte.

Er ließ dies über Vertraute im schwedischen Außenministerium Chinas Botschafter in Stockholm wissen. Am 19. Dezember, der Generalsekretär war auf Weihnachtsurlaub, traf er im Haus seines ehemaligen Kollegen und Bergwanderbruders Uno Willers, der später in seiner Funktion als Leiter der Königlichen Staatsbibliothek den Nachlass Hammarskjölds verwaltete, Botschafter Keng Piao. Zufälligerweise arbeitete sein Neffe Peder Hammarskjöld, der später im Vorstand der Dag-Hammarskjöld-Stiftung sitzen sollte, in der Schwedischen Botschaft in Peking, so dass er seinen Onkel über die politischen Verhältnisse vor Ort informieren konnte. Die letzten Vorbereitungen für Hammarskjölds erste große Friedensmission fanden jetzt als Teil einer (im erweiterten Sinne) stillen Familien-Diplomatie statt. Für einen wie Dag Hammarskjöld war letztendlich die ganze Menschheit eine, wenn auch (noch) zerstrittene Familie, die der UNO-Therapie bedurfte.

Hammarskjöld las mit großem Interesse frühe Reiseberichte aus Indien und China. Gegenüber seinem Künstlerfreund Bo Beskow wird er später über die weit verbreitete westliche Unfähigkeit und Unwilligkeit, die asiatische und afrikanische Menosphäre (das geistig Wesentliche dieser Kulturräume) wahrzunehmen, klagen: »Für einen westlichen Menschen der späteren Generation ... ist es eine hilfreiche Erfahrung, die Schriften jener berühmten Europäer zu lesen, deren mentale Einstellung die Zeit vor dem Ersten Weltkrieg widerspiegelt. Was einen zuerst trifft, ist, wie viel sie nicht hörten und sahen, und wie sehr selbst ihre positivsten Absichten – beim Betreten einer Welt von unterschiedlichen Gedanken und Gefühlen – überschattet wurden von einem unbedachten und selbstsicheren Überlegenheitsgefühl.«[3]

In der Halle des purpurnen Lichtes

Hammarskjöld betrat Peking am 5. Januar 1955 auf Zehenspitzen zu einem einwöchigen Chinabesuch. Ohne Protestnote. Ohne neugierige und auf Sensationen bedachte Journalisten im Reisegepäck. Mit einer Hand voll Begleiter, darunter zwei ehemalige Missionare, deren Missionsversuche sie selbst eines Besseren belehrt hatten. Die erste Begegnung mit dem sieben Jahre älteren Tschou En-lai, der unter anderem in Paris und Göttingen studiert hatte, fand am 6. Januar in der Halle des purpurnen Lichtes statt.

Tschou En-lai und Dag Hammarskjöld. Ein historischer Augenblick. Beide stammen aus Adelsfamilien, welche ihren jeweiligen Ländern schon seit Generationen dienen. Tschou, der marxistische Grandseigneur chinesischer Außenpolitik, Sohn eines Mandarins, mit der Erziehung und dem Selbstbewusstsein einer Familie, die seit Jahrtausenden (Tschou-Dynastie, 1.000 v.Chr.) zur herrschenden Schicht gehört, weiß mit den Feinheiten der indirekten chinesischen Diplomatie und Psychologie virtuos zu spielen. Hammarskjöld findet hier einen geistig Ebenbürtigen, einen Meister seines Faches.

Beide sprechen sie in Andeutungen und Analogien. Sie vermeiden einander zu brüskieren. Hochpolitisches findet sich in Literatur und Philosophie verpackt wieder. Sie bewegen sich wie Tai Chi Tänzer zwischen der internationalen Tagespolitik, Kang Yuweis Buch von der zukünftigen »Großen Gemeinschaft« der Menschheit[4] und Chu Hsis (1130–1200) *Neun Gebote für den Kaiser*[5].

Auszugsweise: 1. Gebot: Alles unter dem Himmel wurzelt in dem edlen Menschen. Die Herrschaft über dieses einen Menschen Person aber ruht in seiner Charakterbildung. 3. Gebot: Wenn die Regenten der alten Zeiten ihre Person vervollkommnen wollten, um die Menschen dadurch besser zu regieren, dann haben sie unbedingt die Schmeichler und Intriganten entfernt, um treue und ehrliche Gefolgsleute um sich zu haben. 4. Gebot: Der Regent soll parteiische Neigungen unterdrücken, um die Gerechtigkeit hochzuhalten. 7. Gebot: Der Regent soll mit Sorg-

Dag Hammarskjöld mit Tschou En-lai in Peking. Januar 1955

falt Träger einer höchsten Verantwortung erwählen, um eine oberste Reichsleitung sichtbar werden zu lassen. – Die Regierung der Welt muss von einer einzigen Stelle ausgehen und es darf nicht der Übelstand herrschen, dass es eine Mehrzahl von Regierenden gibt.

Abends lässt Tschou ein chinesisches Schauspiel aufführen: Zwei Pantomimen begegnen einander in einem dunklen Raum, misstrauen einander, weil sie in der Dunkelheit einander nicht richtig wahrnehmen können, jeder fühlt sich vom anderen bedroht. Schwerter blitzen. Tschou stellt Hammarskjöld auf die Probe, misst dessen multi-kulturelle Tiefe und geistige Tragweite. Jede Bemerkung und selbst die stille Sprache des Körpers wird aufmerksam registriert. Dag besteht den Test, als er am nächsten Tag die Thematik der Peking Oper geschickt als Analogie der Beziehung China – USA in die Verhandlungen miteinfließen lässt und Tschou mit dessen eigenen Mitteln Remis bietet. »Alles wirkliche Leben ist Dialog, ist Begegnung zwischen einem Ich und einem Du.« Sagt Martin Buber, einer von Hammarskjölds Mentoren.

Über dreitausend Jahre chinesische und europäische Geistesgeschichte, Hyperborea und Shamballah, Platonismus und Konfuzianismus begegnen einander, trinken grünen Tee, einfach und heiß. Bambusherzen und Lotossamen zum Abendessen. Dagegen wirkt der Plantagenbesitzer Dulles, selbst als damaliger Außenminister der USA, wie ein bananenpflückender Barbar.

Tschou En-lai und Dag Hammarskjöld chiffrieren Tagespolitik in das Gewand von Kultur und Philosophie. Dies ist eine Art von Diplomatie des Geistes, hochintellektuell und zugleich subtil spirituell, wie sie nur wenige Glasperlenspielmeister zu spielen verstehen. Und es ist ein Prozess von übernationaler Menschheitsethik in der Praxis internationaler Politik.

Zurück in New York City

Pressekonferenz und erste Briefwechsel. Feindbildabbau. In der Zeit des hysterischen Anti-Kommunismus sind Hammarskjölds Worte fast subversiv: »Tschou ist viel gefährlicher, als Sie denken, denn er ist ein so viel besserer Mensch, als Sie alle es wahrhaben wollen.« Und in einem Brief vom 12. Februar 1955 an Bo Beskow: »In gewisser Weise bin ich jetzt erwachsener als zuvor. Farbenreich und aufregend, unendlich distanziert und doch schrecklich real. Dies gilt für die Landschaft Chinas, für die Atmosphäre Pekings […] und für Tschou En-lai: stählerne Nerven, blutige Hände, strenge Selbstdisziplin – und ein sehr herzliches Lächeln.«

Tschou war nicht bereit, den US-amerikanischen Drohungen nachzugeben. Dies würde in der (inter)nationalen Politik als Zeichen von Schwäche gedeutet werden. Aber die beiden Dialogpartner fanden einen Weg für alle, das Gesicht zu wahren. Hammarskjöld kam zurück mit der Geste, dass die Angehörigen der US-Flieger diese in China besuchen dürfen. (Familienbesuche bei Gefangenen gehören in China zur traditionellen Prozedur einer Amnestie!) Geistesadel trifft auf politische Dumpfheit: Dulles Außenministerium verweigert den Angehörigen die Ausreise, da man nicht für ihre Sicherheit garantieren könne. Das ist keine menschliche Politikfähigkeit, sondern ein Maskenball der Affen. Stattdessen verübt der amerikanische Geheimdienst CIA, dessen damaliger Direktor Allan Dulles ist, ein Bruder des Außenministers Foster Dulles, Ende Februar ein Attentat auf Tschou En-lai.

Ein Flugzeug der Air India stürzt mit fünfzehn chinesischen Partei- und Staatsfunktionären auf dem Flug zu einer internationalen Konferenz nach Bandung ab. Im Wrack entdeckt man Überreste eines Sprengsatzes. (Vieles erinnert später an die fünfzehn toten UNO-Mitarbeiter von Hammarskjölds Absturz in Ndola.) Tschou En-lai, welcher die Delegation hätte begleiten sollen, änderte in letzter Minute seine Pläne und war nicht mit an Bord. Am 22. November 1967 veröffentlicht die New York Times das Geständnis des ehemaligen CIA-Agenten John Doscoe Smith.

Ein Geburtstagsgeschenk für Dag

Tschou En-lai findet eine andere Möglichkeit, die Rolle des UN-Generalsekretärs in der Weltöffentlichkeit zu stärken und zugleich den Kleinmut der US-Regierung zu beschämen. Uno Willers lässt den chinesischen Botschafter wissen, dass Hammarskjöld im Juli zu seinem 50. Geburtstag in Schweden sein wird. Am 29. Juli 1955, etwa sechs Monate nach seiner Pekingreise, erhält Hammarskjöld in seiner südschwedischen Fischerhütte, in Nachbarschaft zu Bo Beskows Landhaus, ein Telegramm von Chinas Botschafter Piao aus Stockholm:

»Die chinesische Regierung hat sich entschlossen, die gefangenen US-Flieger zu entlassen. Die vorzeitige Entlassung findet statt, um mit Dag Hammarskjöld die Freundschaft aufrecht zu erhalten und hat nichts mit der UN-Resolution zu tun! Tschou En-lai legt Wert darauf, dass Herr Hammarskjöld diesen Punkt beachtet. […] Tschou En-lai gratuliert Dag Hammarskjöld zum 50. Geburtstag!«

In Hammarskjölds Tagebuch findet sich am 29. Juli die Eintragung: »Scham mischt sich mit Dankbarkeit: Scham für alle Anläufe zu Eitelkeit, Missgunst und Nachgiebigkeit; Dank für alles, wozu mich vielleicht der Wille, nicht aber die Leistung berechtigen konnte. [...] »Dein - - -.« Opfer – und Befreiung: unter einem Willen zu stehen, für den »ich« im Nichts ein Ziel bin! »Geweiht - - -.« Lohn – oder Preis – dafür: von diesem Willen an eine Aufgabe gebunden zu sein, vor der nichts, was ich selbst hätte suchen können, von Wert ist.«

Die Verbindung Hammarskjölds zu Tschou En-lai verblasste wieder in den Niederungen der Realpolitik, welche Rotchina weiterhin von der UNO-Mitgliedschaft ausschloss. Am 25. Oktober 1971, zehn Jahre nach Dag Hammarskjölds Tod, wurde China durch eine Resolution der Generalversammlung als Sicherheitsrats-Mitglied mit Veto-Macht in die Vereinten Nationen aufgenommen. Tschou En-lai verstarb als 76-jähriger Staatsmann 1974 in einsamer Würde.

Die Suez-Kanal-Krise. Uniting for Peace!

Neue Gewitterwolken am Horizont. Ein alter Konflikt eskaliert zu einer neuen Krise. Das chinesische Schriftzeichen für Krise meint sowohl Lebensgefahr wie auch große Chance, je nachdem, ob es gelingt die Krise mittels diplomatischer Judo-Techniken zu meistern und die Kraft der Krise für etwas Produktives zu nutzen. Hammarskjöld war, spätestens seit seiner China-Mission, mit der asiatischen Philosophie und Psychologie des wu-wei (nicht-handelnd-handeln) und des Ju-do vertraut. Die Bücher, welche man später, nach seinem Tod, auf seinem Nachttisch im Schlafzimmer vorfand, waren Werke über asiatische Kultur und Zen-Buddhismus.

Am 26. Juli 1956 nationalisierte Ägyptens Ministerpräsident Nasser den geostrategisch wichtigen Suezkanal, die 160 km lange Wasserstraße zwischen Mittelmeer und Rotem Meer, damals der kürzeste Weg von Europa nach Asien. Es war dies die Reaktion auf die überraschende Rücknahme des US-amerikanischen Angebots einer finanziellen Beteiligung am Bau des Assuan-Staudammes. Nasser vermutete israelische und britisch-französische Intrigen. Besitzer des Suezkanals war, unter britischem Militärschutz, der europäische Konzern Compagnie Universelle du Canal Maritime de Suez (CCMS). Der französische Staat und ein Zusammenschluss französisch-belgischer Geschäftsleute besaßen 66 % der Aktien und 15 % der Rendite, die britische Regierung war mit 34 % am Aktienkapital beteiligt. Die CCMS war, genau wie die Union Miniere im Kongo, ein Staat im Staate. Nasser wollte diesen wirtschaftspolitischen »Staat« entmachten und mit den Gebühren aus der Suezkanal-Benutzung Ägyptens Anteil am Assuan-Projekt teilfinanzieren. (Die Weltbank gab 200 Millionen US-Dollar Kredit.) Zudem befand sich Ägypten quasi im Kriegszustand mit Israel und sperrte den Suezkanal für den pro-israelischen Schiffsverkehr.

Vom 1. September bis 1. Oktober 1956 fanden in Paris geheime Gespräche zwischen den Regierungen von Frankreich, England und Israel über eine »Operation Musketier« statt. Der israelische Generalstabschef Moshe Dayan nahm an der abschließenden Militärplanung teil. Israel solle Ägypten angreifen und den Sinai bis zur Kanalzone besetzen, woraufhin dann Truppen der französischen und britischen Regierungen als eine Art Suez-Kanal-»Polizei« eingreifen würden, um die andere Kanalseite zu besetzen. Hammarskjöld ahnte nichts von diesem Komplott, da die UNO bislang über keinen eigenständigen Nachrichtendienst verfügt, als er am 5. Oktober bei den Verhandlungen in New York mit den betreffenden Regierungen eine Außenministerkonferenz für den 29. Oktober im Genfer Völkerbundspalast vereinbarte.

Am Montagmorgen, dem 29. Oktober, gibt es in Genf keine Konferenz. Stattdessen besetzen israelische Truppen die Sinai-Halbinsel bis zum Suez-Kanal. Am 30. Oktober wird das anglo-französische Ultimatum an Ägypten (und Israel) bekannt gegeben, ihre jeweiligen Truppen innerhalb von zwölf Stunden auf eine Zehn-Meilen-Distanz vom Kanal zurückzuziehen und der faktisch schon stattfindenden Landung von anglo-französischen

»Polizei«-Einheiten zuzustimmen. Dies wird, wie zuvor geplant, von Israel sofort akzeptiert und wie erwartet von der ägyptischen Regierung zurückgewiesen. Erst- und letztmals in der Geschichte der UNO wird eine Resolution der USA, unterstützt von der Sowjetunion, über den sofortigen Rückzug von allen fremden Truppen von Paris und London mittels Veto blockiert. Damit haben sich die beiden großen alten Kolonialmächte mit den beiden neuen Supermächten angelegt. Der Außenminister der UdSSR wird London und Paris daran erinnern, dass sie in Reichweite der sowjetischen Atomraketen liegen und die USA auffordern, mit gemeinsamen Streitkräften in Ägypten zu landen. (Notfalls würde die UdSSR dies auch im Alleingang tun.) Die USA beginnt einen stillen Wirtschaftskrieg gegen das britische Pfund, welcher zu deutlichen Abwertungen führt. Die Menschheit steht in dieser etwas ungewöhnlichen Konstellation wieder einmal kurz vor einem Weltbrand.

Der von dem israelisch-anglo-französischen Komplott empörte Hammarskjöld muss sich jetzt möglichst schnell etwas möglichst Geniales einfallen lassen. Am 31. Oktober tadelt er in einer Rede vor dem Sicherheitsrat zum ersten Mal öffentlich zwei Regierungen und ermahnt Paris und London, sich an die Artikel und den Geist der UN-Charta zu halten: »Die Prinzipien der Charta sind umfassender … und ihre Ziele heiliger als die Politik irgendeiner einzelnen Nation oder eines Volkes.«

Der geniale Schachzug erfolgt einige Stunden später. Da der Sicherheitsrat durch das anglo-französische Veto lahm gelegt ist, (ähnlich wie durch das russisch-chinesische Veto in der Kosovo-Krise im Frühjahr 1999) inszeniert Hammarskjöld in der Nacht vom 31. Oktober auf den 1. November 1956 mit Hilfe von Repräsentanten der blockfreien Staaten die Reaktivierung des legendären »Uniting for Peace Resolution«-Mechanismus der Generalversammlung vom 5. November 1950. Diese Resolution besagt, dass, wenn der Sicherheitsrat in wichtigen und aktuellen Fragen durch Veto blockiert ist, diese Fragen auch der Generalversammlung zur ersatzweisen Beschlussfassung (durch einfache Mehrheitsentscheidungen) vorgelegt werden können.[6]

Damit begab sich Dag Hammarskjöld auf den steinigen Weg, aus der Generalversammlung zwar noch kein echtes Weltparlament, aber immerhin eine dem Sicherheitsrat (als stillgelegtes Exekutivorgan) übergeordnete quasi-Legislative zu machen. Den kleinen und den blockfreien Staaten mochte diese Aufwertung entgegenkommen. Den Veto-Mächten gegenüber war dies ein riskanter Präzedenzfall, eine Gunst der Stunde. Bislang hatte meines Wissens kein nachfolgender Generalsekretär mehr den Mut oder die Gelegenheit, den UFP-Mechanismus zu wiederholen. (Es hatte auch keiner, wie Hammarskjöld damals, hierfür die kurzfristige Unterstützung der Supermächte!)

Die Geburtstunde der UN-Blauhelme

Am 2. November nimmt die Generalversammlung die »Resolution zur Feuereinstellung« von US-Außenminister Dulles an, während britische und französische Flieger zur Vorbereitung der Landung von Fallschirmtruppen (nicht nur) militärische Einrichtungen in Ägypten bombardieren. Scheinheilig erklären Paris und London, dass sie ihre eigene »Polizei«-Aktion stoppen würden, wenn die UNO stattdessen eine internationale Polizeitruppe aufstellen könnte, um für einen Waffenstillstand am Suezkanal zu garantieren. Beide Regierungen wissen, dass dies ein unwahrscheinliches Novum in der Geschichte des internationalen Rechts wäre. Doch Hammarskjöld und sein Team durchkreuzen diese Spekulation. Das Neue manifestiert sich entgegen den Erwartungen der alten Kolonialmächte.

Am 3. November legt der mit Hammarskjöld befreundete Delegierte Canadas, Lester Pearson[7], eine Resolution vor, welche den Generalsekretär bevollmächtigt, innerhalb von 48 Stunden einen Einsatzplan für eine Notstandstruppe der UNO zu erarbeiten. Der Nachfolger Graf Folke Bernadottes, der Afroamerikaner und Friedensnobelpreisträger Ralph Bunche, wird von Hammarskjöld inoffiziell zum »UN-Verteidigungsminister« ernannt. Es sollen grundsätzlich keine Truppen der Großmächte eingesetzt werden. Der kolumbianische Botschafter Francisco Urrutia ruft von Hammarskjölds Büro aus seinen Präsidenten an. Auf dessen Zögern hin souffliert Hammarskjöld dem etwas ratlosen Urrutia: »Wenn dies 1902 wäre, die UN existiert hätte und eine Friedenstruppe hätte schicken können, dann hätte Kolumbien nicht den Panama-Kanal verloren.« Kolumbien sagt Truppen zu.

Norwegen entwirft im Eilverfahren ein parlamentarisches Notstandsgesetz, um Einheiten entsenden zu können. Es folgen Zusagen von Canada, Dänemark, Finnland, Indien und Schweden. Die USA und die Schweiz stellen Transportflugzeuge. Verschiedene Staaten drohen England mit einer Auflösung des Commonwealth-Systems. Am 5. November präsentiert Hammarskjöld die neue Notfalltruppe unter dem Namen »UN Emergency Force« (UNEF) der Generalversammlung. Am 7. November akzeptieren Paris und London die UN-Blauhelme, mit deren Existenz Hammarskjöld die beiden (ehemaligen) Kolonialmächte aus Ägypten hinauskomplimentiert.

Bo Beskow schreibt in seiner Hammarskjöld-Biografie: »Wie ein Schachspieler sah er viele Züge voraus und handelte dementsprechend. [...] Es war der große Tag für einen alten Weltföderalisten, als die erste wirklich internationale Polizeitruppe in der menschlichen Geschichte, die UNEF, in magischen 48 Stunden aufgestellt wurde.« Die 6.000 UNEF-Soldaten aus allen Teilen der Welt symbolisierten als Puffer zwischen zwei Streitparteien keine echte militärische Gewalt, sondern einen moralischen Zwang durch Anwesenheit der Weltöffentlichkeit. (Damals funktionierte diese Gleichung noch.) Dies war etwas Neues in der Weltgeschichte.

Hetaireia. Die Versammlung der Mitarbeiter

Auch der Kosmopolit Alexander eroberte Persien nicht alleine. Er hatte, wie nicht nur damals üblich, einen eingeschworenen Freundesbund, im alten Griechenland Hetaireia genannt, um sich versammelt, um eine solche Mission personell zu bewältigen. Dazu zählte, neben dem Neffen seines Lehrers Aristoteles, auch der Historiker und Naturforscher Theophrast. Oftmals war ein solcher Freundeskreis auch Teil eines geheimen Mysterienbundes. Alexander wollte die Kosmopolis als Auflösung der kriegerischen Auseinandersetzungen innerhalb der griechischen Stadtstaaten und mit dem persischen Königreich herbeizwingen. Seine geschickt inszenierte Massenhochzeit zu Susa, in welcher er unter anderem über 1.000 griechische und persische Adelsfamilien durch die Vermählung ihrer Söhne und Töchter miteinander verband, darf wohl als die erste kosmopolitische Maßnahme der Politikgeschichte gelten. Die rechtliche Gleichstellung der Mazedonier, Perser, Babylonier und der kleinasiatischen wie auch der Insel- und der Festlandgriechen in einem multikulturellen Weltenstaat (Kosmopolis) implizierte die Relativierung der jeweiligen Gruppennarzissmen. Damit hat Alexander seine Zeit und die Mehrzahl seiner Zeitgenossen weit überfordert.

Für seinen Lehrer Aristoteles war der Weltstaat[8] eine Idee, welche erst langsam wachsen musste. Sein Schüler hatte diese Idee erstmalig aus dem Philosophischen in den Bereich des Realpolitischen übertragen. In einem fast übermenschlichen Marathonlauf gegen die Zeit verband er die griechischen, persischen, ägyptischen und indisch-buddhistischen Kulturräume miteinander und blickte Richtung Chinas Grenzen. Mit Alexanders Tod (323 v.Chr.) durch Überanstrengung oder Vergiftung zerfiel nicht nur das Weltreich, auch die kosmopolitisch gesinnte Hetaireia verschwand im Dunkel der Zeit. Eine weltweite Gesellschaft gleichberechtigter freier Bürger in einem staatlich verfassten Weltbund wurde bislang noch nicht historische Realität, ist aber seit den Tagen der hellenistisch-kosmopolitischen Philosophie und den Taten Alexanders nie wieder ganz aus dem Gedächtnis der Menschheit entschwunden. Und manchmal kehren Ideen – und vielleicht auch Freundeskreise – wieder.

Im Zeitalter des Renaissance-Humanismus und der Wiederentdeckung des klassischen Griechenland schrieb Fichte als Zeitgenosse Goethes, Schillers, Wielands, Herders und Lessings 1794 »Über die Würde des Menschen«, und vielleicht wollen solche

Worte nicht nur philosophisch betrachtet, sondern auch tiefenpsychologisch und spirituell verwirklicht werden: »Um den höheren Menschen herum schließen die Menschen einen Kreis, in welchem derjenige sich dem Mittelpunkt am meisten nähert, der die größte Humanität hat. Ihre Geister streben und ringen, sich zu vereinigen und nur Einen Geist in mehreren Körpern zu bilden. Alle sind Ein Verstand und Ein Wille und stehen da als Mitarbeiter an dem großen … Plane der Menschheit.« Heutzutage für die meisten Leute immer noch eine Utopie.

Devotion. Dear Sir, Friend and Brother

»Vorgesetzter, Freund und Bruder«, schrieb am 29. August 1957 ein George Ivan Smith[9], Direktor des Londoner Informationszentrums der UNO, an Dag Hammarskjöld nach New York. George Smith, Ernst Manker und Sven Stolpe waren nicht die Einzigen, die Dag gegenüber die doch etwas ungewöhnliche Anrede »Bruder« benutzten. Und es wirft auch Fragen auf, wenn der UN-Generalsekretär in einem Brief vom 14. Mai 1956 an George Smith, zeitweise sein persönlicher Pressesprecher, über das Wirken von Kräften des Lichtes und der Finsternis in der Weltpolitik schreibt und den Brief dann beendet mit: »Wie auch immer, es ist besser an diesem Punkt anzuhalten [und zu schweigen; Anm. SMS]. Du verstehst auch so, was ich meine; andere mögen schockiert sein.«[10]

»Ich vermochte ihm nicht so recht zu geben, was er suchte. Meine Vorstellung von Freundschaft war nicht so subtil wie die seine; als er mich zu einer Freundschaft ›im Glauben‹, wie er dies nannte, einlud, zog ich mich etwas erschrocken zurück«, schreibt Sven Stolpe auf Seite 45 seiner Hammarskjöld-Biografie über ihre Studentenzeit. »Im Glauben«, ein Begriff, der auch immer wieder in seinem Tagebuch in Erscheinung tritt. Was meint Hammarskjöld damit, was fordert er als Basis einer Freundschaft, die mehr ist als nur ein abgenutzter Begriff in der pompösen Leere einer Illusion?

Mitte 1952 findet sich folgender Eintrag im Tagebuch: »Doch mich durchwebt die Vision von einem seelischen Kraftfeld, geschaffen in einem ständigen Jetzt von den vielen, in Wort und Taten ständig Betenden, im heiligen Willen Lebenden.« In der New Yorker Rundfunksendung »That I believe« vom April 1953 sagt er es öffentlich für jene, die offene Ohren haben, um das Murmeln des Geistes wahrzunehmen: »Die Erklärung aber, wie der Mensch ein Leben aktiven gesellschaftlichen Dienens in vollkommener Übereinstimmung mit sich selbst als Mitglied der Gemeinschaft des Geistes leben soll, habe ich in den Schriften der ... Mystiker gefunden. Für sie war ›Selbsthingabe‹ der Weg zur Selbstverwirklichung. Sie fanden in der ›Einsamkeit des Geistes‹ und in der ›Innerlichkeit‹ die Kraft, Ja zu sagen. [...] Liebe, dieses oft missbrauchte und falsch verstandene Wort, bedeutete für sie nichts als das Überfließen der Kraft, von der sie sich erfüllt fühlten, wenn sie im wahrhaften Selbstvergessen lebten.«

Dag Hammarskjöld lebte – und starb – in dieser Tradition. Seine außergewöhnlichen Leistungen waren höchst individuell und beruhten doch zugleich auch teilweise auf einem außergewöhnlichen Netzwerk von Beziehungen und Mitarbeitern. Um zwei noch unerwähnte zu nennen: Sein persönlicher Assistent und Büroleiter Andrew Cordier, ein unbürokratischer Geschichtsprofessor aus Ohio, welcher später als Präsident der New Yorker Columbia Universität (1968–70) die Dag Hammarskjöld Erinnerungs-Vorträge organisierte. Sein Reisekoch, Chauffeur und Leibwächter William »Bill« Ranallo, welcher stets fast unsichtbar im Hintergrund wirkend den Politikern auf Lippen und Körpersprache schaute, wenn sie sich unbeobachtet glaubten und mit ihren Nachbarn über Hammarskjöld und dessen UNO-Politik tuschelten. Der Italo-Amerikaner, in seinem vorherigen Beruf New Yorker Polizist, wurde mit Dag Hammarskjöld in Ndola getötet.

Einer, der nicht zum inneren Kreis von Hammarskjölds ausgewählten Mitarbeitern gehörte, Brian Urquhart, berichtet in seiner Biografie (S. 35) über den Führungsstil des unverheirateten UN-Generalsekretärs: »Sein Urteil über Leute konnte unwiderruflich streng sein. [...] Er hatte wenig Verwendung für Leute, die den erforderlichen Standard an Hingabe, Intelligenz und Verfügbarkeit nicht einhielten.«

Im Kontrast zu dem infolge seiner UNO-Arbeit geschiedenen Urquhart, meinte Untergeneralsekretär Ralph Bunche 1969 in der Zeitschrift »Psychology today« schlicht: »Dag Hammarskjöld war der bemerkenswerteste Mensch mit dem ich jemals zusammengearbeitet habe.«

In einem Brief vom 5. November 1957 schreibt der Regisseur und Literaturnobelpreisträger John Steinbeck: »... diese kleinbürgerlichen, sich selbst betrügenden Leute ... sind Symptome einer allgemeinen Geistlosigkeit, welche alle Ebenen unseres nationalen und weltweiten Lebens durchdringt. [...] Was ich anregen möchte, ist, dass die Vereinten Nationen eine neue Art von Adelsstand erschaffen. Einen Geistesadel.« Steinbeck nennt unter anderem Einstein, Schweitzer, Camus, Buber und Bunche als ethische Vorbilder für die Kandidatenliste seiner 100 Menschheitsethiker.[11] Dag Hammarskjöld antwortet dem Freund am 9. November: »Sind nicht genau die Menschen, die du geehrt sehen magst, jene, welche sehr wahrscheinlich nicht wünschen geehrt zu werden?« Der Generalsekretär kannte Wielands »Geheimnis des Kosmopoliten-Ordens«.

Artikel 99. Gibt es übernationale Staatsbeamte?

Als im Libanon-Konflikt 1958 die Sowjetunion die japanische Resolution über die Verstärkung der UNOGIL durch ihr Veto blockierte, handelte Hammarskjöld trotzdem: das Veto bedeutete für ihn nur, dass er keine detaillierten Instruktionen in der Hand hatte, nach denen er sich richten musste. Dies war eine etwas großzügige Auslegung der UN-Charta, insbesondere von Artikel 99, welcher besagt: »Der Generalsekretär kann die Aufmerksamkeit des Sicherheitsrates auf jede Angelegenheit lenken, die nach seinem Dafürhalten geeignet ist, die Wahrung des Weltfriedens und der internationalen Sicherheit zu gefährden.« Hammarskjöld benutzte auch in der sich erst andeutenden Laos-Krise 1959 indirekt Artikel 99 als Basis für seine präventive Entsendung von UNO-Beobachtern nach Asien, wie zuvor in den Libanon, »auf Faktensuche für das Generalsekretariat«.

Vor (und nach) der Ära Hammarskjöld lag das Recht, den Sicherheitsrat einzuberufen, nur bei seinen (permanenten) Mitgliedern, de facto bei den fünf Regierungen mit Veto-Macht. Im Juli 1960 benutzte der Generalsekretär bei Ausbruch des Bürgerkrieges im Kongo zum ersten Mal formell Artikel 99, um selbstständig den Sicherheitsrat einzuberufen. Zuvor sprach er am 1. Mai bei seiner Rede an der Rechtsschule der Universität von Chicago über »die Entwicklung eines weltweiten, verfassungsrechtlichen Rahmens« – die etwas harmloser klingende Formel für den Begriff einer Weltverfassung.

Ein Jahr später, am 30. Mai 1961, wird er an der Universität von Oxford über das Thema »Der Internationale Beamte laut Gesetz und als Tatsache« sprechen. Es wird dies sein Manifest für ein über den einzelnen Nationalinteressen stehendes Beamtentum im Dienst für die Menschheit werden.

Troika-Diskurs. Mensch gegen Supermacht

Ende September 1960 wird Hammarskjöld in der Generalversammlung vom sowjetischen Ministerpräsidenten Chruschtschow, im stillen Einvernehmen mit Frankreichs Regierungschef de Gaulle, mehrmals massiv angegriffen. Der UN-Generalsekretär hätte seine Kompetenzen überschritten und das Ein-Mann-Amt müsse durch eine Troika (Dreiergremium) von gleichberechtigten Interessenvertretern aus dem Ost- und dem Westblock sowie den blockfreien Staaten ersetzt werden, da es keine neutralen Menschen geben könne. Das Troika-System hätte die Einführung des Veto-Rechts auf der Ebene der Exekutive bedeutet und die ganze UNO lahm gelegt. (Schon im Sommer orakelten Neider in der US-amerikanische Zeitschrift LIFE, dass Hammarskjöld sich wohl zu sehr mit der UNO identifiziere.) Auf die Aufforderung,

»Who does he think he is – a man of destiny?«
Aus: Sunday Telegraph, 30. Juli 1961
(»Wer denkt er, dass er sei – ein Mann des Schicksals?«)

von seinem Amt zurückzutreten, antwortet Dag Hammarskjöld am 3. Oktober in der Generalversammlung.

»Aus meiner Sicht wird mit diesem Versuch nicht nur ein Mensch, sondern eine ganze Institution in Frage gestellt. [...] Eine schwache oder nicht-existierende Exekutive würde bedeuten, dass die UNO nicht länger fähig wäre, als ein effektives Instrument zu dienen. [...] Durch meinen Rücktritt würde ich unter den gegenwärtigen schwierigen und gefahrvollen Umständen die Organisation dem Zerfall preisgeben. Ich habe kein Recht, das zu tun. [...] Es ist nicht die Sowjetunion oder eine andere Großmacht, welche die Vereinten Nationen zu ihrem Schutz braucht; es sind alle anderen. [...] Es ist sehr leicht, sich den Wünschen einer großen Macht zu beugen. Es ist eine andere Qualität, dem zu widerstehen. [...] Ich werde während meiner Amtszeit auf meinem Posten bleiben als Diener der Organisation« - und nicht irgendeiner einzelnen Nation oder Fraktion. Praktizierte Menschheitsethik.[12]

Die Magie von David gegen Goliath, von Menschheitlichkeit gegen Machtgruppenegoismen. Minutenlanger Applaus. Um das Mehrheitsverhältnis klarzustellen, verlangte Hammarskjöld, wie ein echter Regierungschef vor seinem Parlament, eine Vertrauensabstimmung. Mit einer überwältigenden Mehrheit von 83 gegen 11 Stimmen, bei 5 Enthaltungen (darunter Frankreich), errang der Staatsmann der Welt, ohne Weltstaat, seine Bestätigung im Amt. Gegenüber der Presse äußerte er auf den Vorwurf, es könne keine übernationalen Staatsbeamten geben, dass er zwar wie ein Satellit von dem blockfreien Schweden aus gestartet sei, in seiner optimalen Umlaufbahn als UNO-Beamter aber keinem Land mehr zu nahe komme. Dieser Vergleich mit dem seit kurzem zwischen Sonne und Erde kreisenden russischen Sputnik spiegelte seine Stärke als lebendiges Symbol für den UNO-Geist wider, aber auch seine Einsamkeit und seine Tragik.

Die Hosianna-Rufe verstummen wieder. Im Alltag bleibt die Verantwortung allein sein. In einem Brief an Gierow schreibt Hammarskjöld: »Der große, mit seinem Schuh auf das Pult schlagende Genosse [gemeint ist Chruschtschow] agiert weiter als Donnerer. [...] Einige glauben an Regenschirme, andere an Versöhnungsopfer und einige nehmen sich Urlaub. In dieser Situation bin ich immer an die gute alte Geschichte mit Jehova erinnert, der bereit ist, die Städte zu verschonen, wenn er zehn aufrichtige Menschen darin finden könnte.«

Erneute Kreuzigt-ihn-Rufe anlässlich des Chaos im Kongo kündigen sein letztes Amtsjahr an. Der sowjetische Außenminister Gromyko tobt im März 1961 bei seiner UN-Rede: »Wenn es Hammarskjöld erlaubt wird, diesen Kurs weiter zu verfolgen, dann hält er sich eines Tages vielleicht für den Ministerpräsidenten einer Weltregierung und behauptet: les Nations Unis, c'est moi!«[13] Anlässlich von Hammarskjölds Besuch in Tunesien, während der Bizerta-Krise im Juli 1961, richten französische Fallschirmjäger bei einer Straßensperre ihre Gewehre auf die UN-Limosine des Generalsekretärs und zwingen ihn und seine Begleiter zur Umkehr. Golgatha. Die dritte Stunde.

Weltregierung? Ein Brief von Albert Einstein

Auf dem Weg nach Jerusalem. Am 30. Oktober 1954 sprach Dag Hammarskjöld über »Die Furcht vor der Veränderung« (Metamorphose) bei einer Jubiläumsfeier der New Yorker Columbia Universität: »Goethes Faust, dieses Symbol des modernen Mannes, würde an Mephistopheles verloren gehen, wenn er dem ewigen Fluss des Lebens widerstehen würde und nach der Verewigung eines bestimmten Zeitpunktes [z.B. des Kolonialismus; Anm. SMS] verlangt. [...] Wir hören mittlerweilen oft von gegenseitigen Abhängigkeiten, den Interdependenzen, die unsere Welt in vielerlei Hinsicht zu Einer Welt machen, ob wir dies mögen oder nicht. [...] Angesichts dieser neuen Situation befürworten einige eine Weltorganisation in Richtung einer Weltregierung. Wir mögen mit ihrem Idealismus sympathisieren, aber sie versuchen dem Kernproblem mit Verfassungsmagie zu entkommen. [...] Tatsächlich macht die Verschiedenartigkeit der Nationen und Systeme eine Weltregierung noch unmöglich, während die gegenseitige Bezogenheit eine Organisation der Welt notwenig macht. Unsere Kenntnis der Vergangenheit ... drängt uns, einen Mittelweg zu finden, ... auf dem wir uns langsam, aber sicher Richtung einer Weltgemeinschaft bewegen, die für unsere Zivilisation die einzige Alternative zur Selbstzerstörung ist.«

Als Reaktion auf seine Rede erhielt Hammarskjöld am 2. November ein Schreiben des Physiknobelpreisträgers und Weltbürgers Albert Einstein aus Princeton, welcher schon im Oktober 1947 in einem Öffentlichen Brief an die Generalversammlung die Weiterentwicklung der UNO-Idee zu einer am Weltwohl orientierten Weltregierung, als übernationale Überwachungsinstanz einer weltweiten Abrüstung, gefordert hatte. »... Ihnen meine aufrichtige Anerkennung auszusprechen zu Ihrer Rede bei der Columbia Jubiläumsfeier. [...] Nach so viel Heuchelei und Lüge waren Ihre ... Ausführungen eine wahre Erholung. Ich betrachte es als ein Glück, dass Sie mit Ihrer ungemein schwierigen und hohen Aufgabe betraut worden sind.«[14]

Hammarskjöld antwortete am 9. November 1954 in ausgezeichnetem Deutsch: »Es war meine Absicht, bei dieser Gelegenheit eine kräftige und eindeutige Erklärung für die Ideale und Grundsätze abzugeben, die den einzig möglichen Rahmen ... für die Tätigkeit eines Menschen schaffen, der, wie Sie, einer der Pioniere der Menschheit ist. [...] Es ist nicht leicht, den richtigen Weg zu finden zwischen dem, was ich sagen und tun möchte, ... und dem, was ich tun kann, ohne Schwierigkeiten für die Organisation zu schaffen, der zu dienen ich berufen worden bin. [...] Unter diesen Umständen ist es mir eine wahrhaft tiefe Befriedigung zu fühlen, dass Sie nicht nur verstanden haben, was ich dem umfangreichen Publikum, ... einhämmern wollte, sondern dass Sie auch die von mir gewählte Linie billigen. [...] Zuweilen frage ich mich, ob die Ideale eines geistigen Liberalismus stark genug sind, die Massenzivilisation unserer Zeit zu durchdringen oder ... zu überleben.«

Hammarskjöld lud den etwa drei Fahrtstunden von New York entfernt wohnenden Einstein ein, ihn in der UNO zu besuchen. Der Kontakt blieb bis zu Einsteins Tod am 18. April 1955 bestehen. Einstein schrieb an einer Rundfunkansprache über die Notwendigkeit, die UNO zu einer Weltbürgerregierung weiter zu entwickeln, als ein Herzinfarkt am 13. April das Manuskript unvollendet ließ. Der letzte Satz Einsteins, fast eine indirekte Prophezeihung, wurde später durch Dag Hammarskjölds Opfertod im UNO-Dienst erfüllt.

Einstein: »Ich spreche zu Ihnen heute nicht als ein amerikanischer Bürger und auch nicht als ein Jude, sondern als ein Mensch. [...] Diese Unteilbarkeit gilt aber nicht nur für das Moralische, sondern auch für das Politische. [...] Jede Partei weiß, dass unsere Menschheit verloren ist, wenn der Streit in einen wirklichen Krieg ausartet. [...] Aber den einzigen hoffungsvollen Weg der übernationalen Friedenssicherung einzuschlagen, wagt kein verantwortlicher Staatsmann, weil dies seinen sicheren politischen Tod bedeuten würde. Denn die allenthalben entfachte politische Leidenschaft verlangt ihre Opfer - «.[15]

Bei diesem letzten Wort griff der Tod nach Einsteins Herzen. Die meisten Zeitgenossen haben weder seine Relativitätstheorie noch seine Forderung einer Weltregierung der Weltbürger verstanden.

Die Zukunft der UNO – quo vadis?

In seiner Kopenhagener Rede vom 2. Mai 1959 entwickelte Hammarskjöld die Idee einer UNO, welche ein Existenzrecht und auch Handlungsmöglichkeiten unabhängig vom Willen und der Politik der einzelnen Mitgliedsregierungen habe. Als Antwort auf den Proteststurm angesichts dieser Provokation verharmloste er bei einer Pressekonferenz am 8. Mai in Genf die Rede als ein Spiel der Gedanken. Bei seiner Rede am 1. Mai 1960 – über einen weltweiten, verfassungsrechtlichen Rahmen in den internationalen Beziehungen – an der Universität von Chicago, waren nicht nur seine indirekten Anspielungen auf die Notwendigkeit von Weltrecht und Weltverfassung aufschlussreich, sondern schon alleine die Wahl des Ortes.[16] Innerhalb der Chicago Law School wurde von 1945 bis 1948 auf Anregung des Emigranten Thomas Mann der Vorentwurf einer Weltverfassung ausgearbeitet. Die deutsche Übersetzung dieser Weltverfassungs-Studie wurde 1951 in Thomas Manns Frankfurter Stammverlag veröffentlicht.[17] Die Entstehungsgeschichte findet sich in dem Buch »Die Unteilbarkeit der Erde«.

Die Hoffnung Dag Hammarskjölds, dass judikative Vernunft über Machtmissbrauch siegen könne, indem die Gerichtsbarkeit im zwischenstaatlichen Bereich die gleiche Anerkennung fände wie innerhalb eines Rechtsstaates, hat sich bis 1999, 100 Jahre nach der Ersten Haager Friedenskonferenz für eine Weltrechtsordnung, noch immer nicht erfüllt. In seiner letzten Einführung

Dag Hammarskjöld mit Sithu U Thant, seinem Nachfolger als Generalsekretär. N.Y., Oktober 1959

am 17. August 1961 zu einem UNO-Jahresbericht spricht er im ersten Kapitel »The Choice« über die Wahl, welche die Regierungen treffen müssen: Entweder werde die UNO eine statische Konferenzmaschine mit einem re-nationalisierten Sekretariat, oder aber die Regierungen entwickeln die UNO zu einem dynamischen Instrument mit einem starken inter- bzw. übernationalen Generalsekretariat für präventive Friedensmissionen. Es ist dieselbe Wahl, die Entscheidung der Transformation von Mars-Pluto zu Juno-Justicia, über die er im Symbol des Eisenerzblockes bei der Eröffnung des UNO-Meditationsraumes sprach. Diese Rede und dieser Raum sind Teil der Botschaft. Die Aufforderung zur stetigen Entscheidung ist eine Aufforderung zur permanenten Bewusstseinsbildung. Ohne die Wahl und die Qual der Entwicklung einer übernationalen und überkonfessionellen Menschheits-Ethik wird es weder eine Menschheit, dieses Namens wert, noch eine Zukunft geben, in der ein globales Menschenrecht Sicherheit vor den Übergriffen der Macht bietet.

Der Amtsnachfolger Hammarskjölds, der Buddhist Sithu U Thant, hat die Botschaft verstanden. Wenige Monate nach seiner

Wahl, 1962, veröffentlichte er seinen Aufsatz »Der Mythos der nationalen Souveränität«. Der zierliche U Thant teilte zwar die Menschheits-Vision seines Kollegen, hatte aber trotz guten Willens nicht Hammarskjölds Durchsetzungsfähigkeiten. So wurde die Amtszeit (Dezember 1961 - Dezember 1971) des aus Burma stammenden U Thant zu einem Rückzugsgefecht für den UNO-Geist. Auch das von ihm unterstützte SUN-Projekt (Strengthening the United Nations / Stärkt die Vereinten Nationen) einiger NGOs konnte den Sonnen-Untergang des UNO-Geistes nicht mehr aufhalten. Am 14. März 1965 titelt die New York Times »The U.N. of Dag Hammarskjöld is Dead«.[18]

Prüfung: Dunkelheit und Dürrejahre

Jeder Sonnenuntergang ist nur Vorläufer einer neuen Morgenröte. Der Geist keimt auch im Dunkeln. Noch im selben Jahr, 1965, erscheint U Thants Essay »Vorausschauend« in der Anthologie *Die Suche nach Frieden* (Columbia Universität). Im Kampf mit den Regierungsmächten dieser Welt erkrankte der Buddhist U Thant an Magenkrebs. Bevor er verstarb, verkündete er im Mai 1972 in einem Hotel gegenüber den Vereinten Nationen die Gründung der Planetary Citizens (Planetarische Bürger). Mitgründer waren unter anderem der Bestsellerautor Isaac Asimov, der Literatur-Redakteur Norman Cousins und der Hammarskjöld-Freund Lester Pearson. Letzterer blieb nicht der Einzige aus dem Kreis der Freunde, der sich den Planetarischen Bürgern anschloss. Deren Philosophie der kreativen Evolution und Planetarisierung der Menschheit, in der Tradition Bergsons und Teilhards de Chardin, beschreibt Donald Keys in seinem Buch *Earth at Omega*.[19]

Nach dem Mystiker und Ethiker Hammarskjöld und dem Buddhisten und Weltbürger U Thant entschieden sich die regierenden Weltmächte für einen »realistischen« Kandidaten, der ihnen keine Überraschungen bereiten würde. Im Dezember 1971 wurde der ehemalige österreichische NS-Stabsoffizier und Karrierist Kurt Waldheim zum vierten UN-Generalsekretär gewählt. Seine Wehrmachtsakten waren den Geheimdiensten bekannt. Waldheim, stets nach oben servil, bereitete keine Probleme. Ein dunkles Kapitel in der UNO-Geschichte begann. Der neutrale Finne Max Jakobson wurde, wie der Boston Globe am 27. Dezember anmerkte, »im Wahlvorgang eliminiert«. Fünfzehn Jahre später sagte der kosmopolitisch eingestellte Jakobson in einem Interview mit der New York Times (24. April 1986): »... in Moskau war man wohl der Meinung, dass ich Dag Hammarskjölds Tradition fortsetzen und als Generalsekretär eine zu starke Position gewinnen könnte...«[20] Dies war nicht nur in Moskau unerwünscht.

Nachdem Waldheims dritte Amtsperiode 1981 durch das Veto Chinas verhindert werden konnte, wählte man Perez de Cuellar, einen netten Diplomaten, der seine Laufbahn unter der peruanischen Militärdiktatur begonnen hatte, zum fünften Generalsekretär. Erst mit der Wahl des koptischen Christen und ägyptischen Vize-Außenministers Boutros Boutros-Ghali zeichnete sich so etwas wie eine Trendwende ab. Als Ghali jedoch mit seiner »Agenda for Peace« zu progressiv wurde, scheiterte seine Wiederwahl am Veto der USA. Seitdem wartet der überwiegende Teil der UNO-Mitarbeiterschaft auf ein deutliches Zeichen am Weg. Quo vadis, Juno ?

Martin Buber besucht Dag Hammarskjöld

Bücher als Wegeszeichen. Anfang 1958 erscheint Bubers Essay-Sammlung »Pointing the Way«. Der Autor ist zu Vorlesungen in Princeton. Am 18. April lädt Hammarskjöld Buber ein, ihn in der UNO zu besuchen. Im Mai kommt der Religionsphilosoph. Für beide scheint es eine Art von Pfingst-Begegnung gewesen zu sein. Martin Buber schreibt 1962 in seiner Nachruf-Rede »Erinnerung an Dag Hammarskjöld« für den Schwedischen Rundfunk:
»Als wir dann in New York in dem Haus der merkwürdigerweise so genannten United Nations zusammenkamen, zeigte es sich,

Dag Hammarskjöld mit Martin Buber in dessen Haus in Jerusalem, Januar 1959

dass es uns beiden in der Tat um das Gleiche ging: ihm, an dem vorgeschobensten Posten internationaler Verantwortung stehend, und mir in der Einsamkeit eines Geistesturmes, der in Wahrheit ein Wachposten ist, von dem aus man alle Fernen und Tiefen der planetarischen Krise zu erspähen hat. […] Damals, im Haus der Vereinten Nationen einander gegenübersitzend, erkannten wir beide, Dag Hammarskjöld und ich, was es im Grunde war, das uns miteinander verband. Aber ich spürte, ihn anschauend und anhörend, noch etwas, das ich mir nicht zu erklären vermochte, etwas Schicksalhaftes, das irgendwie … mit seiner Funktion in dieser Weltstunde zusammenhing. […] Im Januar 1959 besuchte mich Hammarskjöld in Jerusalem. Im Mittelpunkt unseres Gespräches stand das Problem, das mich im Laufe meines Lebens immer wieder beansprucht hat: das Scheitern des geistigen Menschen in seinen geschichtlichen Unternehmungen.« Der Mensch auf dem Weg nach Jerusalem. Im September 1961 hieß Golgatha Ndola.

Single Form. Die Wesens-Begegnung

Literarische Zeichen als Arbeit am Weg. Zuletzt übersetzte Hammarskjöld im Flugzeug Teile aus Martin Bubers »Ich und Du«. Auf Seite 54 (Reclam) schreibt Buber, dass, wo es kein bequemes Weiter und kein ängstliches Zurück mehr gibt, nur noch das unerhörte Hindurch bleibt: der Durchbruch in den Bereich des Transzendenten, in den Bereich der Begegnung und der Kommunikation der Ich-heit mit der Du-heit. »Werden wir den Weg bis ans Ende gehen müssen, bis in die Probe der letzten Finsternis?«

Dag Hammarskjöld hat, vorbereitet durch sein spirituelles Erleben und seine ständige Bereitschaft, wachsam und einsam an der Schwelle zu stehen, den sichtbaren Teil seiner Mitternachtsprobe am 17. September 1961 in Schwarzafrika leiblich beendet. In einem Gedicht seines Tagebuches vom Oktober 1958, gewidmet einer in seinem Arbeitszimmer stehenden Holzskulptur der englischen Künstlerin Barbara Hepworth (1903 - 1975) mit dem Titel »Single Form«, fragt er sich: »Wird mein Geist finden diese strenge Kurve auf seinem Weg zur Form?«

Er hat sein »individuelles Format« »in dem gegenwärtigen Kampf zwischen dem unter-menschlichen Chaos und einer menschlich-kreativen Ordnung«, wie er in einem Brief vom 15. Oktober 1960 an Barbara Hepworth schreibt, gefunden. Und in seinem letzten Schreiben an die gleichfalls alleinlebende Künstlerin vom 11. August 1961: »Deine Skulptur ... ist ein starker und strenger Begleiter, aber zugleich auch voll tiefer Ruhe und zeitloser Einsicht in den inneren Raum.« Die nachfolgenden Worte charakterisieren auch ihn selbst: »... ein Werk von großer Kunstfertigkeit setzt seinen eigenen Standard der Integrität und bleibt für uns alle eine Erinnerung, was bei allem Tun erreicht werden sollte.«

Am 11. Juno 1964 wird auf dem Einfahrtsplatz des UNO-Geländes, inmitten eines Teiches mit des Nachts beleuchteter Wasserquelle, eine fast fünf Meter große Bronzeskulptur enthüllt. Die Makroausgabe von »Single Form« ist, auf Initiative von Ralph Bunche und Sithu U Thant, zum Denkmal für Dag Hammarskjöld geworden (siehe S. 182).

Der Hintersinn des von dem Mäzen Jacob Blaustein finanzierten, abstrakten Kunstwerkes offenbart sich einfacher bei der Betrachtung der Skulpturen-Folge »Begegnung« des Schweizer Bildhauers Eugen Renggli: »Single Form« stellt die letzte Begegnungsstufe einer Serie der Annäherung und Umarmung zweier Menschen (wie auch zweier Seelengestalten innerhalb eines Menschenwesens!) bis zu deren Vereinigung zu »Einer Form« dar.

Die kreisrunde Öffnung im oberen Drittel der Skulptur, auf Kopfhöhe, sonnenlichtdurchschienen, weist darauf hin, dass diese Vereinigung im Sinne der Unio mystica als Geistgeburt verstanden werden soll, als Durchgang zur Transzendenz der Begegnung. »Denn wo zwei sich in meinem Namen begegnen, da bin ich mitten unter ihnen.«

6.
Zeichen am Weg. Tagebuch einer Religio

Wir haben dich gelesen, Chiffre der Götter!
Dir wollen wir folgen, königliche Fährte!«

Saint John Perse: *See-Marken.* Prolog.

»Lieber Leif, einmal habe ich dir erzählt, ... dass ich trotz allem eine Art Tagebuch geführt habe. [...] Das einzig richtige Profil, das man zeichnen könnte, ergeben diese Notizen. [...] Wenn du findest, dass sie verdienen gedruckt zu werden, so gib sie heraus – als eine Art Weißbuch meiner Verhandlungen mit mir selbst – und mit Gott.« Dag Hammarskjöld an Leif Belfrage in einem undatierten Brief, den man zusammen mit den Notizen nach seinem Tod in seinem Arbeitszimmer fand.

Im Jahr 1963 erschien die tagebuchartige Schrift aus Dag Hammarskjölds Nachlass unter dem Titel »Vägmärken« im schwedischen Bonniers Verlag. (Im Jahr zuvor veröffentlichte derselbe Verlag die von Hammarskjöld begonnene Übersetzung von Bubers »Ich und Du« mit einer Widmung für den verstorbenen Generalsekretär.) Ein Jahr später, 1964, wurde die amerikanische Übersetzung des *Tagebuches* unter dem Titel *Markings* publiziert. Im März 1965 wurde die deutsche Ausgabe als *Zeichen am Weg* verlegt. Es mussten noch im selben Monat die ersten zwei Neuauflagen gedruckt werden. Das Original ist viersprachig: Schwedisch, Englisch, Französisch und Deutsch verfasst. Die Stilformen reichen vom Aphorismus, über essayistische Abschnitte, Zitate, Gedankenlyrik bis hin zur japanischen Versform des Haiku. Ein anspruchsvolles Werk voller literarischer und historischer Anspielungen, oftmals verschlüsselt und zugleich teilweise schockierend offen über zutiefst religiöse Erfahrungen berichtend. Es sind Wegzeichen am Rande des Abgrundes entlang aufgestellt.

Barbara Hepworth: »Single Form« auf dem UNO-Gelände in New York

Die Versinnbildlichung des Monuments »Single form« findet sich wieder in der Skulptur »Begegnung« des Schweizer Künstlers Eugen Renggli.

Die Reaktionen waren sehr zwiespältig. Die »Zürcher Weltwoche« überschrieb ihre Rezension mit »Messias im UNO-Palast« und stellte im Untertitel fest, dass »Wegzeichen – ein Tagebuch jenseits des Alltags« sei. Unverstandene Absätze über die Nachfolge Jesu wurden von atheistischen Redaktionen als Gotteslästerung (sic!) interpretiert und auflagensteigernd verkauft. Ein Gnostiker und Mystiker als Staatsmann: das war für viele Rationalisten zu viel des Guten. Die entgegengesetzte Reaktion kam aus dem kirchlich organisierten Christentum. So titelte z.B. die evangelische Wochenschrift »Die Kirche in Hamburg«, gleichsam nur einen Teil von Hammarskjölds Wesen wahrnehmend: »Ein Heiliger im politischen Leben.«

Die Schwierigkeit, ein solches esoterisches Werk zu verstehen und kongenial zu übersetzen, spiegelt sich im Vorwort von Wystan Auden, dem Herausgeber der amerikanischen Ausgabe, wider. Auf Seite 23 schreibt Auden, welcher selbst des Schwedischen nicht mächtig war, über den Konflikt seines Übersetzers Leif Sjöberg: »Hammarskjölds Stil ist sehr verdichtet und pointiert. Es gab Stellen, wo Herr Sjöberg gestand, dass die exakte Bedeutung des schwedischen Textes ihn verwirrte.« Auden gibt leider keine Beispiele. Im nachfolgenden Satz verwendet er jedoch das Wort »Obskurität«, um die Unheimlichkeit des Originaltextes zu kennzeichnen. Es ist nicht jedermanns Sache, ein Werk korrekt zu übersetzen, welches unter anderem die Phänomenologie eines okkult anmutenden Einweihungs-Weges wiederzugeben scheint. Insbesondere, wenn dessen Autor einst stellvertretender Außenminister und erfolgreichster Generalsekretär der Vereinten Nationen war.

Auf Seite 8 schon spielte Auden mit dem Feuer des Verlustes von Übereinstimmung und Echtheit der amerikanischen Ausgabe, indem er andeutete, dass er »geneigt gewesen war, den Begleitbrief wegzulassen«, da er sich an einer Formulierung Hammarskjölds stieß. Der deutsche Übersetzer, Anton Graf Knyphausen, geht auf diese Problematik sehr dezent ein, so wenn er auf Seite 7 seines Vorwortes schreibt: »Hammarskjöld [war] berühmt für seine ›durchdachten Unklarheiten‹. [...] Vieles bleibt hier Andeutung, Abkürzung, Chiffre für Zusammenhänge, die der Schreibende dem Leser verschweigt.«

Dabei ist Hammarskjölds Herausforderung in Tagebuchform sehr aufschlussreich zu lesen, wenn man zuvor seine Biografie und deren Orte grundlegend recherchiert, einige seiner Reden und Briefwechsel genau gelesen und seinen Freundeskreis wie auch seine bevorzugte Literatur in die Recherche miteinbezogen hat. Die Leser dieses Buches haben sich diesen etwas zeitaufwendigen Weg erspart. Wobei auch in diesem Buch, dem bislang weitgehendsten zu Hammarskjöld, einiges nur angedeutet und noch so manches beschwiegen wird. Dies hat darin seinen Grund, dass das Tagebuch und die »Zeichen« im Leben von Dag Hammarskjöld eine Aufforderung an wache Zeitgenossen sind, sich selbst auf den Weg zu begeben. Ganz im Sinne des Briefes, den Schiller am 9. Juli 1796 an den befreundeten Chiffrierer Goethe sandte: »Dem Leser würde es freilich bequemer sein, wenn Sie selbst ihm die Momente, worauf es ankommt, blank und bar erzählten... Haben Sie also nur dafür gesorgt, dass er gewiss findet, wenn er mit gutem Willen und hellen Augen sucht, [denn] es muss eine Art von Belohnung bleiben, die nur dem Würdigen zuteil wird, indem sie dem Unwürdigen sich entziehet«.

»Verstreute Blätter.« Ein Motto für einen Mentor

Das Tagebuch beginnt mit einem Motto: »Nur die Hand, die ausstreicht, kann das Rechte schreiben.« Dieses Credo des bedeutungsvollen Verschweigens ruft nach einer Erwiderung, die eine Erweiterung ist: Nur das Auge, welches das Unbeschriebene zwischen den Linien zusammenfügt, kann das Rechte lesen. Der von Hammarskjöld im Original nicht benannte Autor dieses Mottos, der 1958 verstorbene Dichter Bertil Malmberg, gibt schon mit seinem Namen zwei Hinweise. Malmberget ist die Nordpolarkreis-Stadt, wo jene auch von Hammarskjöld besuchte Allerheiligenkirche steht, in der ein Eisenerzblock als Altar dient. Aus der gleichen nordischen Eisenerzgrube entstammt später der Quader im Hammarskjöld'schen UNO-Meditationsraum.

Zudem trägt der Autor des Mottos zufälligerweise den gleichen Vornamen wie jener 1920 im Hochgebirge verstorbene 26-jährige Uppsala-Student und Mystiker Bertil Ekman, über den Hammarskjöld zu Sven Stolpe sagte, dass er mit ihm vertraut gewesen sei und Ekman ihm viel bedeutet habe. Noch 1955 zitierte Hammarskjöld in einem Brief über die chinesische Freigabe der US-Flieger an einen Freund in Schweden einen Gedanken Bertil Ekmans über die Zusammenarbeit von Mensch und Gottheit.[1] In Ekmans einziger, 1923 posthum veröffentlichten 69-Seiten-Schrift *Verstreute Blätter* finden sich im ersten Kapitel der spätere UNO-Meditationsraum und das geometrische Fresko in einer Gedankenform: »Alle Schwierigkeiten des Lebens müssten ... zum Steinblock werden, den die Flut treibt zum schäumenden

Wasserfall, der Verheißung schimmernde Regenbogen über sich – die Willenserscheinung. [...] Paradox ist das geometrische Medium für Gedanken und Gefühl.«

Ob, wo und wie der 15-jährige Oberstufenschüler Dag Hammarskjöld dem 26-jährigen Pädagogik- und Philosophie-Studenten Bertil Ekman in dem relativ kleinen Uppsala begegnete, ist bislang nicht erforscht. Es gibt auf beiden Seiten noch unveröffentlichte Papiere. Aber es ist denkbar, dass eine unmittelbare Begegnung stattfand. Lange Jahre war Ekmans Buch vom Markt verschwunden. Die Mitarbeiter der Königlichen Bibliothek in Stockholm glaubten es irgendwo in ihrem riesigen Magazin gelagert zu haben. Erst der April 1999 förderte, durch eine intensive Antiquariatssuche, das verschollene Werk wieder ans österliche Tageslicht. Das erste Lesen machte schon deutlich: Hier hatte sich der Mentor gefunden, dessen Nachlasswerk Hammarskjöld als strukturelles und geistiges Vorbild für seine gleichsam posthum publizierten *Zeichen am Weg* diente.

Die Entdeckung der inneren Beziehung der beiden Uppsala-Mystiker Dag Hammarskjöld und Bertil Ekman eröffnet die Chance, dass man beider Tagebücher im Zusammenhang lesen kann. (Ekmans Buch ist auf Deutsch bislang noch nicht veröffentlicht.) Das Beschreiten des geistigen Weges hat der spätere Generalsekretär und Friedensnobelpreisträger auch dem literarischen Weckruf des weithin unerkannt gebliebenen Ekman zu verdanken. Für die Beschreibung der gemeinsamen spirituellen Erfahrungswelt wählte Bertil Ekman eine schlichtere und unverschlüsseltere Sprache als der unter öffentlicher Beobachtung stehende Hammarskjöld. In seinen Aufzeichnungen und Gebirgsmeditationen behandelt er auch die hammarskjöldsche Thematik: das Werden des geistigen Menschen und einer planetarischen Menschheit. So im Kapitel »Wesen und Wirklichkeit« (S. 10): »Noch schwebt die Berufung zur Menschheit wie ein Adler ohne Heimat über den blutenden und kämpfenden Nationen. [...] Die Welteinheit kann nur organisch wachsen. [...] Hinter dem Nationalstaat und dem Patriotismus steht das Heidentum, ... aber nicht der Christus-Geist.«

»Das Leben wurde erst für mich Wirklichkeit, als ich es wahrnahm als einen Willens-Weg auf den Tod zu.« Klingt nach Hammarskjöld, ist Ekman (S. 57). Und auf Seite 62 schreibt Ekman über die geistige Menschwerdung, wobei der Name Dag auftaucht: »Die Aufrichtung des Menschen, die doch unser aller Pflicht ist, ist so kostspielig: Wolken und Vögel und Libellen haben Flügel; sie alle haben Flügel, nicht aber ich; warum darf Dag immer ohne Flügel gehen?«

Die Lektüre von »Verstreute Blätter« findet sich in Hammarskjölds *Zeichen am Weg* anonym wieder. Im November 1918 (S. 63) zitiert Ekman einen unbenannten Autoren auf Deutsch, wahrscheinlich Eckhart. Er denkt dort über das Schicksal nach: »Welches den Menschen erhebt, wenn es den Menschen zermalmt.« Bei Hammarskjöld liest sich dies 1953 so: »Gott, welcher den Menschen zermalmt, wenn er den Menschen erhebt.«

Im Dezember 1919 (S. 64) schreibt Ekman: »Das Beste am eigenen Raum ist die Einsamkeit. Sie kann geben: Stille [und] Religion.« Und auf Seite 67 über äußere Räume und innere Träume: »Eines Nachts stand ich und sah hinauf in die Nachträume und ahnte, wie neues Leben hervorsprang aus einem jungen Stern. Ahnte, dass dieses Lebens [...] Vervollkommnung abhängig ist von meines Wesens Reinheit oder Niedrigkeit, meines Willens Gutheit oder Bosheit – oh, wir stehen alle in der Verantwortung füreinander.« Beide Stellen zusammen, indirekt auch Bertil Ekman selbst, finden sich im Jahr 1950 in *Zeichen am Weg*: »- einer von denen, [...] die einen Stern ihren Bruder nennen. Einsam. Aber Einsamkeit kann eine Kommunion sein.« Ein anderes Wort für Einsamkeit ist Stille, und Kommunio(n) ist Religio(n).

Am Scheideweg. Verwandlung oder Anpassung

Beide, Dag Hammarskjöld und Bertil Ekman, kannten jene Einsamkeit die Maurice Maeterlinck in seinem Werk »Die Unterrichteten« schildert. Sie hatten beide auf dem Berg des Bewusstseins und in der talmudischen Tiefe der Nacht »die Weisung« empfangen. Aber die Mehrzahl ihrer Zeitgenossen hat noch kein Organ für dieses geistige Ge-Wissen ausgebildet. So blieb ihnen nur, im Tagesgeschäft zu schweigen, einsam zu sein, und in der Nacht an ihren Tagebüchern zu schreiben. Hammarskjöld war jener von beiden, der diesen einsam-religiösen Weg bis ans Ende gegangen ist und seine individuelle Religio zeitweise in eine öffentliche Menschheits-Ethik umsetzen konnte. So wie Goethe den Bergführer Montan in den *Wanderjahren* zu Wilhelm Meister sagen lässt: »Übe dich zum tüchtigen Violinisten und sei versichert, der Kapellmeister wird dir deinen Platz im Orchester … anweisen. Mache ein Organ aus dir und erwarte, was für eine Stelle dir die Menschheit … zugestehen werde.«

Am 30. März 1956 schreibt Hammarskjöld während einer spirituellen Nachtwache: »Für den Wachenden ist das Ferne gegenwärtig. […] Jesus jeden Augenblick stirbt in irgendeinem, der dem Weg der inneren Zeichen folgte bis zum Ende.« *Zeichen am Weg* beginnt 1925 mit einer spirituellen Bergbesteigung. Direkt aus dem schwedischen Original übersetzt: »Weiter treibt es mich, hinein in ein unbekanntes Land. Der Grund wird härter, die Luft wachrüttelnd kalt. Berührt vom Windhauch meines unbekannten Zieles erzittern die Saiten in Erwartung.«

Der Weg zum Gipfel, wo die Gottheit und die Erinnerung wohnen, endet über der Baumgrenze an einem Bergsee mit dem letzten Eintrag vom 24. August 1961: »Erinnerte … selbigen Berglandes: zweimal war ich auf den Kämmen, ich wohnte an dem innersten See und folgte dem Strom zu den Quellen. Die Jahreszeiten haben gewechselt und Licht und Wetter und Stunde. Aber es ist dasselbe Land. Und ich beginne die Karte zu kennen und die Richtungen des Himmels.«

Der Anfang und das Ende eines Individuations- und Initiationsweges. Sein Autor wurde von vielen (Lesern) nicht verstanden, da die Mehrzahl nicht bereit ist, einen solchen einsamen und gebirgigen Weg nachzuvollziehen. Für die meisten ist das Leben in den Ebenen des Bekanntenkreises und den gewohnten Großstädten bequemer und sicherer, selbst wenn der Preis dafür Oberflächlichkeit und Geistlosigkeit wäre. Der Mediziner und Psychotherapeut Scott Peck schreibt in seinem Buch *Der wunderbare Weg* über die transpersonale Gipfel- bzw. Hochplateau-Erfahrung: »Wer sich dagegen zu den höchsten Ebenen des Bewusstseins und spiritueller Macht entwickelt hat, wird in seinem Bekanntenkreis kaum jemanden finden, der die Tiefe seines Verständnisses mit ihm teilen kann. [...] Dies ist solch eine Bürde, dass es einfach unerträglich wäre, wenn nicht im gleichen Verhältnis wie unser Abstand zu unseren Mitmenschen auch unsere Nähe zu Gott wachsen würde.«

Sie können für das Wort Gott auch Christus, Geist, Natur, Tao, Brahman oder Menschheit (in einem spirituell transzendenten wie immanenten Sinne) einsetzen. Das Entscheidende für Dag Hammarskjölds menschheitliches Bewusstsein war, dass er jenen ethischen Dialog aktiv geführt hat, den die meisten Leute lieber vermeiden. Der Disput zwischen Gut und Böse und der Dialog zwischen Ich und Du, zwischen Mensch und Menschheit, zwischen Menschheit und der Biosphäre des Planeten Erde, der im Geist eines verantwortungsbewussten Menschen stattfinden sollte. Therapeuten wie Peck wissen: »Es erfordert Arbeit, diesen inneren Disput zu führen. Es erfordert Zeit und Energie. Und wenn wir ihn erst nehmen, ... diesen »Gott in uns«, ... dann stellen wir gewöhnlich fest, dass er uns drängt, den schwierigeren Weg einzuschlagen, den Weg der größeren statt der geringeren Anstrengung.«

Diesen Disput zu führen bedeutet, sich dem Gewissenskonflikt zu öffnen. Die Scheidelinie zwischen Menschsein mit der Qual und der Qualität des Bewusstseins und dem so geschäftstüchtigen wie (um)weltzerstörerischen Unmenschentum verläuft zwischen denen, die sich tagtäglich verantworten und ihre Bequemlichkeit opfern, und denen, die stattdessen andere opfern und quälen. Die Fähigkeit, aus Selbst-Erkenntnis heraus zu dienen und zu verzichten, ist wesentlicher Bestandteil des Menschlichen. Dag Hammarskjöld verzichtete zugunsten seines Menschheits-Dienstes bei der UNO auf eine Familie, auf ein ungefährlicheres Beamtenleben und eine literarische Karriere, zuletzt auf sein Weiterleben. Warum? Vielleicht, weil er dieses Leben wirklich ernst nahm und liebte – und damit seine Lebensaufgabe beantwortete, anstatt taub zu werden für seine menschheitliche Mit-Verantwortung. *Zeichen am Weg* spiegelt diesen permanenten Selbst-Erziehungsprozess wider.

Dag Hammarskjöld gehörte zu jenen Erwachenden, die sich für das Weiterschreiten auf dem Wege ihrer spirituellen Biografie entschieden haben. Die Verwandlung des alten Menschen, das Loslassen von Besitzständen und das Überschreiten von Begrenzungen gehören zum geistigen Erwachsensein. Die meisten Menschen aber leben unterhalb ihrer Möglichkeiten, da sie sich an ein betäubendes und letztlich selbstmörderisches Gesellschaftssystem anpassen. In dem Buch *Die Seele des Menschen* (S. 145) schreibt der aus jüdischer Familie stammende Psychoanalytiker Erich Fromm, der der Gruppenbesessenheit namens Nationalsozialismus entkommen konnte, über die allgemeine verantwortungsethische Blindheit. »Die meisten Menschen scheitern, weil sie nicht aufwachen und sehen, wann sie am Scheideweg stehen und sich ent-scheiden müssen.«

Seele zwischen Licht und Finsternis gestellt

Hitler und seine Gefolgsleute wurden von der christlichen Kirchenführung nicht exkommuniziert. Das Kirchenchristentum kapitulierte vor der Dämonologie. Es musste kapitulieren, denn es hatte den Ausbruch einer solchen rassistischen und antisemitischen Massenpsychose schon unbewusst seit Jahrhunderten mit vorbereitet, indem es sich, dem Wahn-Sinn der Welt-Macht folgend, nicht für die spirituelle Nachfolge Jesu entschieden hatte. Dag Hammarskjöld zitierte nach seiner Wahl zum UN-Generalsekretär in seinem Tagebuch mehrfach aus den biblischen Psalmen. Diese beginnen mit der Unterscheidung zweier total verschiedener Wege: des Weges zur Gottheit und Menschheitlichkeit und des Abweges zu Machtwahn und Antihumanität. Der erste Weg führt zum menschlichen Ich (Licht), der zweite in den Abgrund seelischer Finsternis und kognitiver Bewusstlosigkeit. Dag Hammarskjöld beschreibt in seinem nächtlichen Tagebuch diese beiden Wege und den Kampf der Kräfte – in sich selbst wie auch in der Welt. Am 24. Februar 1957, dem Buß- und Bettag der Schwedischen Kirche, notiert er: »Leben in Gott [im geistigen Bereich] ist nicht Flucht aus dem Leben, sondern der Weg zur vollen Einsicht: ... das Erleben der religiösen Wirklichkeit, welches die Nachtseite ans Licht bringt.«

Immer wieder tauchen in *Zeichen am Weg* bestimmte Schlüsselworte auf: der Weg, im Glauben, die Nacht, die Sonne, das Licht und der Wind. Im Herbst 1955: »– im Kontakt mit der Wirklichkeit. [...] Einheit in einer Selbstaufgabe ohne Selbstauslöschung. [...] Wie nahe in Sonne und Wind, wie fern –. Wie anders, als was die Weisen Mystik nennen.«

Im April bzw. Mai 1956 finden sich im Tagebuch einige Worte des Johannes-Evangeliums zitiert.[2] Es sind Hinweise auf den Prolog und auf Nikodemus' nächtliches Gespräch mit Jesus über das Mysterium des Geistes: »Der Wind weht, wo er will, und du hörst sein Brausen; aber du weißt nicht, woher er kommt, noch, wohin er geht. So verhält es sich mit jedem, der aus dem Geist geboren ist. [...] Darin aber besteht das Gericht, dass das Licht in die Welt gekommen ist und die Menschen die Finsternis mehr liebten als das Licht.«

Hammarskjöld fügt den Kurzzitaten noch Worte über sein eigenes Lichterlebnis an: »Im Licht, durchleuchtet, verwandelt zu Licht. Wie die Linse, die im Licht verschwindet, indem sie es sammelt zu neuer Kraft. Wie Wind. Wie Licht. Nur dieses – auf diesen Weiten, diesen Höhen.« Und etwa drei Monate später, im August 1956, in französischen Worten verborgen, die Erkenntnis: »Des Menschen Tragik, dem dieses Licht leuchtet, das der verborgene Gott ist.«

Martin Buber beschreibt solche Licht- und Einheitserlebnisse mit einer gleichsam immanenten wie transzendenten Welt in seinem Frühwerk *Ekstatische Konfessionen* (Jena 1909). Er schildert darin mystische Erfahrungen aus allen Kulturkreisen und Zeitepochen. Diesem Impuls nachforschend, widmete sich der Autor Karl Schmidt im Vorwort zu seiner Biografien-Sammlung von

Mystikern und Lichtträgern (*In dir ist das Licht*, München 1959) auch dem psycho-physikalischen Phänomen des Auftauchens von Lichtquanten aus den sub-atomaren Tiefen des menschlichen Körperbewusstseins. Dag Hammarskjöld scheint also nicht der einzige Mensch gewesen zu sein, der solche Erfahrungen gemacht hat. Nach Abraham Maslows *Psychologie des Seins* (München 1973), resultierend aus einer Universitätsstudie, gehören solche Erfahrungen für geistig aufgeschlossene Menschen zu ihrem erweiterten Gesundsein dazu. Es sollte aber nicht verschwiegen werden, dass dieser Weg auch seine Gefahren und Verirrungen kennt. »Eigentümlich«, schrieb der Publizist Allan Fagerström 1963 in seiner Buchrezension von *Vägmärken* für die schwedische Zeitung »Aftonbladet«, »dass man einen toten Generalsekretär braucht, um Zeugnis zu geben für die Erlebnisse des Geistes«.

Möglicherweise besteht zwischen einer außergewöhnlichen Persönlichkeit und einem spirituellen Erfahrungshintergrund ein enger und oft verschwiegener Zusammenhang. Als der französische Mathematiker und Philosoph Blaise Pascal, Erfinder der Wahrscheinlichkeitsrechnung und der Rechenmaschine, 1662 verstarb, fand man im Futter seiner Weste ein Zeichen seines Weges eingenäht. Wissenschaftlich exakt, mit Datum und Uhrzeit, hat er darin seinen Durchbruch zum Licht notiert: »Feuer ... Gewissheit ... Tränen der Freude.«

Solarphysik: Sonnenlicht und Sonnenfinsternis

Hat dieses Lichterlebnis bei Dag Hammarskjöld auch eine astrophysikalische Komponente, oder ist es rein spirituell zu verstehen? Abgesehen von dem anmerkenswerten Zufall, dass in seinem Geburts- und seinem Todesjahr je eine totale Sonnenfinsternis in Teilen Europas sichtbar war, (am 30. August 1905 und am 15. Februar 1961) konnte er als Gebirgswanderer in den Sommerferien am 29. Juni 1927 und am 9. Juli 1945 je eine totale Sonnenfinsternis speziell in Skandinavien beobachten. Bedauerlicherweise ist dies die Zeit, über die sich sein offizielles Tagebuch weitgehend ausschweigt.

In diesen Zeitraum fallen auch verstärkte Nordlicht-Erscheinungen, 1934 und 1945, infolge des 11-jährigen Zyklus der Sonnenflecken-Aktivitäten. Das Nordlicht-Phänomen wird durch den auf die Erdatmosphäre aufprallenden Sonnenwind hervorgerufen: ein Strom von elektrisch geladenen Teilchen, die innerhalb von dreieinhalb Tagen von der Sonne zur Erde wehen. Alle 11 Jahre kann dieser Wind zu einem Sonnensturm werden, infolge der von den Magnetfeldwirbeln der Sonnenflecken ausgelösten Explosionen auf der Sonnenoberfläche (Eruptionen). Je höher der Mensch im Gebirge wandert, desto mehr bekommt auch der menschliche Körper und dessen elektromagnetisches Feld diesen kosmischen Energiestrom zu spüren, dessen sichtbarer Teil das Nordlicht ist.[3]

Wie schon im Kapitel »Initiation« geschrieben, hat das Licht der Sonne für viele Kulturen und Religionen nicht nur eine symbolische Bedeutung, sondern stellt auch eine reale quasi-magische Kraft-Einwirkung dar. Man muss dabei nicht nur an den alten Sonnenkult der Samen oder die ägyptische Aton-Verehrung[4] der Echnatonzeit denken. Man findet den Glauben an die Magie der Sonne z.B. ebenso im tibetischen Buddhismus, wo der Dämon Rahu gelegentlich die Sonne verschlingt.

Zeichen am Weg deutet zwar eine lichtvolle spirituelle Erfahrung an, schweigt sich aber aus über die ein spirituelles Leben oftmals begleitenden Meditations- und Körperübungen (Exerzitien). Ich hatte das Vergnügen, bei meiner letzten Recherchereise ins schwedische Nordland einem älteren Herrn bei einigen Körper- und Atemübungen zu begegnen. Der Herr entpuppte sich als Ethnologe und das, was zunächst wie Yoga aussah, als Runenübungen. Die Runenzeichen scheinen demnach nicht nur Buchstaben zu sein, sondern auch yogaähnliche Körperstellungen zur Kanalisierung von natürlichen Urkräften in Erde, Wasser, Luft und Sonnenlicht. (Der Ethnologe machte durchaus einen geistig gesunden und wissenschaftlichen Eindruck.)

Als wir auf das Thema meiner Recherchereise zu sprechen kamen, überraschte er mich mit dem Hinweis, dass Hammarskjöld durch einen Freund, dessen Namen er mir nicht nennen konnte oder wollte (sodass von Andreas Labba bis Prof. Ernst Manker ein Spektrum bleibt), über diese Runenübungen und eine bestimmte Art der »Solarplexus-Sonnenlichtatmung« unterrichtet gewesen wäre. Sollte dies wahr sein, so würfe es natürlich noch eine zusätzliche Perspektive auf die Quelle von Hammarskjölds außergewöhnlicher Arbeits- und Geisteskraft.

»Die Nachfolge Christi« von Thomas Hamerken, Thomas von Kempen

»...dass alle dich sehen – auch in mir, dass ich den Weg bereite für dich, dass ich danke für alles, was mir widerfuhr.« *Zeichen am Weg*, 1954.

Als Dag Hammarskjöld am 17. September 1961 von Leopoldsville nach Ndola abflog, ließ er in seinem Hotelzimmer ein Buch zurück, das ihn auf allen seinen Reisen begleitet hatte. Es war ein Werk mit geistigen Anweisungen des Augustinermönchs Thomas Hamerken, welcher später nach seinem Geburtsort am Niederrhein Thomas von Kempen genannt wurde. Übersetzt man den aramäischen Vornamen Thomas und den flämischen Nachnamen Hamerken, so begegnete Dag Hammarskjöld in Thomas Hamerken seinem Zwillings-Hämmerchen. In dessen Buch mit dem Titel *De imitatione Christi* (»Die Nachfolge Christi«) fand man den Amtseid von Dag Hammarskjöld als UN-Generalsekretär eingetragen: keiner einzelnen Regierung zu gehorchen, sondern nur dem Geiste der UNO-Charta verantwortlich zu sein.

Eine sehr alte Menschheits-Ethik trifft hier auf die kosmopolitischen Erfordernisse der Moderne. Der gestaltlose Urgrund dieser Ethik spiegelt sich in seinen Tagebuchnotizen von 1954: »Das Unerhörte – in Gottes Hand zu sein. [...] In dem Unerhörten bist du außerhalb [der Konfessionen; Anm. SMS] und über [den Nationalismen] – dies festzuhalten, sei das erste Gebot deiner geistigen Disziplin.« Und wenige Wochen später, Anfang 1955, zitiert er den islamischen Mystiker Rumi: »Die Liebhaber Gottes haben keine Religion [kein Glaubensdogma und keine Nationalität] außer Gott.«

Dieses Bewusstsein ist ein anderes Wort für Weltfrieden. Aber wer über seine geistige Erfahrung sprechen will, der muss seinem Kulturkreis durch Konkretisierung (Namensgebung) entgegenkommen. Der gestaltlose Urgrund gewinnt Gestalt und das ewige Wort wird Wirklichkeit – für Hammarskjöld in der Nachfolge Christi. In anderen Zeiten und Kulturkreisen wäre es vielleicht die Nachfolge Baldurs oder Krishnas gewesen. Dag verwendet den Namen Christus nicht in seinem Tagebuch.[5] Er spricht von Jesus als Bruder, genau wie auch Bertil Ekman in seinen »Verstreuten Blättern« Jesus als Bruder und Meister anredet. Beide überbrücken so die moderne Entfremdung zu dem vergotteten Himmelsherrn Jesus Christus. Ihr Jesus überwindet die Distanzierung und gewinnt jene Nähe, der wir nachfolgen können: weil die Göttlichkeit des Menschen in dem Menschensohn Jesus Menschen-möglich wurde.

Sarekberge. Ein Ereignis, irgendwann und irgendwo. Auf der Suche nach einem Du, fähig zu antworten auf ein Ich. / Die anderen sind schon gegangen, unten im Tal Lagerfeuer leuchten. / Ich aber stehe hier auf diesem Hügel, wo der Wind weht mit kühler Wärme. / Und Ich rufe dich – mit einem mächtigeren Namen als alle Herrschertitel: Nicht jeder, der sagt »Herr, Herr«, wird in das Himmelreich eingehen; mit einer größeren Verantwortung als alle Ritualgebete: Wasche dein Gesicht, damit die Leute nicht merken, du fastest; mit einer liebevolleren Nähe als alle Gottesbildner: Er lehrte sie wie einer, der Macht hat und nicht wie ihre Schriftgelehrten; denn ich nenne dich – Bruder.

Hammarskjöld begegnet in *De imitatione Christi* auch dem Buber'schen Dialog. Thomas Hamerken schreibt im 3. Kapitel »Lass die Wahrheit selbst deine Lehrmeisterin sein!«: »Zu wem das ewige Wort [Du] spricht, der wird vielerlei Meinungen los.« Buber verleiht dem in seinem Werk »Ich und Du« die Worte: »Wer Du spricht, hat kein Etwas, hat nichts. Aber er steht in der Beziehung.« Erich Fromm würde sagen, dass man Gott nicht haben und unter einem Namen dogmatisieren kann, sondern dass man ihn nur sein und leben kann. Recht-Haben oder Bewusst-Sein. Wir sind alle Übende.

»... alle Theorien werden ja so arm angesichts der Wirklichkeit.« Und ein Jahr später, 1919, es ist das Jahr vor seinem Sterben in den Bergen, schreibt Bertil Ekman (S. 62): »... Du und ich werden gemeinsam uns schlagen und den Willen sonnenverbrannt machen, stark und rein.«

Die Nachfolge Christi heißt nicht zuerst Golgatha anzusteuern. Zuerst muss man das Leben geistig gewinnen, bevor man es opfern kann. Das Leben geistig zu gewinnen heißt, wie Jesus die Jordantaufe zu wollen und zu suchen. Das Jordan-Ereignis geht dem Golgatha-Ereignis voraus. Sein Weg und sein Wille zur Ein-Weihung und Ein-Wohnung des Göttlichen in ihm, vielleicht zeitweise in der Essäer-Gemeinschaft von Qumran geschult und diese Gemeinschaft hinter sich lassend, als seine Bestimmung ihn rief, führte ihn zu einem bestimmten Zeitpunkt an eine bestimmte Stelle am Jordan. Christ-Sein heißt auf Griechisch Gesalbt-Sein. Am Jordan riss die Wolkendecke auf und Jesus wurde der mit spirituellem Sonnenlicht (Geist) Gesalbte. Erst nach dieser zweiten Geburt aus dem Geiste begann die Mission des Christus im Leben Jesu.

Möglicherweise ist dies eine Sicht der biblischen Ereignisse, die nicht ganz der offiziellen Kirchenlehre entspricht. Aber sie entspricht Dag Hammarskjölds Erfahrung, seiner Beziehung zum Göttlichen, die er mit tausenden von Mystikern und Erleuchteten teilt. Jesus war nicht allein in dieser Erfahrung. Auch bei Stephanus riss der Himmel auf und er sah das göttliche Licht des Geistes, bevor er gesteinigt wurde. Diese Erfahrung ist multikulturell und interreligiös und lässt sich in den Begriffen der Transpersonalen Psychologie umschreiben. Kurz: sie ist Teil einer transzendenten Wirklichkeit, die viele Leute, die sich vor der Verantwortung dieser Wirklichkeit scheuen, nur nicht sehen wollen.

Aber diese andere Wirklichkeit wurde auch oft von Kirchenführern und irreligiösen Fanatikern missbraucht. Auf dem Hintergrund dieser Missbrauchsgeschichte und der offiziellen

Vergötzung Jesus (eine Art Denk- und Handlungstabu, um die sozialrevolutionäre Nachfolge zu erschweren) ist die posthume Kritik an Hammarskjöld zu verstehen. So schrieb der Schriftsteller Lagerkrantz 1963 in der größten schwedischen Tageszeitung »Dagens Nyheter« über die Blasphemie Hammarskjölds, welcher es als moderner und aufgeklärter Mensch wagt, Jesus nachfolgen zu wollen. Die Steinigung geschieht im 20. Jahrhundert durch Lächerlichmachung, Psychopathologisierung und Rufmord. Durchaus wirksame Waffen.

Zehn Jahre nach Hammarskjölds Ermordung erschien in der gleichen Zeitung 1971 eine Annonce des Stockholmer Instituts für Religionssoziologie. Die Soziologen Hillerdal und Gustafsson ermutigten die Leser, ihnen, unter Wahrung der Anonymität, von ihren spirituellen Erfahrungen zu berichten.[6] Die Resonanz war überraschend groß, unter den Interessenten fanden sich Arbeiter, Angestellte und Akademiker. Es fehlte jedoch zumeist das Vokabular, solche Erfahrungen in Worte zu fassen. Gemeinsam war allen die Scheu vor der Mitteilung. Wahrscheinlich macht es die Faszination eines solchen Buches wie *Zeichen am Weg* aus, dass dort ein auch äußerlich erfolgreicher Staatsmann, noch dazu unter mysteriösen Umständen verstorben, Worte für das Namenlose fand. Wäre Hammarskjöld ein kleiner Provinzbeamter oder ein jung verstorbener Student wie Bertil Ekman gewesen: wer hätte sich je in diesem Ausmaß für seine *Zeichen am Weg* interessiert?

Menschheitsglaube. War Hammarskjöld Christ?

Im, wie ich hoffe, gezeigt zu haben, tiefsten und freisten Sinne des Wortes: Ja.

Im engen und konfessionell-kirchlichen Sinne: Nein. Dag Hammarskjöld wählte für die Beschreibung seines religiösen Weges oftmals, aber nicht exklusiv, Bilder und Zeichen, wie wir sie auch in der christlich-mystischen Tradition finden. Aber sein Glaube war ein Glaube an eine zugleich vereinigte wie individualisierte Menschheit. Und seine Religiosität könnte man, in ihren höchsten Augenblicken, als Menschheitsreligion bezeichnen. Der Allgemeinheit der Leute ist diese Art von Menschheit, die Hammarskjöld meinte und für die er in Afrika starb, noch kein lebendiger Begriff.

Menschheit als summum bonnum? Vielleicht werden eines Tages mehr als erst eine handvoll Gnostiker, Philosophen, Mystiker und Quantenphysiker wissen, dass diese Menschheit ein anderer Name, ein anderes Wort für der Gottheit (Gutheit) Synergieeffekt ist. Denn die Menschheit ist mehr als nur die Summe ihrer Teile. Sie ist, wenn sie jemals geistig zusammen kommt, nicht nur der Leib, sondern letztendlich die Gottheit selbst. Dann, wenn alle Katholizismen, Bahai'ismen und Narzissmen überwunden und durchlichtet sein werden. Vielleicht sprechen zwei von Hammarskjölds bevorzugten Autoren, Pierre Teilhard de Chardin und Henri Bergson, von Jahrhunderten oder sogar Jahrtausenden angesichts des Selbst-Erkenntnis-Widerstandes der sich momentan kulturell globalisierenden und banalisierenden Allgemeinheit, wenn sie die Zukunft der echten Menschheit so andeuten.

Der Philosoph, Diplomat und Literaturnobelpreisträger Henri Bergson schreibt in seinem Buch »Die beiden Quellen der Moral und der Religion«, dass die Mystiker eine allumfassende Gemeinschaft vorbereiten: die – vergeistigte – Menschheit. »Von diesem Standpunkt … von dem aus alle Menschen als göttlich erscheinen, ist es ziemlich belanglos, ob Christus sich einen Menschen nennt oder nicht. Es ist sogar belanglos, dass er sich Christus nennt.«[7] Oder wie Buber bemerkt: »Ich und Du versinken, die Menschheit, die eben noch der Gottheit gegenüberstand, geht in ihr auf. […] Alleinheit ist erschienen.«

Dag Hammarskjöld besuchte in New York und anderswo Synagogen, Tempel, Moscheen und Kirchen der verschiedensten Konfessionen. Nicht als Tourist, sondern zum schweigenden Gebet. Und dies möglichst unerkannt im Hintergrund. Wo immer der Versuch gemacht wurde, ihn konfessionell zu vereinnahmen, wurde er nie wieder gesehen. Hammarskjöld war kein Freund der Missionierung und des Sektierertums. Auch nicht dort, wo die Sekten sich selbst Weltreligionen nannten.

Auf seinem Nachttisch fand man nach seinem Tod ein Buch über Tao und Zen, *The Way and Its Power* von Arthur Waley, und ein Werk über japanische Gedichtformen, *An Introduction to Haiku*. An der Schlafzimmerwand hingen zwei Bilder: links des Bettes ein Buddha-Mandala und rechts ein tanzender Derwisch mit einer Sonnenkugel in der linken Bildecke, die Mitte blieb frei. Von dem indischen UNO-Diplomaten Rajeshwar Dayal entlieh sich Hammarskjöld 1958 im Libanon für einige Nachtstunden ein Werk über Hindu-Mystik und Yoga, *A Vision of the Soul*. Als Dayal, welcher später in seinem Buch *Auf Mission für Hammarskjöld*[8] dem Generalsekretär seine Hochachtung bezeugte, am nächsten Morgen nachfragte, erwies sich der UNO-Chef als Kenner der Materie. Auch sein Nachfolger im Amt, der Buddhist Sithu U Thant, zuvor UNO-Vertreter Burmas, äußerte sich positiv überrascht über Hammarskjölds tiefe Kenntnisse in der buddhistischen Lehre. Dies war kein Staatsgeheimnis. Am 21. Februar 1959 berichtete das Hamburger Abendblatt unter der Überschrift »Ein Feldbett und saure Heringe für Hammarskjöld« über einen Besuch des Generalsekretärs im Kibbuz des israelischen Regierungschefs Ben Gurion: »Bei den Gesprächen ging es … nicht zuletzt um das gemeinsame Lieblingsthema der beiden, über das sie seit Jahren korrespondieren: über den Buddhismus.«

Ich denke, dies genügt, um daran zu erinnern, dass Dag Hammarskjöld in mehreren religiösen Traditionen geistig beheimatet war und sich in *Zeichen am Weg* aus bestimmten, vielleicht auch kulturpsychologischen Gründen auf die Nachfolge Jesu konzentrierte. Für mehr schien ihm die Zeit damals noch nicht reif. Das in Briefen gegenüber Freunden angedeutete, umfassendere Werk blieb durch seinen frühen Tod ein Zukunftsimpuls. (Würde dieses Buch hier für einen asiatischen Leserkreis geschrieben, so hätte ich mehr den Weg des Tao sowie das Vedantische und Buddhistische in Hammarskjölds Biografie betont.)

Das Schweigen, die Nacht und der Christus-Impuls

Das Wort Schweigen gehört zu den Schlüsselbegriffen in *Zeichen am Weg*. In Dag Hammarskjölds umfangreicher Bibliothek befindet auch das Werk *La Citadelle* von Antoine de Saint-Exupéry, posthum 1948 in Paris veröffentlicht. Es beschreibt den Weg eines einsamen Königs auf den Gipfel eines Berges, auf dem Gott sich in einem schwarzen Granitblock (sehr ähnlich dem Eisenerzquader im UNO-Meditationsraum) verbirgt. Auf der Suche nach einem gleichwertigen Gesprächspartner fordert der König ein deutliches Zeichen von der Gottheit, ob sein Gebet erhört wurde. Die nachfolgende Stelle über die Antwort Gottes ist im Buch mit Bleistift markiert. Kein Donnerschlag, und auch der Rabe auf dem Baum bewegt sich nicht. Der König beginnt zu verstehen: »Du wirst kein Zeichen empfangen, denn das Merkmal der Gottheit, von der du ein Zeichen verlangst, ist eben das Schweigen. [...] Und zum ersten Male ahnte ich: dieses Gebetes Größe beruht darauf, dass ihm nicht geantwortet wird und dass dieses Gebet nichts mit einem gemeinen Tauschhandel zu tun hat. Und ich ahnte, dass des Gebetes Lehre im Erlernen des Schweigens besteht, und dass dort erst die Liebe beginnt, wo kein Geschenk mehr zu erwarten ist.«

Der königliche Mensch hat seine Lektion gelernt. Wie in den schweigenden Versammlungen der Freunde des inneren Lichtes (Quäker) verstummen seine Ritualgebete, seine Fürbitten und Tauschangebote, und es entsteht ein Raum des bedingungslosen Schweigens, wo – jenseits der Gebetsformeln und Suggestionen – die innere Stimme hörbar werden kann. Der UNO-Meditationsraum war ein solcher Ort des kommunikativen Schweigens für Dag Hammarskjöld. Und auch er musste lernen, die bedeutsame Sprachlosigkeit Gottes, »Die dunkle Nacht der Seele« des Juan Yepez (Johannes vom Kreuz) zu ertragen.

»Bald naht die Nacht...« ist ein weiterer Schlüsselsatz in *Zeichen am Weg*. Leute, deren Geschäft besser der Lokaljournalismus geblieben wäre, vermuteten darunter eventuelle Selbstmordtendenzen. In Wirklichkeit spiegelt diese spirituelle Nachtwache, genau wie das nächtliche Studium in den jüdischen Talmud-Schulen, das Ringen um Erleuchtung wider. Und es ist oftmals die finsterste und einsamste Nacht der Seele, in welcher plötzlich der Durchbruch zum Licht und die Vereinigung erfolgt. So wie es bei Ekman auf S. 20 zu lesen ist: »Nun sind die Schrecken der Finsternis überwunden, nun kann ich lächeln, denn ich habe den Tod durchschaut. [...] Den Tod ignorieren führt zur Auflösung der [spirituellen] Persönlichkeit. Angesichts des Todes wird der Gehalt der Persönlichkeit geprüft...« Inneres Schöpferischsein ist, die Dinge der äußeren Welt bewusst loslassen zu können. Dann kann passieren, was Thomas Hamerken in *Die Nachfolge Christi* beschreibt: »Heute ist das Licht aufgegangen in der Welt: heute ist die Nacht in Tag verwandelt worden.«

Aber der Begriff ist zugleich auch eine Anspielung auf die Nacht des Bewusstseins: auf die Verfinsterung der Herzen und den Hass der mächtigen wie der kleinbürgerlichen Leute auf das Geistige und die menschlichen Träger des Geistes. Dieser Hassneid auf den Geist des Ich-Trägers, der mit dem göttlichen Du in unmittelbarer Beziehung steht, durchzieht nicht nur die Bibel als Bestandteil der Leidensgeschichte der Propheten. Auch das Tagebuch Dag Hammarskjölds spiegelt dieses Aushaltenmüssen des Andersseins, des Berufenseins, wider. Das Schwirren der Pfeile im Eintrag vom 8. Juni 1961 (»...nackt an die Zielscheibe genagelt von den ersten Pfeilen«) verwirrte manche Leser dieses multikulturellen Tagebuches: Der Märtyrer und »Kriegsdienstverweigerer« Sebastian wurde so von den Bogenschützen des Kaisers Diokletian hingerichtet. Die hinduistische Bhagavad-Gita berichtet, wie der erleuchtete Gottmensch Krishna, meditierend unter einem Baum sitzend, seinen Körper von den Schützen des finsteren Fürsten Kamsa treffen lässt. Und auch Baldur, der alte Lichtgott der Germanen, stirbt infolge einer Intrige Lokis durch einen (giftigen) Pfeil. Dies sind nur einige, teilweise mythologische Beispiele für die Furcht vor und den (giftigen) Hassneid auf die Lichtimpulsträger des Menschheitsgeistes.

Als Dag Hammarskjöld Mitte der 20er-Jahre, Bertil Ekmans Tagebuch lesend, im Fjäll wanderte, entstanden einige frühe Aufzeichnungen mit dem Titel *Riktmärken* (Richtzeichen), welche nicht in seinem posthum publizierten Tagebuch enthalten sind.[9] Darin notierte der etwa 21-Jährige: »Verachte die Menschen und liebe sie. Sie sind Teufel. Aber in ihnen kannst du auch Gott begegnen.« *Zeichen am Weg* flüstert von diesen Begegnungen mit dem Dämonischen und mit dem Göttlichen, mit dem Unter- und dem Übermenschlichen. Darin gleicht es den nordischen Runen, welche einst als Grenz- und Opfersteine, als Markierungen und Wegezeichen, von den Mächten eines Ortes und Kräften eines Wortes raunten.[10]

7. Die Verkörperung des Homo Humanus

In diesem inneren Sturm und äußeren Streite
Vernimmt der Geist ein schwer verstanden Wort:
Von der Gewalt, die alle Wesen bindet,
Befreit der Mensch sich, der sich überwindet.

Goethe: *Die Geheimnisse*, 1786

ICH – Individualität, Christentum und Humanität

»Hammarskjöld ist ein Mensch der Moderne. Ihm ist schmerzlich bewusst, dass mit dem Verschwinden Gottes das Ich zum einzigen Gott avanciert. Mehr als die Hälfte seiner kurzen Tagebucheinträge reflektieren das Ich. [...] Der Glaube, um den er rang, war nicht eine nostalgische Kinderreligion. Es war eine erwachsene diesseitige Mystik«, schreibt die Theologin Dorothee Sölle in ihrem Buch *Mystik und Widerstand* (S. 282). Dag Hammarskjölds Kampf war auch das Ringen um ein menschliches Ich. Auf den ersten, kirchenhis-torischen Blick könnte dies das ICH der griechischen Initialien von Jesus Christus sein sowie die ersten drei Anfangsbuchstaben des frühchristlichen Ursymbols des Fisches, griechisch: Ichthys, bevor das Kruzifix das Zeichen des Fisches verdrängte. Aber dies ist nur ein möglicher Aspekt dieses geheimnisvollen Wortes und Ortes namens Ich. Hierüber zu philosophieren oder zu psychologisieren würde den Rahmen dieses Buches sprengen. Erwähnung finden sollen aber die Früchte eines gereiften, verantwortlichen Ich-Bewusstseins in den drei Bereichen Recht bzw. Staat, Wirtschaft und Kultur bzw. Geistesleben.

Martin Buber schreibt in seinem Essay *Ich und Du* (S. 48) über diese Dreigliederung: »Ob der Staat die Wirtschaft regelt oder die Wirtschaft den Staat, ... ist, solange beide unverwandelt sind, nicht wichtig. [...] Ob der Geist, der Dusagende, der antwortende Geist am Leben und an der Wirklichkeit bleibt ... ist entscheidend.« Buber spricht angesichts der sich globalisierenden Existenzkrise von der Notwendigkeit des Hineinwirkens eines radikal verwandelten Bewusstseins in die drei Lebensbereiche.

Im Sinne einer Menschheitsethik, welche letztlich auch immer Menschheitspolitik ist, müsste im Bereich von Kultur und Religion Geistesfreiheit und Individualität herrschen. Dies würde die Auflösung des kulturell-nationalen Chauvinismus und der Staats- bzw. Einheitsreligionen in kleine und freie Gemeinden bedeuten. (Damit wären pseudoreligiöse Kulturkriege und Weltmissionierung zu ihrem Ende gekommen. So wie sich dies schon bei der 1947 im schwedischen Lund gegründeten Lutherian World Federation, einer Föderation fast aller lutherisch-protestantischer Kirchen, sehr leise und zerbrechlich andeutete.) Die Menschen könnten in ein kulturelles Weltparlament geeignete Einzelpersönlichkeiten, Schriftsteller und Künstler als Repräsentanten wählen. (Dies ist nicht zu verwechseln mit der Idee des Theologen Hans Küng, ein Parlament der Weltreligionen zu gründen, welches eine Versammlung von konfessionellen Funktionären wäre.) Das Weltkulturparlament wäre ein Selbstverwaltungsorgan und könnte sich neben der Supervision der künstlerischen Freiheit (siehe den Fall Salman Rushdie) der Weiterentwicklung eines pluralistischen Weltkulturerbes widmen. Dies ist in etwa die Idee, wie sie von Yehudi Menuhin und anderen Künstlern seit einigen Jahren vertreten wird.

Im Bereich der neoliberalen Weltwirtschaft, des globalen Kapitalegoismus, müsste eine neue Sozialität, ein neutraleres Wort für die dem ursprünglichen Christentum innewohnende radikale Brüderlichkeit, heute besser Geschwisterlichkeit genannt, einziehen. Stattdessen zieht sich die global agierende Wirtschaft aus der steuerlichen Finanzierung des nationalen Staatswesen zurück, was früher oder später zu dessen finanziellem Zusammenbruch führen wird. Da sich die systemimmanente Gier der Kapitalmanager nicht freiwillig in Agape verwandeln wird, wird sich als Gegengewicht der bislang national fixierte Fiskal-, Rechts- und Sozialstaat ebenfalls teilweise globalisieren müssen. (Alternative: Eine weltweite Wirtschaftsdiktatur der Multinationalen Konzerne nach dem Modell des 1998 aufgedeckten und infolgedessen noch nicht unterzeichneten MAI-Vertrages.)

Die Zähmung des Raubtierkapitalismus bedingt die Universalität der sozialen Menschenrechte als Ausdruck einer Humanität, deren juristische Sphäre die weltweite Einklagung von Menschenrechten und sozialer Gerechtigkeit möglich macht. Hierzu gehört auch die Mitfinanzierung des globalen Gemeinwesens durch die Weltkonzerne und die Börsenspekulanten. Dies führt letztendlich zu einer progressiven weltweiten Besteuerung von Kapitalströmen und Firmengewinnen. Erst vor einem weltweiten, säkular-humanistischen Gesetz werden alle Menschen, auch jene in der »Dritten Welt«, gleiche Schutzrechte genießen können. Dies entspricht Dag Hammarskjölds Gedanken zu einem weltweiten Sozialrecht für die kleineren und finanzschwächeren Akteure im großen Weltgeschehen. (Ein weiterer Grund dafür, warum die multinational vernetzten Katanga-Industriellen Hammarskjöld als Gefahr für ihre Pläne ansahen.) Neben Hammarskjölds eigenen Reden sei die Broschüre von Erich Kussbach im Berliner Verlag de Gruyter empfohlen: *Der Kampf um die Herrschaft des Rechts in den internationalen Beziehungen. Dag Hammarskjölds Vermächtnis.*

Sollte es uns allen nicht gelingen, das religiöse und kulturelle Erleben zu individualisieren, eine Absage an das Prinzip der Schafherde und der Kirchenmacht (einerlei welchen Glaubens), sowie das Rechtsleben zu globalisieren, nicht nur im Sinne einer universalen Papier-Erklärung der Menschenrechte, sondern im Sinne der universal-juristischen Durchsetzung der (sozialen) Menschenrechte, dann wird es uns voraussichtlich auch nicht gelingen, den Wirtschaftsbereich zu sozialisieren und zu ökologisieren. Denn ein sozialer und ökologischer Mensch, der im religiösen Bereich unfrei und unverbunden mit dem überkonfessionellen und übernationalen Urgrund des Bewusstseins, dagegen im staatlich-rechtlichen Bereich global gesehen recht- und machtlos ist, ist schlichtweg eine Gedankenkarikatur seiner selbst. Der Homo Humanus in Goethes Werk *Die Geheimnisse* verkörpert dieses ICH-Bewusstsein von Individualität, Sozialität und Universalität literarisch genauso wie einige Gestalten im *Wilhelm Meister*.

»Die Geheimnisse«. Ein Zukunftsfragment

Die Menschen, die zu diesem Buch gegriffen haben, wissen, dass nicht nur die Nachfolge Jesu, sondern auch das Weltenbürgertum Dag Hammarskjölds eine wirkliche und existenzielle Herausforderung darstellt. Natürlich schaffen es manche, die Biografien Jesu (das Neue Testament), Hammarskjölds, Gandhis und Martin Luther Kings, um nur einige wenige Beispiele zu nennen, als Unterhaltungsliteratur zu lesen. Eigentlich ein erschreckender Geisteszustand, der einen Mangel an spiritueller Ehrfurcht und Ganzheitlichkeit offenbart. Zur Menschheitlichkeit gehört die Freude (Gnade) wie auch die Leidensbereitschaft (Einsamkeit) der Nachfolge.

Unsere abendländische Mentalität kennzeichnet, dass im Goethe-Jahr 1999 zwar der faustische Mensch und sein Mephisto-Schatten allgemeines Feuilleton-Thema sind, Goethes Gegenentwürfe Wilhelm Meister und Humanus aber weitgehend unbeachtet bleiben. Dies geschieht aus dem gleichen Grund, aus dem sich Polit-Thriller, Horror-Nachrichten und Sex- and Crime- Videos auflagensteigernder verkaufen als Bücher wie z.B. Erich Fromms *Wege aus einer kranken Gesellschaft*, die zur Arbeit am eigenen und am kollektiven Schatten auffordern. Verzeihung, wenn ich andeute, dass dies vielleicht Teil einer weit verbreiteten Psychopathologie sein könnte. Auch Gedanken-, Mitgefühls- und Willenlosigkeit können töten. Übeltäter wie Hitler hatten und Massenvergewaltiger wie Milosevic haben viele Gehilfen, Mitläufer und Zuschauer. Hammarskjöld war sich dieser Faszination, die das Böse auf viele ausübt, sehr bewusst: auch, dass das Üble, um wirksam werden zu können, der seelischen Kleinkariertheit der Leute bedarf. Kleinbürgertum statt Weltbürgertum, manchmal sogar unter der Maske des Letztgenannten.

In einem Brief an Bo Beskow vom 4. Juni 1957 beschreibt Hammarskjöld die Zeitsituation des Kalten Krieges und den Kampf der Gruppenegoismen: »Wir leben in einer geistig ziemlich ungesunden Welt, die gewiss durch rücksichtslose oder sogar schamlose Propaganda und Rufmordkampagnen [...] nicht besser wird. Wenn die Leute nur ... fähig wären, sich selbst zu immunisieren gegen diese Propaganda ... von kaltblütigen Personen, die aus welchen Gründen auch immer die Übeltäter loben.«[1]

Der Pfad des Homo Humanus ist ein Weg der Selbstimmunisierung. Goethe schildert in *Die Geheimnisse*[2] eine Gemeinschaft von zwölf Menschen aus zwölf verschiedenen Kulturregionen und Religionen, die sich um einen Sterbenden namens Humanus, der in sich eine Art Ur–religio verkörpert, zentrieren. In den Geheimnissen ist nicht das Äußerliche oder der Inhalt einer Lehre das Entscheidende, sondern der Grad ihrer Reinheit, ihre Vielgestaltigkeit und »die Ehrfurcht vor dem Leben der anderen« (Albert Schweitzer). Diese durch den Pilger Markus verjüngte Gemeinschaft nimmt mit der menschheitlich-multikulturellen Art und Weise ihres Zusammenlebens eine zukünftige Existenzmöglichkeit der ganzen Menschheit vorweg. Goethe erhebt in diesem Zukunftsfragment sein Zusammenwirken mit Wieland, Herder, Schiller und anderen in ein spirituelles Gleichnis.

Goethe lässt sein Humanus-Fragment, in der Situation an der Schwelle des Initiationsraumes, unvollendet offen. In den *Wanderjahren*, in denen der bei Wilhelm Meisters Besuch in der Pädagogischen Provinz abwesende und namenlose »Obere« den Homo Humanus repräsentiert, spricht Goethe von der Übung der dreifachen Ehrfurcht (S. 155, HA) vor dem, was über uns ist, vor dem, was neben uns ist, und vor dem, was unter uns ist. Die Achtung des Niederen, des Gleichgestellten und des Erhobenen gipfelt in der Ehrfurcht vor sich selbst: vor der zerbrechlichen Individualität des Menschlichen, in dem das Göttliche bzw. das Universelle schlummert.

Im Kultraum der Pädagogischen Provinz wird die Bildende Kunst, soweit sie geistig inspiriert ist, eingesetzt zur Kontemplation, zur Besinnung der Schüler auf das Wesentliche. Dag Hammarskjöld ließ nicht nur das Fresko und den Meditationsraum als meditatives Kunstwerk gestalten, sondern sorgte durch seine Kontakte zu Künstlern und Museen dafür, dass in den Hallen und Gängen der UNO Gemälde, Skulpturen und Wandteppiche installiert wurden, die in einer Beziehung zu den Themen Krieg und Frieden sowie Menschenrechte stehen. (Einige dieser Kunstwerke sind bei den offiziellen Besucherführungen zu besichtigen. So auch das Hammarskjöld am 17. September 1964 von Marc Chagall gewidmete Mosaikglasfenster »Der Frieden«.)

Die Zielrichtung des Humanus-Textes, den Goethe in Briefwechseln selbst als »zu weit gegriffen« bezeichnet, findet sich später im *West-östlichen Divan* wieder, ebenso in der Turmgesellschaft des *Wilhelm Meister*, wo der Abbé, Montan und Makarie das Prinzip des Homo Humanus verkörpern, während der Protagonist Wilhelm Meister als eine Konkretisierung des Pilgers Markus erscheint. In verweltlichter Form als Ritterorden findet sich die Humanus-Gemeinschaft auch andeutungsweise im *Faust*.[3]

Der von Goethe bewusst schon in der ersten Nachtszene des Faust I (Zurückweisung durch den Erdengeist) in seinem dunklen Welteroberungsdrange als mutterlos eingeführte Faust wird zum magischen Techniker (u.a. Papiergelderfinder) und zum Gefangenen seiner illusionären Machtmagie und technologischen Gigantomanie. Zuletzt scheitert er bei seinem gigantischen Versuch, dem mütterlichen Meer gewaltsam Land abzuringen. Das Staudamm- und Deichprojekt im letzten Akt des Faust II erscheint fast wie die dunkle Vision eines Arbeits- und Konzentrationslagers: »Menschenopfer mussten bluten, nachts erscholl des Jammers Qual; meerab flossen Feuergluten, morgens war es ein Kanal.«

Faust, obwohl in der äußerlichen Dramaturgie als Universitätsprofessor eingeführt, scheint innerlich eher jene biografische Stufe darzustellen, welche als Adoleszenz bezeichnet wird. Diesem innerlich ungefähr 21-jährigen Faust steht in den »Geheimnissen« ein innerlich etwa 30 bis 33-jähriger Pilger Markus als zukünftiger Nachfolger des Humanus gegenüber. (Dessen mehr als nur symbolisches Alter sollte im Zusammenhang mit dem Jordan-Ereignis, oder dem Kampf des 29 bis 36-jährigen Siddhartha um seine Buddhaschaft gesehen werden.) Während Faust von seinem Mephistopheles verführt wird, wird auch der das mütterliche Wesen der Natur schätzende Markus von inneren Stimmen geführt – hin zur Humanus-Gemeinschaft.

Wäre diese Gemeinschaft nur Literatur, nur Gedankenspiel, so wäre sie vielleicht nur erwähnenswert in ihrer mentalen Auswirkung auf die Leserschaft: als Idee ihre Realisierung inspirierend. Aber Ideen haben zumeist auch ihre Geschichte. In einem Brief vom 22. März 1831 an Sulpiz Boisserée schreibt der Freimaurer Goethe über den griechisch-kleinasiatischen Bund der Hypsistarier: »... welche, zwischen Heiden, Juden und Christen geklemmt, sich [bereit] erklärten, das Beste, [das] Vollkommenste [aus allen Religionen], was zu ihrer Kenntnis käme, zu schätzen, zu bewundern, zu verehren«. Und Goethe fügt angesichts der Suche nach Wahrheit in allen Kulturen an: »dass ich zeitlebens getrachtet hatte, mich zum Hypsistarier zu qualifizieren.«

Natürlicherweise ist der Hypsistarier, der individuell-soziale »Sucher nach höchster Wahrheit« in allen Kulten und Kulturen, das Schreckgespenst aller Theologen und sämtlicher Glaubenssysteme. Unter Hypsistariern bzw. echten Geisteswissenschaftlern finden sich keine Gefolgsleute für scheinheilige Glaubenskriege oder sonstige Missionierungsversuche. Dass diese Gesinnung mehr als nur philosophische Maske einer Weltflucht sein kann, sondern ein Grundzug der Weimarer Klassik ist, zeigt sowohl Wielands kosmopolitische Denkschrift »Das Geheimnis des Kosmopoliten-Ordens« wie auch das politische Leben des Geheimen Staatsrats Goethe.

»Welche Regierung die beste sei? Diejenige, die uns lehrt, uns selbst zu regieren.« Goethe in *Maximen und Reflexionen* (HA, Bd. 12; S. 378).

Es ist der 5. Januar 1779, an dem der Minister Goethe den Vorsitz der Kriegskommission des herzöglichen Staatswesens übernimmt. Er reduziert die Fußtruppen um die Hälfte, macht aus Soldaten Polizisten und setzt die Reiterei als Postkuriere ein. Hatte die Kommission 1779 noch einen Jahresetat von über 75.000 Reichstalern, so sind es im Erscheinungsjahr von »Die Geheimnisse« (1786) nur noch knapp 30.000 Reichstaler. Nachdem seine Philosophen das Herzogtum fast in eine Pädagogische Provinz umgestaltet hatten, sah sich Herzog Karl August gezwungen, in den preußischen Militärdienst einzutreten, damit er dort ein Regiment anführen konnte. Platon, welcher schon 2000 Jahre zuvor meinte, die Philosophen sollten den Staat regieren, hätte an diesem Weimarer Kleinstaat seine Freude gehabt.

Goethe, erkennend dass »der Krieg eine Krankheit ist«, schrieb in seinen *Maximen und Reflexionen*: »Einen gerüsteten, auf die Defensive berechneten Zustand kann kein Staat aushalten.« Dies ist wohl eine zeitlose Erkenntnis für jene, die des Erkennens fähig und willens sind. (Der militärisch-industrielle Minderwertigkeits-Komplex ist per se unfähig und unwillig dies einzusehen.)

Für Goethe war der Staat für die Menschen da und nicht die Menschen für die Staatsmänner. Dies setzt bei den Menschen aber ein gewisses Maß an Selbstdisziplin und staatsbürgerlicher Mitarbeit voraus. Hammarskjöld konnte sich bei Goethe nicht nur spirituell-literarisch, sondern auch kosmopolitisch wieder finden. Schauen wir uns noch das öffentlich wenig bekannte spirituell-soziale Leben des »Dichterfürsten der Nation« an. Goethe nur als Dichter sehen zu wollen, ist natürlich eine Verharmlosung bzw. Verneinung des kosmopolitischen und spirituellen Menschen.

Auf Initiative des ehemaligen Prinzenerziehers und Schriftstellers Christoph Martin Wieland wurde am 23. Juni 1780 Johann Wolfgang Goethe, den Urkunden gemäß, in die Freimaurerloge Anna Amalia in Weimar aufgenommen. Am 1. März 1782 wurde er zusammen mit dem Herzog auf die Stufe eines Logenmeisters gehoben. Im Jahre 1783 erfolgte durch Vermittlung des Freiherrn Adolf von Knigge, Verfasser des Buches *Über den Umgang mit Menschen*, die Aufnahme in den Weimarer Minerva-Tempel des Illuminaten-Ordens. Die Freimaurerei eines Goethe, Wieland, Herder, Lessing oder Schiller wollte die Menschen durch Initiation und Aufklärung (englisch: enlightenment) zu vernünftigen und geistbesonnenen Bürgern der Welt und der Menschlichkeit (Humanität) weiterbilden.

Was unterschied diese Frei-Maurerei von der mit ihr so oft verwechselten gewöhnlichen Vereins-Maurerei (und Vereinsmeierei)? Dasselbe, was auch den echten Weltenbürger von dem ihn manchmal nachahmenden Kleinbürger unterscheidet. Man erkennt ihn an den Taten und nicht an den Reden. Um es in den Worten des Hammarskjöld'schen Tagebucheintrages vom 9. Februar 1959 zu sagen: »Was die Elite von der Masse scheidet, ist nur die Forderung nach Qualität. Und dies in einer Verantwortung für alle, allen gegenüber ... eine demütige und spontane Integration im ... niemals wiederkehrenden Jetzt.«

Goethe selbst distanzierte sich unter anderem in seiner Freimaurer-Komödie *Der Groß-Kophta* von der eitlen Form der in gewissen Kreisen populär gewordenen Salonmaurerei, welche sich gerne altehrwürdig und geheimnisvoll gab und dabei doch nur kleinbürgerlich und wichtigtuerisch war. Auch infolge der römisch-katholischen und der national-konservativen Propagandalüge von der »freimaurischen Weltverschwörung« zogen es die meisten Salon- und Feierabendmaurer vor, sich in die ritualisierte und mystifizierte Geselligkeit ihrer Clubräume zurückzuziehen; dorthin, wo der kosmo-politische Wind des Lebens in der Regel nicht weht.[4]

Die heutige Vereinsmaurerei, welche sich gerne auf die großen Persönlichkeiten von Klassik und Renaissance (Diderot, Helvetius, Voltaire u.a.) beruft, ist zumeist nur noch ein grauer Schatten dieser gerne beschworenen Verlorengegangenheit. Horst Kischke, ehemals Logenmeister, beschreibt dieses »Abrutschen in Mythologie, Mystizismus und romantische Schwärmerei« (S. 100) in seinem Buch *Die Freimaurer* und kommt zu der Feststellung (S. 104): »Die Gründe für die mystische Verfälschung freimaurischer Symbolik liegen nicht selten in dem Bedürfnis, dem persönlichen Ehrgeiz ... zu frönen, also Geltungsbedürfnisse zu befriedigen. Daran sind oft ältere Männer ... interessiert. [...] Im Klubleben hat dann nicht der Gedankenaustausch in Form eines engagierten Disputs Vorrang, sondern triviale Geselligkeit.« Dies alles gilt nicht nur für Maurerklubs.

Lassen wir diese inhaltslose Geheimniskrämerei hinter uns, von der schon Buber in *Ich und Du* (S. 5) schrieb: »O Heimlichkeit ohne Geheimnis, o Häufung der Auskünfte! Es, es, es!«, und wenden uns der realpolitischen Ethik des (Weimarer) Kosmopoliten-Ordens zu.

»Das Geheimnis des Kosmopoliten-Ordens«

Zwei Jahre nach dem Erscheinen des Humanus-Fragments *Die Geheimnisse* veröffentlichte der Goethe-Freund Christoph Martin Wieland, Professor der Philosophie und Regierungsrat, 1788 sein Werk über den Orden der Kosmopoliten. Wieland, geboren im September 1733 und Übersetzer von 22 Stücken Shakespeares, schuf zuvor mit der *Geschichte des Agathon* (1767) den ersten großen deutschen Bildungs- und Erziehungsroman. Er schilderte darin die Erziehung von ausgewählten Zöglingen im Sinne eines weltoffenen Kosmopolitismus. Dieses Werk und sein *Fürstenspiegel*, ein Ratgeber über moderne Staatsführung, veranlasste die Herzogin Anna Amalia, Wieland 1772 als Erzieher ihrer beiden Söhne nach Weimar zu berufen.

Im *Geheimnis des Kosmopoliten-Ordens* schildert Wieland eine geistige Gemeinschaft, Jahrtausende alt, in der man nicht durch Geld, Macht, Status oder Beitrittsformular Mitglied werden konnte, sondern in dem einige Menschen, historisch bekannte wie unbekannte, kraft der Tiefe ihres Bewusstseins und der Tragweite ihrer menschheitlichen Mitverantwortung Mitglied sind bzw. eines Tages zu ihrer Mitgliedschaft erwachen. In Wielands eigenen Worten: »Man wird kein Kosmopolit durch Aufnahme und Unterricht: sondern man befindet sich in ihrer Gesellschaft, weil man ein Kosmopolit ist. Man wird dazu geboren.«[5]

Dies entspricht den Worten Goethes über die Jugendjahre des Homo Humanus: »Und so trat er geprüft in einen Orden, zu dem er durch Geburt berechtigt worden.«[6]

Die Kosmopoliten sind eine unsichtbare Gemeinschaft, das heißt: sie treten nicht als institutionalisierte Gesellschaft mit Logenhäusern, Satzungen und Hierarchien in Erscheinung. Der Orden kennt keine andere Gehorsamspflicht als jene des eigenen, geschulten und sensibilisierten Gewissens und jene des Dialoges mit bewusstseinsmäßig Gleichgestimmten als Überprüfung dieses Gewissens. Die Mitglieder dieses Bewusstseinsordens dienen der Evolution der ganzen Menschheit und dem Staate, solange und soweit dieser Staat der Evolution der Menschheit dienlich ist. Wieland betont, dass der Kosmopoliten-Orden als eine Versammlung von Individualisierten keine Geheimgesellschaft und kein missionarisches Glaubenssystem ist. Er warnt sogar vor solchen Gesellschaften mit geheimen und partikularen Intentionen, einerlei ob kirchlich-sektiererischer oder wirtschaftlich-politischer Macht-Art.

Wielands Entwurf einer kosmopolitischen Verhaltensethik deckt sich weitgehend mit Hammarskjölds öffentlich geäußerten Vorstellungen über eine übernationale UNO-Beamtenethik, welche der Menschheit als Ganzes verpflichtet ist: Unbestechlichkeit, Unabhängigkeit, Überparteilichkeit, Selbstprüfung, Opferbereitschaft und die Orientierung am seelisch-geistigen Wachstum sind Eckpunkte ihres ungeschriebenen Gemeinschaftsvertrages.

Der Staatsrechtler Carl Salomo Zachariä hat 1802 an der Universität Leipzig, 14 Jahre nach der Veröffentlichung des kosmopolitischen Essays Wielands, in seinem Werk *Janus* »Cosmopolitik als Wissenschaft der Mittel, durch welche das Ideal… der Menschheit realisiert werden soll« definiert. Damit war aus einer philosophischen Schrift ein sozialwissenschaftlicher Ansatz geworden, welcher später scheinbar von den Wellen des aufkommenden Nationalismus gegraben wurde.[7]

Wieland deutet eine Jahrtausende alte Kontinuität des Kosmopoliten-Ordens, goetheanisch gesprochen: der Humanus-Gemeinschaft, an. Die Frage bleibt unbeantwortet, wie dies genau geschieht: ob in Form des buddhistischen Tulku- und Bodhisattva-Prinzips als bewusste Reinkarnationsfolge geistig relativ hoch entwickelter Menschenwesen, oder als geistig-ideelle Übertragung des kosmopolitischen Impulses auf dafür innerlich vorbereitete Menschen: im Sinne eines die Generationen überschreitenden und sich dabei erneuernden »intuitiven Gewissens« oder morphogenetischen Feldes. Vielleicht in dem Sinne, wie Hammarskjöld Ende 1952 in sein Tagebuch notiert: »Doch mich durchwebt die Vision von einem seelischen Kraftfeld, geschaffen … von den vielen in Wort und Taten ständig Betenden, im heiligen Willen Lebenden.« Goethe, von dem bekannt ist, dass er an die Möglichkeit der Wiedergeburt glaubte, plante in der Weiterführung des Fragments seinen Humanus »die Geschichte seiner vergangenen Zustände« erzählen zu lassen.[8]

Dazu kam es nicht mehr. Auch Wieland spricht in seinem *Geheimnis des Kosmopoliten-Ordens* diesen für ausschließlich rationale Zeitgenossen schlicht unfassbaren, spirituellen Bereich an (S. 216): »Die Kosmopoliten, so viele ihrer in der Welt verstreut leben, sind alle zusammen … Eine Seele«, so dass sie »trotz aller Entfernung von Raum und Zeit in der engsten Verbindung miteinander stehen« und »einander bei der ersten Zusammenkunft erkennen«. Diese Andeutung einer Art telepathischen Verbindung auf supramentaler Ebene klingt ähnlich dem, was später der Schriftsteller Fernando Pessoa über das Idealbild des Christusordens, welcher zeitweise das Nachfolgeorgan der Templer-Gemeinschaft in Portugal war, schreibt: »Der Christusorden braucht sich nicht zu versammeln« und seine Mitglieder »sprechen miteinander ohne Sprache im eigentlichen Sinne. Wenn man Novize im Orden ist, steht man noch nicht darinnen; wenn man Meister im Orden ist, gehört man ihm schon nicht mehr an. [...] Im Christusorden gibt es weder Eid noch verordnete Verpflichtung. Obwohl er so sehr der Bruderschaft ähnelt ... ist er doch nicht identisch mit jener Bruderschaft; er bleibt noch ein Orden, ... wohingegen die Bruderschaft selbst kein Orden ist.«[9]

Vielleicht ist es nicht entscheidend, ob ein solcher Geistesorden existiert hat und ob Hammarskjöld ein Mitglied war, sondern was für eine Menschheitssehnsucht sich in solchen Ideen ausdrückt, und wie solche Ideen die Menschen, die Geschichte machen, beeinflussen. So wenn eineinhalb Jahrhunderte nach Wieland ein Teilhard de Chardin in *Geheimnis und Verheißung der Erde* schreibt: »Mein Traum wäre, dass die Besten der Menschheit sich von neuem zusammenschließen in Einem Geiste.«

Ostern 1955 stirbt der von seiner Kirche unverstandene Jesuit und Anthropologe Pierre Teilhard de Chardin an einem Herzinfarkt in seinem New Yorker Exil. Es ist dasselbe Jahr, in dem UN-Generalsekretär Hammarskjöld dem israelischen Ministerpräsidenten Ben Gurion Teilhards Buch »Der Mensch im Kosmos« schenkt. Beide, Teilhard und Hammarskjöld, teilen die Vision eines langsam erwachsen werdenden planetarischen Bewusstseins unserer selbst als Menschheitsfamilie. Beide sind miteinander der Einsicht, dass es hierzu Pioniere braucht, welche »die Geburt eines neuen Menschseins« vorbereiten. Teilhard bekommt von seinem Orden Publikationsverbot und 1962 stellt eine Glaubenskommission fest, dass seine Ideen gegen die römisch-katholische Lehre verstoßen. Innerhalb der UNO blieb Teilhards Vision einer progressiven UNIO mystica: der Entwicklung eines gemeinsamen und menschheitlichen Geistesbewusstseins (Noosphäre), lebendig – auch nach Hammarskjölds Ermordung. Im 20. Erscheinungsjahr von *Vägmärken*, im September 1983, findet in der UNO ein Teilhard Colloquium unter dem Titel »Humanity's Quest for Unity« (Die Suche der Menschheit nach Einheit) statt. In seiner Eröffnungsrede erinnert der damalige Generalsekretär Perez de Cuellar an den Einfluss Teilhards auf die beiden Generalsekretäre Hammarskjöld und Sithu U Thant.[10]

Lassen Sie mich dem Mosaik ein weiteres Steinchen hinzufügen. Die Spurenelemente der Idee eines Kosmopolitenordens lassen sich bis in die 80er-Jahre des 20. Jahrhunderts hinein dokumentieren. Am 7. Dezember 1983 erlosch der ins Hamburger Vereinsregister (VR-Nr. 6038) eingetragene »Kosmopoliten-Orden – Bruderschaft für Freiheit und Recht«, da seine Mitgliederzahl unter Drei gesunken war. Der Verein wurde am 7.12.1959 von Prof. Karl Höfer, einem verspäteten Renaissance-Humanisten und Hammarskjöld-Verehrer, gegründet. Zweiter Vorsitzender war zeitweilig der 2. Bürgermeister Adolf Menke. Die beiden Herren hatten bald mehr mit der Vereinsmeierei einiger ihrer Mitglieder zu tun als mit den eigentlichen Zielen. Sie hatten Wielands psychologisches Plädoyer: für eine vereinsmeiereifreie Avantgarde als spirituell-verantwortungsethisches Netzwerk von gereiften Persönlichkeiten, zu spät verstanden.

Goethe und Schiller wettdichteten in den »Horen«, um angesichts der drohenden Literaturvermassung einen möglichst hohen Standard zu setzen, an dem sich andere würden messen lassen müssen. Gleichzeitig versuchte Wieland »den Gaukelspielen aller gegenwärtigen und zukünftigen Pseudo-Kosmopoliten ein Ende zu machen« (S. 209), welche sich, »so oft es ihren Absichten zuträglich war, mit dem Kosmopoliten- oder Weltbürger-Titel schmücken« (S. 208), indem er ethisch, kosmopolitisch und seitens der kreativen Leistung einen möglichst hohen Standard setzte. Beides war edel gedacht, leider aber vergebliche Geistesmühe. Ein Kosmopolitenorden als normalbürgerlicher, für jedermann zugänglicher Verein ist letztlich immer eine Karikatur seiner selbst. Vielleicht überfordert der Geist des echten Kosmopolitismus die Mehrzahl der Zeitgenossen genauso wie jener eines wahrhaften Christentums?

Diese Bemerkungen sind natürlich etwas ungerecht, denn sie setzen voraus, dass das hohe Ideal gleich von jedem erreicht werden müsste, der sich Weltbürger oder Christ nennt. Weltbürgertum ist aber genau wie Christentum ein entwicklungspsychologischer WEG. Und nicht alle Früchte werden gleichzeitig reif. Der Kosmopolit bewegt und erweitert sich auf die ganze Menschheit und den Kosmos zu. Der Christ bewegt und erweitert sich auf die Liebe und deren Urgrund hin. Beide Bewegungen begegnen einander in der Unendlichkeit, im Schweigen: als Ort, der Gottheit und Menschheit meint – und eint.

War Hammarskjöld ein Freimaurer?

Es gibt noch eine dritte und vierte Art des Maurertums neben der kosmopolitisch-spirituellen Freimaurerei eines Wieland und Goethe und der sich selbst zelebrierenden Vereinsmaurerei humanistisch gesinnter Pensionäre. Am 20. August 1958 übertitelte die »Neue Zürcher Zeitung« ihren Bericht über ein Treffen internationaler Hochgradfreimaurer in Bern mit »Abschluss der Tagung der World Brotherhood«. Dieser Weltbruderschaft gehörten einige persönliche Bekannte von Hammarskjöld an: der frühere Marshallplan-Direktor Hoffman, der indische Spitzendiplomat Mehta und der amerikanische UN-Repräsentant Adlai Stevenson (Universität Chicago). In dem Bericht forderten die Brüder unter anderem: »Es ist ein Weltrecht mit Rüstungskontrolle anzustreben. [...] Der Internationale Gerichtshof soll öfter als bisher angerufen werden. [...] Die Kompetenzen der Vereinten Nationen sind zu erweitern. Die Mitgliedschaft ... soll universell sein, und das Vetorecht wäre freiwillig einzuschränken.«

Dies sind Forderungen, die Hammarskjöld und viele andere vernünftige Bürger dieses Planeten mit unterschreiben würden. Den Namen Hammarskjöld konnte ich auf der offiziellen Mitgliederliste nicht entdecken. Dafür tauchte der Name eines Verlegers auf, dessen Zeitungen die Politik von Dag Hammarskjöld immer aktiv unterstützt und einige der tiefsinnigsten Nachrufe verfasst haben. Am 21. August 1958 findet sich sein Name auch am Ende des Berichtes »Vier Punkte der Weltbruderschaft« im Hamburger Abendblatt: »Die Plenarsitzung der Weltbruderschaft folgte mit diesem Programm dem Entwurf eines neunköpfigen Arbeitsausschusses, dem auch der Hamburger Zeitungsverleger Axel Springer angehörte.«

Axel Springers WELT umschrieb in ihrem Bericht vom 19. August die World Brotherhood nett als »eine 1950 von Privatleuten gegründete Organisation«. Von Axel Springers freimaurischen und esoterischen Doppelleben ist offiziell noch weniger bekannt als von Hammarskjölds spirituellem Leben. Kurz nach dem Zweiten Weltkrieg versuchte Axel Springer die esoterisch-okkulte Zeitschrift »Merlin« zu etablieren. Sie wurde nach drei Ausgaben wieder eingestellt. Während meiner Ausbildungszeit im Axel Springer Konzern hingen die drei Titelbilder noch im Eingangsbereich zum alten Textarchiv.[11]

Die vierte Art ist die betont christliche Maurerei Schwedens, im Gegensatz zur ansonsten humanistisch-überkonfessionellen Freimaurerei. Leider blieben die schriftlichen und telefonischen Anfragen beim Svenska Frimuare Orden (Schwedischer Freimaurerorden) in Stockholm, ob Dag Hammarskjöld jemals Mitglied war, bis heute unbeantwortet. Diese Kunst der bürokratischen Geheimniskrämerei kann alles oder auch nichts bedeuten, wobei Letzteres wahrscheinlicher ist. Einem Gespräch mit einem Freimaurer namens Guillian Sward durfte ich entnehmen, dass Graf Folke Bernadotte wie auch Hammarskjölds Vater Hjalmar zeitweise Mitbrüder waren. Selbst wenn dies wahr wäre, ist den beiden langjährigen Hammarskjöld-Mitarbeitern Per Lind und Sture Linnér zuzustimmen, dass eine Mitgliedschaft Dags in einer solchen formellen Gruppierung weitestgehend ausgeschlossen werden kann. Dag Hammarskjöld war ein Mensch, der in einer unmittelbaren Verbindung zur Menschheit und zur Gottheit stand. Bei einer solchen spirituellen Ich-Du-Beziehung bedarf es keiner vermittelnden (oder vielmehr behindernden) Zwischeninstanzen mehr. Dies bedeutet nicht, dass Dag Hammarskjöld nicht freundschaftlichen Kontakt zu Menschen gehabt hat, die – wie er – einen spirituellen Selbsterkenntnis- oder Einweihungsweg gegangen sind.

Saint John Perse und der Kreis der Magier

Im Jahre 1955 erhält Dag Hammarskjöld von dem Dichter Saint John Perse einen Band mit dessen Gedichten geschenkt. Wenn man dieses erste Werk in einer langen Reihe von Buchgeschenken Perses an seinen schwedischen Freund in der Königlichen Bibliothek in Stockholm, welche Hammarskjölds umfangreiche Privatbibliothek verwaltet, in die Hand nimmt, dann bemerkt man vielleicht die kurze, aber ungewöhnliche Widmung: »Für Dag Hammarskjöld: Magier, St. John Perse.« Die kurze Chiffre »Magier« hinterlässt ein Frage-Zeichen.[12]

Dieser runenhaft-geheimnisvolle Code von persönlichen Widmungen findet sich in fast allen seinen Werken, die Perse an Hammarskjöld verschenkt. So Anfang 1956 im Buch *Exil*: »An Dag Hammarskjöld: beim Kreuzen der Wege unserer Zeit der unerwartetste der Menschen, und dessen Begegnung bleibt für mich eine glückliche Überraschung.« Und Ende 1956 in *Amers*: »An Dag Hammarskjöld, den Wagemutigen unter dem Zeichen des Anubis.« Später schenken sie einander je eine antike Statuette dieses altägyptisch-göttlichen Seelenführers, welcher die Seele (des Verstorbenen) über die Schwelle in die Andere Welt begleitet und als Totengott den Gehalt ihres irdischen Lebens wiegt und richtet.

Perse 1957 in *Dichtungen*: »Für Sie, Dag Hammarskjöld, sehr freier und seltener Vermittler zwischen so vielen Zeitaltern und Räumen des menschlichen Geistes.« So auch 1958 in *See-Marken*: »Als Zeichen einer Freundschaft älter als ihr Alter.« Und im selben Jahr in zwei englischen Ausgaben von *Seamarks*: »Für Sie, lieber Rutengänger« und »Für Dag Hammarskjöld, Meister zu meiner Zeit, von weitestem Überblick.« Als letztes Beispiel sei noch die Widmung von 1959 in *Anabasis* erwähnt: »Denkend an Sie, mein lieber Dag, an Ihre geheime Einsamkeit der Führerschaft, leitend die weiteste Anabase der Völker.« Ich verzichte auf Anmerkungen, diese esoterischen Widmungen können als assoziative Zenkoans für sich selbst sprechen.

Wer war dieser Saint John Perse, dessen Prosawerk *See-Marken*, die symbolischen Seelenmarkierungen einer Initiation, so sehr an das Runenhafte in Hammarskjölds *Väg-Märken* erinnert?

Saint John Perse war der Künstlername eines ehemaligen französischen Diplomaten und Generalsekretärs im Pariser Außenministerium (1933 – 1940), welcher 1940 infolge einer Intrige aus dem französischen Staatsdienst ausschied und ins Exil nach Washington DC ging. Unter seinem bürgerlichen Namen Alexis Saint-Leger Leger, am 31. Mai 1887 auf Guadeloupe geboren und am 20. September 1975 in einem südfranzösischen Mittelmeerdorf verstorben, trat er 1914 in den Staatsdienst ein. Von 1916 bis 1921 weilte er als Botschaftssekretär in China.

Dort schrieb er sein erstes großes Prosaepos *Anabasis* in einem verlassenen taoistischen Tempel in der Nähe von Peking. Nach einer Expedition durch die Wüste Gobi und weiter Richtung tibetische Grenze Aufenthalt in einem Lamakloster. Auch andere aus dem »Kreis der Magier« hatten China-Erfahrung: Teilhard de Chardin, Sven Hedin, Paul Claudel und Henri Hoppenot, welcher Alexis Leger und Dag Hammarskjöld miteinander bekannt machte und 1953 Hammarskjöld als Generalsekretär vorschlug. Hoppenot soll Mitglied des »Le Droit Humain« (Das Recht des Menschlichen), der französisch-humanistischen Freimaurerei, gewesen sein, einer 1893 in Paris gegründeten Gemeinschaft von Männern und Frauen, deren deutscher Ableger unter anderem die Goethe-Loge in Frankfurt und die Hansa-Loge in Hamburg waren. Ob auch Alexis Leger dem »Droit Humain« zeitweise angehörte, ist biografisch ungeklärt.

Später, 1961, wird Henri Hoppenot in der Oktoberausgabe von »Le Monde Diplomatique« einen Nachruf auf Dag Hammarskjöld schreiben und dabei aus dem Werk *Winde* von Saint John Perse zitieren: »Einige der besten Traditionen des alten Europa nahmen Zuflucht in den Nordischen Oasen und blieben dadurch lebendig, geschützt für mehr als 150 Jahre vor Krieg und Revolution. Als Erbe dieser Kultur … schaffte es Dag Hammarskjöld, dieser dünnen Atmosphäre zu entkommen und seinen Geist wie sein Herz jenen Winden zu öffnen, von denen der Poet sprach, den er so sehr schätzte: Sehr große Winde wehen über die Gesichter der Lebenden … sehr große Winde wehen in Böen über alle Wege dieser Welt. […] Und sie durchlüften die Trockenheit und die Zermürbung in den Herzen der Dienst tuenden Menschen.«

»Lieber Freund! [Ich durchschaue] bei Ihnen sehr gut die ganze Feinheit einer moralischen Folgerung … der Entwicklung der Fähigkeiten und der menschlichen Bewahrung aller spirituellen Quellen. Seitdem die UNO ihren Zweck [durch Ihr Wirken] in sich selbst gefunden hat, in der Universalität, muss man es wohl mit einigem Realismus sagen, dass sie sich nicht mehr abhängig machen kann vom unmittelbaren Pragmatismus der Staatsmänner, sondern von einer übernationalen Ethik«, schreibt Saint John Perse am 15. Juni 1958 in einem Brief an Dag Hammarskjöld. »Diese Perspektive ist beunruhigend, sogar unheimlich für den breiten materialistischen Determinismus dieses Jahrhunderts. […] Ich bitte Sie, fahren Sie weiter fort, mich alles lesen zu lassen, was mir hilft Sie [geistig] zu begleiten in Ihrem geduldigen Bemühen zwischen Meditation und Aktion.«[13]

Dag Hammarskjöld, an dem öffentlichen Versuch arbeitend: einen ideell-literarischen Menschheits-Mythos in eine kosmopolitische Menschheits-Ethik zu übersetzen, gab dem schwedischen Komponisten Birger Blomdahl, der *Anabasis* vertonen wollte, die geheime Anschrift der Ferien-Eremitage von Perse. In einem Brief vom 8. November 1955 schreibt Perse: »Ich schließe daraus, dass ich ihn miteinbeziehen kann, wie Erik Lindegren, in den lebendigen Kreis der Magier.« Und in seinen Brief vom 19. Mai 1957 an Hammarskjöld: »Ich weiß, dass ich mit Ihnen die Verschwiegenheit teilen kann. […] Auf diesem geheimnisvollen Bildschirm, der zwischen Wesen von Intuition aufgerichtet ist, glaube ich zuweilen ein wenig unsere Gedanken zu lesen, ringend mit einer besonderen Bestimmung.«[13]

Der »Kreis der Magier«, »Wesen von Intuition« mit einer »besonderen Bestimmung«? Haben diese Worte einen reellen bzw. spirituellen Hintergrund, oder war dies nur ein Gedankenspiel unter Freunden? Bei meinen Nachforschungen in diese Richtung teilte mir Donald Keys, Buchautor und einst Berater von Generalsekretär U Thant, mit, was ihm sein schwedischer Kollege Erling Thunberg einmal berichtet hatte. Thunberg, Gründer des International Center for Integrativ Studies in New York, welcher etwa 20-jährig während des Zweiten Weltkrieges als Sensitiver in präkognitiv-telepathischen Versuchen für den schwedischen Nachrichtendienst gearbeitet haben soll, sagte Keys, dass Hammarskjöld eine von zehn Personen gewesen sei, die in einer Gruppe Sensitiver trainiert worden seien. Der mittlerweile verstorbene Thunberg ließ damals offen, ob dies tatsächlich physisch geschehen sei oder auf einer spirituellen Traum-Ebene während jenes Körperzustandes, den man gemeinhin als Tiefschlaf bezeichnet. Nach solchen Informationen fühlt man sich als seriöser Journalist immer wieder reif für handwerkliche Gartenarbeit, um die Flut der Implikationen etwas zu erden, oder für das Schreiben einer realistischen Reportage über eine gut dokumentierbare, weil handgreifliche Greenpeace-Aktion.[14]

»Chronique«. Die Esoterik wahrer Poesie

Dag Hammarskjöld kündigt in einem Brief vom 10. September 1958 aus Beirut Perse die Zusendung einer antiken Anubis-Statuette an: »Ich habe sie in Kairo gefunden und ich hoffe, dass sie fähig sein wird, ihre alte Magie bei der Geburt des neuen Gedichtes [*Chronique*] auszuüben.« Am 21. Mai 1959 ermutigt Perse ihn bei den festgefahrenen Genfer Abrüstungsverhandlungen auszuharren: »Ich wage, für Sie von einer Erholungszeit im Sommer, nach Ihrer langen Nachtwache inmitten der Feindseligkeiten, zu träumen. Sollte Anubis schließlich anzurufen sein im Laufe dieses mühseligen Gebärens inmitten Europas?« Mit Datum vom 24. Oktober (UNO-Gedenktag) berichtet Perse aus La Polynesie: »Sie haben mir einmal gesagt, dass ich ein Gedicht für die Erde schreiben sollte. Hier ist es. Sein Titel ist *Chronique*.

»Hohe Zeit, hier sind wir. Frische des Abends auf den Höhen, Atem des Offenen auf allen Schwellen, und unsre Stirnen entblößt, größeren Weiten zuliebe… […] Hohe Zeit, wir kommen von allen Ufern der Erde. Unser Geschlecht ist uralt, unser Gesicht ist ohne Namen. Und die Zeiten wissen vieles von all den Menschen, die wir waren. [...] Denn oft wurden wir geboren, in der endlosen Erstreckung des Tages. Und welch Gericht ist dies, auf allen Tischen vorgesetzt, das uns sehr verdächtig erschien im Fernsein des Gastwirtes? [...] Zische leiser, Seewind von anderwärts, zur Wacht der Menschen hohen Alters. Wir beschweren uns nicht über den Tod. Die Erde gibt ihr Salz. Der Abend [...] ein Feueranbeter-Wort. Der Geist der Wasser streift den Grund [...] der Wüste. Und das Unsägliche ist in Höhe unserer Schläfen. [...] Untadelig, o Erde, deine Chronik vor dem Blick des Zensor! Wir sind Hirten der Zukunft...«

Eine andere Art zu sagen: Kosmopoliten eines namenlosen Ordens, so wie auch das Synonym »Gericht« für Glauben und Weltanschauung steht, und der »Gastwirt« ein Sinnbild für den namenlosen Gott ist. Die Tiefe und Tragweite von Hammarskjölds Wirken kommt in der Worte Magie zum Ausdruck, wenn Perse schreibt, nein: singt, wie ein Barde des finnischen Kalevala-Epos, von Äonen, Generationen und Inkarnationen und von den großen Menschen in einer hohen Zeit. Dag Hammarskjöld, Mitglied des Nobelpreiskomitees, übersetzt diese *Chronique* ihres Geistesordens, unter anderem während des Palavers in der Generalversammlung, ins Schwedische. Alexis Leger, der Mann, der Saint John Perse als Künstlername wählte, widmet seine Dankrede für den Literaturnobelpreis, gehalten in Stockholm am 10. Dezember 1960, dem 12. Jahrestag der UN-Menschenrechts-Erklärung von 1948, dem Freunde Dag Hammarskjöld. Perse spricht über die Esoterik der wahren Poesie:

»Die Poesie steht nicht häufig in Ehren. Schuld daran ist die Entfremdung, die zwischen dem dichterischen Werk und dem ... Treiben einer von materiellen Interessen beherrschten Gesellschaft anzuwachsen scheint. [...] Durch das Denken in Analogien und Symbolen, ... auf tausend Ketten fremder Reaktionen und Assoziationen, durch die Gnade einer Sprache, in der die Bewegung des Seins sich mitteilt, erringt der Dichter eine Überwirklichkeit, die nicht jene der Naturwissenschaft sein kann.«

Diese Poesie sei der »Stolz des Menschen auf dem Wege unter seiner Bürde Menschlichkeit, wenn ein neuer Humanismus sich ihm auftut«, der Menschheit innerste Göttlichkeit.

»Und mit ein und derselben Umarmung ... umfasst sie im Gegenwärtigen alle Vergangenheit und Zukunft, das Menschliche mitsamt dem Übermenschlichen, und den ganzen Raum des Planeten mitsamt dem Raum des Universums. Die Dunkelheit, die man ihr vorwirft, liegt nicht in ihrer Natur, denn diese ist auf Erhellung aus, sondern sie entstammt der Nacht, die sie durchforscht: jener Nacht der Seele und des Geheimnisses, das den [Geist des] Menschen umhüllt. [...] Die ärgsten Verheerungen der Geschichte sind nur jahreszeitliche Rhythmen in einem größeren Zyklus von Vernetzungen und Erneuerungen. [...] Tragisch ist nicht die Verwandlung. Das wahre Drama der Zeit liegt in der Kluft, die man sich erweitern lässt, zwischen den zeitverhafteten und dem zeitenthobenen Menschen.«[15]

»Sie sind es, mein lieber Dag, unsichtbar gegenwärtig, an den ich mich am Samstagabend bei meiner Nobelpreisansprache wende«, telegraphiert Perse am 6. Dezember nach New York. Der Angesprochene sendet am 9. Dezember ein Telex nach Stockholm: »Meine Gedanken sind bei Ihnen. [...] Sie sprechen für den Menschen zu den Menschen: dass sie gehört werden und dass die Ehrung ... hilft, die Herzen für Ihre Botschaft zu öffnen.«[13]

Währenddessen nimmt der Druck von Frankreich, Belgien, Großbritannien und der UdSSR in der Katanga-Frage auf Dag Hammarskjöld immer mehr zu. Wütende Hetzkampagnen glimmen in der Presselandschaft dieser Länder auf. Am 11. April 1961, in der Karwoche, teilt Perse dem Geistesbruder seine Besorgnis mit: »Mein lieber Dag: Ich öffne die Zeitungen nicht mehr, ohne dass sich mein herzliches Mitgefühl Ihnen zuwendet. Diese Prüfung ist zu grausam, in der Sie alleine die schwer Last tragen. [...] Ihre Dienstauflage ist anstrengender als die irgendeines Staatsmannes ... oder irgendeines Kapitäns auf der Kommandobrücke. Aber wenn der Sturm so lange andauert, muss man sich wohl auferlegen, die Wache abzubrechen. [...] Ich kann meine Gedanken nicht abwenden von diesem Leben, das ich Sie so lange aushalten sehe und das sich so sehr dem Übermenschlichen annähert. Ich bin ganz unruhig, in einer solchen Besorgnis um Sie [sowie] Stevenson und Bunche – beide gleichermaßen erfüllt von Besorgnis über die Überarbeitung, der Sie ausgesetzt sind.« Die unguten Karfreitags-Ahnungen von Perse und den anderen Freunden verdichteten sich. Dag Hammarskjöld starb am 17. September 1961 um Mitternacht. Er wurde getötet.

In seinem letzten Brief an Bo Beskow vom 6. August 1961 schrieb Dag Hammarskjöld über den Tod eines gemeinsamen Freundes, des Dichters Hjalmar Gullberg: »Er war einer der wenigen und vielleicht letzten Vertreter einer geistigen Hoheit; er besaß einen natürlichen Adel, eine Wärme des Herzens und eine eisengekleidete Integrität, was mehr denn je notwendig ist in dieser gegenwärtigen Zeit von wachsender Dunkelheit und Verwesung.«

Kein Übermensch, aber: Ecce Homo!

Am 8. September 1961, neun Tage vor Hammarskjölds Tod, erscheint der erste Band einer neuen Sciencefiction-Romanserie. Deren Titelheld *Perry Rhodan*, genannt »Der Terraner«, eint (in der Vorstellung seiner Autoren) die Menschheit und rettet die zerstrittenen Nationen vor einem Atomkrieg mit Hilfe einer außerirdischen Superintelligenz namens ES (als Statthalter für eine verloren gegangene Gotteserfahrung) und durch den Einsatz von parapsychologischen Kräften. Inmitten der Wüste Gobi, unweit des Lama-Klosters, wo Saint John Perse als Gast weilte und wo die buddhistische Schambhala-Legende einer vorgeschichtlichen Zivilisation ihr Zentrum hat, gründet der Titelheld dieser SF-Serie die neue Hauptstadt der Erde, biblisch gesprochen: das neue (wenn auch sehr wörtlich verstandene) Jerusalem namens Terrania City. Man könnte diesen, hier in Sciencefiction verkleideten Pfingsttraum vom Weltbundesstaat auch mit dem Titel eines Buches des Journalisten Dr. Peter Coulmas als *Geschichte einer Menschheitssehnsucht* bezeichnen.[16] Es ist dies, wie Dag Hammarskjöld Anfang Dezember 1955 in sein Tagebuch notiert, ein »Traum, der dich nicht teilt mit anderem oder anderen: des Menschen größter – der Traum von der Menschheit«.

Den Aussagen eines der Gründungsautoren der Serie, K.H. Scheer, und ihres Zeichners Johnny Bruck folgend, ist dies mehr als nur eine kuriose Synchronizität. Als die Serie Ende der 50er-Jahre konzeptionell kreiert wurde, schien der damals weltbekannte Kosmopolit Dag Hammarskjöld durchaus inkognito als Vorbild des Kosmonauten und Menschheitsvereiners *Perry Rhodan* eine Rolle gespielt zu haben. So konnte sich Johnny Bruck bei einem Gespräch auf der Frankfurter Buchmesse Ende der 80er-Jahre dunkel daran erinnern, dass er die Idee zum Gesicht von *Perry Rhodan* einem Bild-Zeitungsfoto von Dag Hammarskjöld entnommen habe.[17]

Für einen UNO-Manager, mit Sinn für das menschliche Drama wie Dag Hammarskjöld, der sein Leben nicht lesend verträumen will, sondern einen Menschheitstraum zu leben versucht, ist Sciencefiction-Literatur Teil des modernen Eskapismus: der Flucht vor unserer Verantwortung inmitten der Welt. So jedenfalls anwortet er am 24. August 1955 auf einen Brief von George Ivan Smith vom 18. August 1955, in welchen Smith über die SF-Psychologie philosophiert. Der letzte Tagebucheintrag des Jahres 1955 stellt fest: »Das mystische Erlebnis. Jederzeit: hier und jetzt. […] Der Weg … geht … über das Handeln.« Ein solches religiöses Menschheits-Ethos lässt der spirituell-sektiererischen wie der literarisch-feuilletonistischen Weltflucht keine Chance. Es führt zum Ziel, ein Ziel, welches letztlich immer auch Begegnung mit der Desillusionierung und dem eigenen Tod ist.

Der politische Mystiker schöpft als Gezeichneter aus dieser Begegnung Selbsterkenntnis-Kraft. Er hat erfahren, was der Psychotherapeut Scott Peck in *Der wunderbare Weg* (S. 153) benennt: »Denn immer, wenn wir Macht ausüben, versuchen wir, den Lauf der Welt, der Menschheit, zu beeinflussen, spielen also Gott. Die meisten … von uns, die Macht ausüben, erkennen dies nicht. In unserer Arroganz, Macht ohne das totale Bewusstsein auszuüben, das die Liebe verlangt, ignorieren wir die Tatsache, dass wir Gott spielen, und das ist destruktiv. Wer aber wirklich liebt, ... der weiß, dass Handeln Gott spielen heißt. Er weiß allerdings auch, dass es dazu keine Alternative gibt, außer Tatenlosigkeit und Ohnmacht.«

Mit dieser Erkenntnis stehen wir erneut an der Schwelle zum tabuisierten Bereich des Übermenschlichen. Der schon auf Seite 213 erwähnte Schriftsteller und Nachlassverwalter des »Christusordens« Fernando Pessoa bezeichnete seinen bedeutensten Gedichtszyklus mit dem portugiesischen Wort für Botschaft: *Mensagem*. In seinem Nachlass (Band 3, S. 1424) findet sich ein Blatt mit einer Umstellung der Buchstabenfolge in Mens-Agem und Mega-Mens, das griechisch-lateinische Kunstwort für den Übermenschen. Wie mir ein Autor der *Perry Rhodan* Serie, welcher *Zeichen am Weg* gelesen hat, kundtat, erhält man auch durch die Umstellung der Buchstaben des Serienhelden das lateinische Wort Hyper-Andro: der Übermensch. Aber vielleicht sollte man dieses überbelastete Wort irgendwann ad acta legen und besser von einem in dafür offenen Menschen wirksamen planetarischen Bewusstsein sprechen, wie es der SF-Autor William Voltz in dem gesellschaftskritischen und psychohistorischen Band 1000 der Serie, mit dem Titel *Der Terraner*, beschrieb. Man wundert sich, in welch trivialliterarische Bereiche sich manchmal auch höhere Geistesimpulse hineinverlaufen.[18]

Das in diesem Band romanhaft beschriebene Menschheitliche erkannte Saint John Perse in realo in Hammarskjöld. Als dieser von seiner afrikanischen Rundreise zurückkam, fand er einen Brief mit Datum vom 26. Februar 1960 auf seinem Schreibtisch: »Mein lieber Dag: Sie sind jetzt auch ›Afrikaner‹ geworden – damit, wie stets, um ein halbes Jahrhundert dem Planeten voraus. Es beruht jetzt nur noch auf Ihnen, auch Ozeanien eines Tages in Ihre Blickweite mitaufzunehmen. Sie haben dann alles miteinbezogen in Ihre Menschlichkeit.«[13]

Hammarskjöld sah die Grenzen »poetischer Politik« weitaus nüchterner in einem Brief von 1960 an den Dichter und Übersetzer Erik Lindegren: »Sten Selander ... schrieb mir einst mit einem

Akzent von Neid über jene, welche durch Aktionen einen Epos erschaffen. [...] In der gegenwärtigen Zeitphase macht es die grundlegende, männliche Steinzeit-Psychologie ziemlich schwierig, Kontemplation in Aktion zu übersetzen und die Aktion zum Studienmaterial für die Kontemplation zu machen.«

Brian Urquhart fragt in seinem Buch (S. 594) zu Recht, ob Dag Hammarskjöld seiner Zeit nur voraus war, oder ob er weit über der Zeit stand, in welcher er wirkte. Er war nicht der Einzige, der sich die Frage nach dem Übermenschlichen in der Biografie dieses Generalsekretärs de jure (und de facto »Ministerpräsidenten«) der *Vereinten Nationen* des Planeten Erde stellte. Neben anderen Beobachtern Hammarskjölds thematisierte auch sein Jugendfreund Sven Stolpe dieses zwischen menschheitlichem Ethos und Epos anzusiedelnde transzendente Element: »Er spielte die gefährliche Rolle des Musterknaben und Musterstudenten ... und vermied es wohlerzogen, sich als Übermensch zu gebärden.« (S.29) »Ich hatte seine Neigung zum Übermenschentum erkannt, aber auch seine demütige Bereitschaft erlebt, um Verzeihung zu bitten« (S. 66).

Hammarskjöld kannte die Schatten des Weges zum wirklichen Menschsein, er hatte sie selbst durchlebt: den Narzissmus, den Hochmut, das Schachspielen mit anderen, die Scham, den Zweifel, die Einsamkeit, den Hassneid der anderen, den Gedanken an den Freitod als Erlösung aus der tagtäglichen Kreuzigung eines überdurchschnittlichen Verantwortungsbewusstseins. Hammarskjöld ist den Weg zu Ende gegangen.

Was meinen wir eigentlich, wenn wir »Mensch« sagen? Und wie breit und abgründig ist das Spektrum des »Menschlichen«: vom Kannibalismus, Nationalismus, Kommunismus und Kapitalismus eines Hitler, Stalin, Rothschild und Rockefeller (und all ihrer Mitläufer!) – bis hin zum spirituellen Humanismus eines Goethe, Gandhi, Martin Luther King und Dag Hammarskjöld? Im Vergleich mit dem Raubtierhaften des unteren Spektralbereiches und dem durchschnittlichen Kleinbürgertum kann das Menschliche des oberen Spektralbereiches durchaus als übermenschlich erscheinen. Und im Sinne einer Menschheitsethik stellt sich die nicht ungefährliche Frage, ob jene, die den evolutionären Weg vorangingen, etwa »Übermenschen« sein müssten; oder ob jene, die (mordend oder als Zuschauer des Mordens) zurückgeblieben sind, die Stufe des geistigen und ethischen Menschseins (noch) nicht erreicht haben? Dies ist in sich eine gewaltige Frage. Und die Erklärung der Menschenrechte musste bislang Papier bleiben, da wir zwar offiziell die Rechte des Menschen erklärt hatten, nicht aber den Menschen selbst – in all seinen dunklen und lichten Dimensionen.

Diese zumeist unbewusste, aber letztlich unerträgliche Spannung der Diskrepanz zwischen dem erst biologisch-intellektuellen Menschentum und dem geistig-ästhetischen Menschsein hat unter anderem die Schüsse auf Mahatma Gandhi, Luther King und Hammarskjöld ausgelöst. Diese Diskrepanz ist nur durch eine Menschheitspädagogik im weitesten Sinne des Wortes zu lösen. Dag Hammarskjölds spirituelle und kosmopolitische Biografie darf als Teil einer solchen Pädagogik verstanden werden. Diese Pädagogik ist letztlich eine Art initiatorische Selbst-Beziehungsschule, welche den Hass-Neid auf die Träger des Geistes von Individualität und Universalität überwinden lehrt. Ein Gleiches leistet die Ehrfurcht vor dem Unbekannten im oberen Spektralbereich des Menschlichen, mit welchem wir identisch sein könnten, wenn wir mit aller Konsequenz bereit sind, es zu werden. Der untere, unmenschliche Teil des »Menschen« opfert die anderen. Der obere, scheinbar übermenschliche oder göttliche Teil des Menschen opfert sich selbst: tagtäglich. Deswegen rief Pilatus, und nach ihm der daran verzweifelnde Nietzsche, auch: »Ecce homo!«

Und so ist auch diese Biografie hier ein Ausruf: »Sehet den Menschen!« und erkennet euch selbst. Die Antwort auf diesen Aufruf wie auch die Verantwortungslosigkeit manifestieren sich in unser aller Biografie.

Quo vadis ...?
Dag Hammarskjöld den Strand von Sandhammaren entlang wandernd

Emblem und Briefkopf des Nordischen Museums in Stockholm, geleitet von dem Ethnologen und Runenforscher Prof. Ernst Manker (siehe S. 151)

Nachwort zur 3. Auflage

Nun steht innerhalb von Jahresfrist eine dritte Auflage dieses Buches an. Allein dieses Phänomen spricht schon von der Aktualität und Notwendigkeit eines solchen Werkes. Dag Hammarskjöld war ein Kämpfender für die Priorität des Rechtsprinzips in den internationalen Beziehungen.

Auch der Autor dieser Biografie scheint mir in seiner Arbeit für eine menschlichere Welt in dieser geistigen und ethischen Tradition zu stehen. Das Machtprinzip muss durch das Rechtsprinzip ersetzt werden. Die Gründer der UNO und zuvor des Völkerbundes haben den Menschen mit proklamatorischem Pathos die Abschaffung des Krieges versprochen. Die Abschaffung des Krieges ist nur möglich durch die Abschaffung des Rechts auf Gewaltanwendung durch die einzelnen Regierungen. Die Gräueltaten der Regierenden sind noch in keinem Weltgesetzbuch unter Strafe gestellt. Es gibt keine globale Rechtsordnung, kein auch noch so bescheidenes, bloß subsidär für den Weltfrieden zuständiges Weltparlament.

Das UNO-Konzept ist überholt. Eine UNO-Charta, die den Krieg nicht kriminalisiert und rechtlich verbietet, die nicht wenigstens einen Teilverzicht der Einzelstaaten auf ihre so genannte Souveränität festschreibt und zugleich demokratischere Strukturen aufweist, kann die Verhinderung des Krieges niemals realisieren. Wo kein Veränderungswille unter den Regierenden ist, dort ist auch kein Weg. In den 50er Jahren verkörperte sich dieser Wille in der Persönlichkeit Dag Hammarskjölds. Heute muss dieser Wille sich durch uns alle in einer entsprechenden Weltbürgergesellschaft bzw. Weltzivilgesellschaft manifestieren. Die Zeit ist reif für ein effizienteres Völkerrecht und für eine neue UNO-Charta. Wo sind die Menschen, welche die Jugend der Welt für ein solches Projekt begeistern können? Jeder einzelne Leser dieser Biografie mag hierauf eine individuelle aber sichtbare Antwort geben. In diesem Sinne ist diesem Buch auch eine weitere, vierte Auflage zu wünschen: damit die Vision am Leben bleibt.

Dezember 2000

Dr. jur. Robert Kehl
Mitglied des Akademischen Beirats
der Dag Hammarskjöld Studiengesellschaft (DHG)

Dr. Kehl war u.a. Lehrbeauftragter an der Universität Zürich. Er ist Autor der Broschüre *Die Zeit ist reif* (via DHG), sowie der Bücher *Der Wandel im religiösen Denken* und *Was ist der Mensch?*. Dr. Kehl schreibt Gastbeiträge für die Neue Züricher Zeitung, zuletzt: ›Resignation der Völkerrechtler in der Nato-Frage. Zusammenbruch des UNO-Systems zur Friedenssicherung?‹ (NZZ, 16.03.2000).

Schlusswort einer Invokation

Eine Geschichte will ich erzählen, wie sie erzählt werden muss ... Ich habe das Amt des Schreibers auf mich genommen, ich will das Geschriebene ehren. [...] Unser Schrei war Schrei der Liebenden! Wir selber aber, Dienende, wer denn wird uns besuchen in unsren steinernen Kammern ... Und wir hatten uns nicht zu viel versprochen von den Verheißungen der Schrift! Vernimm, du Mensch der Götter, den Schritt des Jahrhunderts unterwegs zu der Arena. [...] Wir heischen neue Gunst für die Erneuerung des Dramas und die Größe des Menschen über dem Stein.

Saint John Perse: *See-Marken.* Prolog

Implikationen. Richtung 21. Jahrhundert

Als ich nach langen Jahren der Recherche begann, das erste Kapitel dieser Biografie in den Computer einzutippen, es war zur Wintersonnenwende am 21. Dezember 1998, da erreichte mich bald schon eine Erinnerung des Verlegers: »Bitte nicht mehr Seiten als das Buch *Wenn die Staaten unregierbar werden* schreiben.« Mit dem Abschluss des vorherigen Kapitels am 21. Juni 1999 in einem buddhistischen Kloster am Genfer See habe ich nun die Vorgabe von 180 bis 220 Seiten erreicht. Dem aufmerksamen Leser ist gewiss nicht entgangen, dass diese spirituelle Biografie in Stil und in Tiefe den Rahmen eines normalen Sachbuches sprengen musste, um der vielschichtigen Persönlichkeit Dag Hammarskjölds wenigstens halbwegs gerecht zu werden.

Dass das Erscheinungsdatum des Buches, der 29. September 1999, jener Tag, an dem sich Hammarskjölds Bestattung jährt, nahe bei der Totalen Sonnenfinsternis vom 11. August liegt, mag

Zufall sein. Dass der Kampf von Sonnenlicht (Bewusstsein) und Finsternis (Bewusstlosigkeit) sich in den Oktaven dieser Biografie wieder findet, ist gewiss kein Zufall. Im Sinne des Romans *Sonnenfinsternis*, in dem Arthur Koestler das Wüten des Totalitarismus (sei es in seiner nationalistischen, kirchlich-konfessionellen, kommunistischen oder kapitalistischen Ausprägung) beschreibt, welcher das menschliche Lebenslicht aufzufressen droht, hat Hammarskjölds Wirken und damit diese Biografie auch sehr viel mit dem Thema Sonnenfinsternis zu tun.

Das weltgeschichtliche Wirken Hammarskjölds sowie seiner Mitarbeiter und Mentoren wird aktuell bleiben, da es Bestandteil jenes spirituellen Humanismus ist, der sich gegen die böswillige Bewusstseinsverdunkelung und -zerstörung jener mephistophelischen Mächte richtet, deren Wirkfeld die menschliche Verantwortungslosigkeit ist. Im ursprünglichen Manuskriptplan war noch ein (nun weggekürztes) Kapitel zum Thema der psychohistorischen und weltpolitischen Implikationen von Hammarskjölds Menschheitsethik vorgesehen: als »kosmopolitischer Therapieansatz« für die institutionalisierte Machtbesessenheit in der internationalen Politik und dem potentiell schizoiden Verfolgungs- und Größenwahn übersteigerter Gruppenegoismen.

Diese Frage der »kosmopolitischen Psychotherapie« von kollektiver Selbst-Zerstörungswut, von büro- und technokratischer Vergewaltigung des Menschlichen, wird wohl Thema eines nachfolgenden Buchprojektes mit dem Arbeitstitel *Seelen-Geschichte. Phänomenologie der Globalen Krise.* (2002) werden. Die in diesem Buch mehrfach erwähnte, soziologische und psychohistorische Entwicklungslinie von antisozialen Massen- und sozialen Bürgerbewegungen (1899-1933-1966-1999-2033) konnte im Rahmen dieser Arbeit ebenfalls nur angedeutet werden. Diese nicht zu dogmatisierende 33-Jahre-Rhythmik verbindet sich auch mit dem 11-Jahre-Rhythmus verstärkter Sonnenflecken- und Sonnenwind-Aktivitäten, welche nicht nur zu Störungen des Erdmagnetfeldes führen, sondern unter anderem auch zum verstärkten Auftreten von Nordlicht-Epiphanien. Interessierte Leser finden am Buchende eine Kontaktadresse, über die der

Bezug eines weiterführenden Essays (gegen Kostenersatz) möglich sein wird.

Die Problematik eines de facto weltweiten technokratischen Wirtschaftsstaates und einer (angesichts der Globalisierungskrise) sich herausbildenden, machtpolitischen Weltnotstandsregierung wird die Thematik einer spirituellen Menschheitsethik und einer erneuten Weltbürgerbewegung in den nächsten 33 Jahren aktueller denn je werden lassen. Der Ringkampf um eine menschliche Weltgesellschaftsordnung »Jenseits der letzten Supermacht« USA, so die letzte Kapitelüberschrift in dem Buch »Die einzige Weltmacht« des Geopolitikers Zbigniew Brzezinski, hat gerade erst auf einer neuen globalen Stufe begonnen. Vielleicht kann die Veröffentlichung dieser spirituellen Biografie Dag Hammarskjölds mit dazu beitragen, dass wirkliche Spiritualität, Weltenbürgertum sowie der Einsatz für Menschen- und Biosphärenrechte in einigen zukünftigen Akteuren wieder zueinanderfinden. Und vielleicht gehört dann die Schlagzeile der Berliner Zeitung »Das Spirituelle wurde zu seinem Handicap« vom 4. Februar 1999 über die fristlose Entlassung des britischen Fußball-Nationaltrainers Glenn Hoddle wegen fehlinterpretierter spiritueller Aussagen über Karma und Reinkarnation einer dunklen Vergangenheit an. Wie schon aus Yehudi Menuhins Geleitwort ersichtlich wurde: Wir sind spirituell alle mitverantwortlich für die Entwicklung der Menschheit.

Implikationen

Seit dem Auslieferungsdatum dieses Buches, Anfang Dezember 1999, sind zwei Auflagen und mehrere Vortragsreisen durch das Land gegangen. Diese dritte, überarbeitete Auflage bietet die Möglichkeit eines kleinen Fazits meinerseits. Neben vielen positiven und ermutigenden Leserzuschriften gab es auch sorgevolle Anfragen, »ob denn der Autor dieses Buches noch lebe«?

Nun, die damaligen Gegenspieler Hammarskjölds und die Verantwortlichen in den Geheimdienstzentralen leben längst nicht mehr. So ist auch der multinationale Konzern Union Minière du Haut-Katanga längst in verschiedene Firmenbereiche aufgespaltet und namentlich umgestaltet. Von dort droht also kaum Gefahr.

Abgesehen davon ist dieses Buch in einem kleineren Verlag ohne grossen Werbe- und Medienrummel erschienen, sodass es die gesichtslosen Erben jener Männer, die Hammarskjölds körperliche Ermordung planten und durchführten, nicht sonderlich stört. Zudem sind spätestens seit dem ARD-Dokumentarfilm ›Tod auf Bestellung‹, gesendet im Oktober 2000, die Fakten über das Attentat mediales Allgemeingut.

Die Rückschläge fanden auf einer ganz anderen Ebene statt. Wenn ein Mensch nicht unmittelbar geistig angreifbar ist, so suchen sich gesetzmäßig gewisse Mächte negativ beeinflussbare Mitmenschen in dessen Umgebung aus. Passend zur Sonnenfinsternis im August 1999 versuchte eine Handvoll Leute den Vorstand jener NGO (Bürgerinitiative) zu übernehmen, deren Vorsitzender ich immer noch gemeinsam mit Troy Davis, dem Sohn des Begründers der Weltbürgerbewegung von 1948, bin. Es stellte sich heraus, dass der jugendliche Anstifter, der 23-jährige Sohn eines Hoechst Managers, seit Pubertätstagen unter einer manischen Depression infolge von Drogenkonsum und dunkelmagischen Experimenten litt. Im einem pathologischen Moment beging er u.a. einen nächtlichen Einbruchdiebstahl in einem Nauheimer Supermarkt. Die Bewältigung dieser Intrige hat zwar Kraft gekostet, aber es gelang der Gruppe nicht, wie beabsichtigt, den Verein zu übernehmen.

Wenn ein Mensch sich um die Nachfolge Hammarskjölds und damit um den Christus-Impuls bemüht, dann sollte mensch besser mit solchen Angriffen rechnen. Es gibt in unserer sexualmagisch aufgeheizten Ego-Gesellschaft genügend Ich-schwache Menschen, welche sich unbewusst als Medien für jene destruktiven und schwarzmagischen Kräfte zur Verfügung stellen, vor denen Dag Hammarskjöld immer wieder warnte.

Die Begegnung mit den Mächten der Welt, inklusive eigener Schattenanteile, kann zu einem Einweihungsweg werden, wenn man bei aller notwendigen und nüchternen Gegenwehr den Erkenntnissatz Rudolf Steiners im Bewusstsein und im Herzen trägt: »Liebet das Böse gut.«

Wie schon im damaligen Nachwort der 1. Auflage angedeutet (S. 232), arbeite ich an einer allgemeinmenschlichen und zeitgeschichtlichen Fortsetzung der Thematik dieses Buches unter dem Arbeitstitel *Seelen-Geschichte«: Phänomenologie der Globalen Krise* (2002). Dort werde ich die in diesem Buch schon mehrfach erwähnte, soziologische und seelengeschichtliche Entwicklungslinie von sozialen Bürgerbewegungen und antisozialen Massenbewegungen (1899-1933-1966-1999-2033) weiter verfolgen. Neben der Untersuchung dieser psychohistorischen 33,33-Jahre-Rhythmik im Zusammenhang mit der 11-Jahre-Rhythmik der Sonnenaktivitäten gilt das Augenmerk des nächsten Buches auch dem Werden einer Technosphäre, welche sich zunehmend zwischen Humano- und Noosphäre schiebt. In diesem Zusammenhang stehen dann auch moderne Zeiterscheinungen wie die zunehmende Sexualisierung einer vater(ich)losen Gesellschaft, Pornographie und zwanghafter Sex (666) als astralische Suchtphänomene und Ich-Sinn-Störungen in unserer Zeit. Dem steht die Entwicklung der Bewusstseinsseele und die Durchdringung unserer Ich-Wesenheit mit dem Geistselbst gegenüber. Ein Kampf um die Seele der Menschheit.

Dieses Buch hier hat bei vielen Menschen auch menschheitliche Initiativkräfte geweckt.

So wurde beispielsweise von einer mutigen schweizer Leserin, Verena Lenggenhager, eine Hilfsaktion für die Samen in Lappland begründet. (Immer mehr Großgrundbesitzer entziehen den Samen das Weiderecht für deren Rentierherden.)

Vielleicht kann die Veröffentlichung dieser spirituellen Biografie Dag Hammarskjölds weiterhin mit dazu beitragen, dass wirkliche Spiritualität, Weltenbürgertum, sowie der Einsatz für die Rechte von Menschheit und Erde in einigen zukünftigen Akteuren wieder zueinander finden. Und vielleicht gehört dann die

Schlagzeile der Berliner Zeitung ›Das Spirituelle wurde zu seinem Handicap‹ vom 4. Februar 1999, über die fristlose Entlassung des britischen Fußball-Nationaltrainers Glenn Hoddle wegen fehlinterpretierter spiritueller Aussagen über Karma und Reinkarnation, einer dunklen Vergangenheit an. Wie schon aus Yehudi Menuhins Geleitwort ersichtlich wurde: Wir sind spirituell und prinzipiell alle mitverantwortlich für die Entwicklung der Menschheit.

Gnothi seauton

Ich habe bei meinen Recherchen einige Menschen getroffen, die wohl um Hammarskjölds spirituell-esoterischen Hintergrund wussten oder diesen erahnten, es aber nicht wagten, in dieser Zeit und ihrer scheinbaren Geistlosigkeit öffentlich davon von sprechen. So warnte mich ein deutsch-schwedischer Geschichtsprofessor, welcher auf sein Renommee achtend ein interessantes Buch über die harmloseren Kindheits- und Jugendjahre Hammarskjölds verfasste, anlässlich unseres Mittagessens in Stockholm, bei meinen Bucharbeiten »nicht zu spirituell und esoterisch zu schreiben«.

Wenngleich ich den besorgten Rat dieses freundlichen Ex-Mitgliedes der schwedischen Regierungskommission zur Erarbeitung der Leitlinien für das Stockholmer Friedensforschungsinstituts SIPRI schätze, so habe ich ihn aus Gründen einer höhergeordneten Authentizität, Integrität und Kausalität nicht befolgen können. Dieses Buch ist ein bewusster Beitrag, die Mauern des irr-rationalen und gesellschaftlich-paranoiden Tabus zu durchbrechen und über die auch politische Wirksamkeit einer Geistigen Welt inmitten unserer Welt der materiellen Oberflächlichkeiten zu sprechen, ohne diese andere Welt den Kanzleireden der Theologen oder dem Gewerbegeschrei der Sekten zu überlassen.

Auch wenn ich nun einen Abschlusspunkt unter dieses Buchmanuskript setze, so ist damit weder die Geschichte Dag Hammarskjölds noch die seiner kosmopolitischen und spirituell-humanistischen Traditionslinie beendet. Man kann den Geist des Menschheitlichen nicht ermorden. Wesen wie Hammarskjöld, Giordano Bruno, Bertha von Suttner, Mahatma Gandhi und Martin Luther King kehren immer wieder – solange es noch eine Menschheit, dieses Namens wenigstens halbwegs würdig, auf diesem Planeten Erde geben wird.

Danksagung

Kein Werk entsteht für sich allein. So bin ich vielen Menschen für ihr Mitwirken dankbar. Im unmittelbaren Bezug auf dieses Buch sei zuerst eine langjährige Probeleserin und Wegbegleiterin zu nennen: Birgit Späker. Sodann auch Ingeborg Schwetasch, Archivarin und Übersetzerin vieler für die Thematik dieser Schrift relevanter Texte. Erste kritische Leserinnen des Manuskriptes waren auch Doris Kleinau-Metzler, Michaela Spaar und Lydia Stephan. Dankbar verbunden bin ich der inspirienden Menosphäre des Künstlers und Bildhauers Eugen Renggli aus dem französisch-schweizer Lichtort Lucelle nahe Basel. Einige Fotos seiner für die Thematik relevanten Werke sind diesem Buch beigefügt. Ohne die Anregungen und Ermutigungen durch meinen Verleger Frank Berger und meinem Lektor Michael Stehle hätte es dieses Buch zu diesem Zeitpunkt wahrscheinlich nicht gegeben.

Mein Dank gilt aber auch meiner alten Grundschullehrerin Irmgard Fischer, die mich durch ihre Dag Hammarskjöld Postkarte zu meinem 18. Geburtstag, nebst ihrer humanistischen Erziehung, schon sehr früh auf des Weges Spur setzte; sowie Dr. Schulz, der meiner Großmutter 1965 die Erstausgabe von *Zeichen am Weg* schenkte, welche dann mit 18 Jahren von mir zum ersten Mal gelesen wurde. Ein besonderer, unsichtbar-künstlerischer Dank gilt auch dem Norweger und Weltbürger Jostein Sæther für sein Buch *Wandeln unter unsichtbaren Menschen*. (Er wird wissen, warum.)

Mein Dank und Respekt gebührt auch den ehemaligen Mitarbeitern Dag Hammarskjölds, Sture Linner und Per Lind, sowie den Witwen von Bo Beskow, Greta, von Sven Stolpe, Karin und von George Ivan Smith, Mary, für den Einblick in die freundschaftliche Beziehung ihrer Ehemänner zu Dag Hammarskjöld. Dieser Dank gilt auch den Mitarbeiterinnen der UNO in New York, dem Hammarskjöld Archiv der Königlichen Bibliothek in Stockholm und der Dag Hammarskjöld Stiftung, sowie den vielen auskunftsbereiten Menschen entlang des Weges meiner Recherchen.

Desweiteren möchte ich auch jenen Veranstaltern von Vorträgen und Seminaren meinerseits danken, in denen ich die grundlegende Thematik dieses Buches, Menschheitsethik und spirituelle Globalisierungskrise, weiterentwickeln konnte. Stellvertretend für viele: Pfarrer Arno Lohmann, Leiter des Bildungswerkes Nordhelle, Ursula Medri für die Forum-Initiative, Johannes Kühl für das Leitungskomittee der Michaeli-Konferenz 2000, Susanne Prinz für das Evangelische Forum München, Johann Göttel vom Europahaus Burgenland, Heinz Peter Hamacher vom Rudolf Steiner Haus Bonn, Gerda Riegel-Dittmann und Renate Bauer von der Freireligiösen Landesgemeinde Pfalz, Horst Prem und Volker Mueller vom DFW, Dr. Volker Seelbach von der Waldorfschule Wangen, sowie Stefan Bär von der Zürcher Buchhandlung Madliger-Schwab, Marcus Schneider vom Paracelsus-Zweig in Basel, Cornelius Lohmann von der Maschseeschule und den Priestern der Christengemeinschaft Jena, Frankfurt, Nürtingen und Stuttgart-Möhringen.

Für die menschliche Begegnung und Unterstützung bei meiner Arbeit als Journalist und Vorsitzender der deutschen Sektion einer internationalen Nichtregierungs-Organisation danke ich unter anderem den HITO-Organisatoren Dieter Hornemann, Andreas Zondervan und Helmer van der Heide; sowie Dr. Volker Mueller, Horst Prem und Siegward Dittmann vom DFW-Präsidium; Kurt Bäuml, Troy Davis, Ryman Ericson, Eva Stiebing,

Rüdiger Frank, Peter Grieder, Pia Gyger, Sven Hamrell, Heinz Peter Hamacher, Elisabeth und Hans Jecklin, Henry Nold, Olle Nordberg, Margaret Riddle, Joyce Rosenblum, Elfi und Boris Jontschew, Franz Wecken, Nina Wehner, Robert Kehl-Zeller, Ann und Hans-Rudi Zulliger, Jack Zawistowski sowie Tilman Zülch von der Gesellschaft für bedrohte Völker.
Last but not least danke ich für die technische Unterstützung Valerie Podstatzky-Lichtenstein von Apple Computer sowie Hans Stadler und Joachim Kaluza von der Firma PSION.

Stephan Mögle-Stadel
Dag Hammarskjöld Studiengesellschaft i. G.
Organisation von Dia-Vorträgen,
Tagungen und Seminaren, sowie Studienreisen
nach New York, Schweden, Wien und Genf
Postfach 800 745, D-70507 Stuttgart,
Tel. / Fax 0049 - 711 - 735 36 22

Anmerkungen

Dag Hammarskjöld. Der Suche Vorwort

1 Nikos Kazantzakis, »Einsame Freiheit«, Herbig Verlag, München 1972

1. Seelengeschichte. Des Buches Rahmen

1 Wilder Foot, »The Servant of Peace«, London 1962. S. 184 ff.
2 »Dag Hammarskjöld. A portrait by Bo Beskow«, New York 1969. S.60
3 Weitere Ausführungen zum Begriff der Technosphäre siehe im Werk von Lewis Mumford: »Der Mythos der Maschine«, Fischer Verlag. Frankfurt, 1977

2. Mitternachtsfeuer im Kongo

1 »Die UNO - Ritual der brennenden Welt«, Hamburg, 1971. S. 40 f.
2 Übersetzung: »Ich bringe für diese Aufgabe einen standhaften Willen mit, mich selbst ihr ganz hinzugeben, ohne Zurückhaltung, [...] um allen Problemen mit einem offenen Geist zu begegnen. [...] Ich habe versucht, die Gesinnung anzudeuten, in welcher ich an die Arbeit gehen werde.«
3 Gunnar Heckscher: »Dag Hammarskjöld«, Verlag Åhlen & Åkerlund, Stockholm
4 Frankfurter Rundschau, 4.5.1982. Ein sehr ähnliches »Unglücks«-Muster wie in Ndola.
5 Anthologie »Arvet från Hammarskjöld«, Gummessons Bokförlag. 1961. S.97
6 Bo Beskow, a.a.O. S. 181. Im Juli 1961 gesellte sich zur Kongo-Problematik noch die Bizerta-Krise, wo auf Befehl des UNO-Verächters de Gaulle französische Truppen die tunesische Stadt Bizerta besetzten und hierbei auch Napalm-Brandbomben benutzten (New York Times, 23.07.1961).
PS: Tunesien gehörte zu den engsten Unterstützern von Dag Hammarskjölds Politik der Entkolonialisierung.

7 Dieser Vorwurf wurde Ende September 1960 in der Generalversammlung u.a. von Andrei Gromyko, damals Außenminister der UdSSR, ausgesprochen.
8 House Concurrent Resolution 64 und 68, 12. und 13. Oktober 1949, über UNO-Stärkung, Weltföderalismus und Weltrecht.

3. Dag. Der Mensch und sein Werdegang

1 Das Notizblatt mit der Handschrift wurde nach Dag Hammarskjölds Tod von seinem Bruder Sten in der in Dags Besitz übergegangenen Bibel der Mutter gefunden. Siehe hiezu: Gunnar Heckscher »Dag Hammarskjöld« Förlag Åhlen & Åkerlund. Stockholm, 1961. S. 12
2 Geschrieben Mitte 1971, zwischen Sommersonnenwende und dem Geburtstag Dag Hammarskjölds. Veröffentlicht zu Hammarskjölds 10. Todestag, September 1971, in dem Monatsmagazin »La Nouvelle Revue française«.
3 siehe dazu Bo Beskow, a.a.O. S. 139 u.154
4 aus »Dag Hammarskjöld. En minnesbok«, Albert Bonniers Förlag. Stockholm, 1961
5 Teilweise entnommen dem Buch: Karl E. Birnbaum: »Den unge Dag Hammarsjölds inre värld« Dualis Förlag. Stockholm, 1998; sowie einem bislang noch nicht publizierten Briefwechsel-Manuskript von Ingeborg Schwetasch.
6 Sven Stolpe, »Dag Hammarskjölds andliga väg« Tiden Förlag. Stockholm, 1964
7 deutsch: »Das glaube ich.« In Buchform 1954, Band 2. Simon & Schuster, New York
8 Gunnar Heckscher, »Dag Hammarskjöld«, Verlag Åhlen & Åkerlund. Stockholm, 1961
9 auf Deutsch erschienen 1957 in d. Evangelischen Verlagsanstalt Berlin.
10 Übersetzung nach Wilder Foot »The Servant of Peace« London, 1962
11 Zitiert nach in: »Die Unteilbarkeit der Erde«, Bouvier Verlag. Bonn, 1996, S.21 und nach »Humanismus als reale Utopie«, Beltz Verlag. Weinheim, 1992. S. 71 ff.
12 Zitiert nach ›Unteilbarkeit der Erde‹ S. 240–241 (Das Kassandramal).

4. Initiation

1 Brian Urquhart, »A Life in Peace and War« Weidenfeld & Nicolson London 1987. Originalstelle: »As a rational, international Whig, I was sometimes uneasy at the possibility that Hammarskjöld might be beginning to hear voices.«

2 Originalstelle: »I would guess that he was asexual, admittedly a rare condition.«

3 O.W. Barth Verlag. Weilheim, 1971. S. 31 f.

4 Kundalini: der indische Name für Schlangen-Kraft, eine im menschlichen Energie-Körper zumeist schlafende oder nur träge und zähfließende Kraftquelle, welche u.a. durch meditative Yoga-Übungen entwickelt werden kann. Siehe hierzu Gopi Krishna, »Kundalini. Erweckung der geistigen Kraft im Menschen«, O.W. Barth Verlag, Weilheim 1968.

5 Androgyn: Ein »männlich-weiblicher« Mensch. Im Sinne Platons und C.G. Jungs ein seelisch-geistig ganzheitlich empfindender Mensch (Hermes & Aphrodite). Biologisch eingeordnet versteht man darunter die Rückbildung der Geschlechtsmerkmale oder (in der Pflanzen- und Tierkunde) ein hermaphroditisches Zwitterlebewesen.

6 Kabbalah ist das hebräische Wort für die (geheime) mündliche Überlieferung und die nicht-mosaischen Bücher (z.B. den Sohar). Nota bene: Man sollte zwischen der Religionsphilosophie und ihrer Mystifizierung unterscheiden.

7 Lethe: In der griechischen Mythologie ein Fluss in der Unterwelt. Die Verstorbenen (oder die in einem tiefen Erschöpfungsschlaf / Koma Versunkenen) trinken daraus und vergessen dadurch die Lasten ihres vergangenen irdischen Daseins, um unbeschwert in ein neues Dasein zu treten. Die Kräfte des alten Daseins wirken dort zwar weiter, aber ohne Schuld-Bewusstsein. Für jenen, der den Weg zur Einweihung beschreiten will, ist es notwendig, durch bewusste Erinnerungsarbeit dieser Flut des Vergessens zu entgehen, um das nachwirkend Vergangene in sein geistesgegenwärtiges Bewusstsein zu integrieren.

8 Quelle: Bislang unveröffentlichtes Manuskript-Fragment des Autors über »Goethe: Faust, Humanus und das Geheimnis der Natureinweihung«, Verlagsbüro Globe. Stuttgart, 1998

9 Originalquelle: »Kristusmeditationer i Dag Hammarskjölds Vägmärken«, S.K.D. Bokförlag. Stockholm, 1966

10 Die Glorie, welche den Schatten eines Bergwanderers ins Riesenhafte vergrößert und mit surrealistischen Regenbogenfarben ummalt, wird nach heutiger naturwissenschaftlicher Erkenntnis erklärt als ein außergewöhnliches atmosphärisches Verhältnis der Sonnenlichtstreuung zu der Lichtreflektion einer sehr subtilen Wolke aus gleichförmigen Wasserdampftröpfchen sowie dem Standortwinkel des Beobachters. Es ist dies eine Erscheinung (Epiphanie) im Grenzbereich des heutigen Wissens über Optik und Teilchenphysik.

11 Entnommen dem Buch: Karl E. Birnbaum, »Den unge Dag Hammarsjölds inre värld«, Dualis Förlag. Stockholm, 1998; sowie einem bislang noch nicht publizierten Briefwechselmanuskript von Ingeborg Schwetasch.
12 Quelle: Brian Urquhart, »Hammarskjöld«, Norton Publishers. London, 1994. S. 30,
13 Brief in englischer Sprache, Dag Hammarskjöld Archiv, Königliche Bibliothek Stockholm
14 Nachfolgende Zitate aus: Andreas Labba, »Anta«, Landfolk Förlag. Stockholm, 1971; nach dem deutschen Übersetzungs-Manuskript von Ingeborg Schwetasch.
15 Quellen: S. Mögle-Stadel, »Spurensuche einer Initiationsgeschichte. Reisenotizen zu Dag Hammarskjölds biografischer Seelenlandschaft«, Wochenzeitung Das Goetheanum, 20. September 1998, S. 538, sowie Frans Carlgren, »Der Anthroposophische Erkenntnisweg«, Stuttgart 1995. S. 175
16 Quellen: UN-Review, Juni 1957; The New Yorker, 28. Dezember 1957.
17 Quelle: Sven Stolpe, »Dag Hammarskjölds geistiger Weg«, Frankfurt 1965. Seite 32
18 Bo Beskow, »Dag Hammarskjöld. Strictly Personal«, New York 1969. S. 123 - 135,
19 Eine Prosaformulierung, welche mir bei einer Pfingstwanderung 1998 am Strand von Backåkra in den Sinn kam. Ich denke, dass diese Prosaform auch einen Teil von Dag Hammarskjölds Wesen verdichtet (meint: konzentriert) widerspiegelt.

5. Die Uno. Das Amt eines Kosmopolitikers

1 Joseph Lash, »Dag Hammarskjöld. Ein Leben für den Frieden«. Scherz Verlag, Bern. Lash begann im November 1951 unter der Kolumne »Report from the UN« regelmäßig in der Zeitschrift »The Federalist« der United World Federalists zu publizieren. Seine November-Kolumne befasste sich mit der Wiedervereinigung Deutschlands unter der Supervision der UNO.
2 Quelle: Zitatesammlung »Hammarskjöld. The Political Man«, Hrsg. Emery Kelen, Verlag Funk & Wagnalls. New York, 1968
3 Bo Beskow, »Hammarskjöld«, S. 147
4 Titel des zwischen 1887 und 1902 geschriebenen Werkes: »Ta Tung Shu. Das Buch von der Großen Gemeinschaft«, Eugen Diederichs

Verlag, Düsseldorf 1974. Erstveröffentlichung in englischer Sprache 1935 und 1958. Der chinesische Universalgelehrte und Politiker Kang Yu-wei (1858 - 1927) beschrieb darin mit fast prophetischer Sehergabe den 200- bis 300-jährigen Weg über die moderne Weltzivilgesellschaft hin zu einer föderalistischen Welteinheit, der Großen Gemeinschaft. Kang Yu-wei spricht darin auch über die edlen Menschen und nennt sie Vertreter des Jen: der Menschheitlichkeit. Das Werk wurde u.a. auch ins Schwedische übersetzt.

5 Quelle: »Chinesische Geisteswelt. Zeugnisse aus drei Jahrtausenden«, Verlag Werner Dausien, Hanau 1987. S. 218.

6 Uniting for Peace: Vereinigt für den Frieden. Zum ersten Mal von den USA zum Anbeginn des Korea-Krieges angewandt, um das sowjetische Veto zu umgehen und sich einen UNO-Auftrag zur Aufstellung einer internationalen Streitmacht von der Generalversammlung genehmigen zu lassen. Damals hatte die USA in der Generalversammlung noch eine kalkulierbare Mehrheit, welche heute so nicht mehr gegeben ist. Da die UFP-Resolution den Sicherheitsrat faktisch entmachten kann, wird sie mittlerweilen wieder von den Veto-Mächten tabuisiert und in die Abstellkammer der UNO-Geschichte verdrängt.

7 Später Außenminister Canadas. Das One World Colleg bei Toronto ist nach ihm benannt.

8 Quelle: Samuel Stern: »Aristotle on the World State«, London 1968

9 Die meisten der in diesem Buch zitierten Briefwechsel befinden sich entweder im Dag-Hammarskjöld-Archiv der Königlichen Bibliothek in Stockholm oder in den Archiven der Dag-Hammarskjöld-Bibliothek der UNO in New York.

10 Originalauszug des Briefes: »... other and greater forces, partly unknown and inscrutable to us, seem to have taken over. It looks as if Ormuzd now feels that it is time for Ahriman to shut up for a while. [...] However, I have better to stop at this point. You understand what I mean; others might be shocked.«

11 Ideen vererben sich fort. Etwa zehn Jahre nach dieser Aufforderung, einen Adelskreis von 100 Menschheitsethikern bei der UNO zu institutionalisieren, wurde im April 1968 der Club of Rome gegründet, dessen Mitgliedschaft auf 100 Naturwissenschaftler (und mittlerweile auch Manager und Unternehmer) begrenzt ist. Der Versuch, Mitte der 90er-Jahre eine Tochterorganisation aus Geisteswissenschaftlern, Publizisten, Künstlern und Philosophen zu gründen, ist beim COR mittlerweile wieder zu den Akten gelegt worden.

12 Redensammlung »The Servant of Peace« von Wilder Foot; siehe auch Fußnote 17.

13 Quelle: UNO-Protokoll März 1961, teilweise abgedruckt 1962 in Joseph Lashs Buch.

14 Albert Einstein: »Über den Frieden. Weltordnung oder Weltuntergang« (Original: Einstein on Peace), Peter Lang Verlag. Bern, 1975. S.604. Eine Sammlung von Briefwechseln und Reden Einsteins zum Thema Atombombe, Krieg, Weltfrieden, Weltbürgertum und Weltregierung.

15 Albert Einstein, a.a.O. S., 636 f. Siehe auch sein New York Times Interview vom 23.6.1946, »The Real Problem is in the Hearts of Men«: Das wahre Problem liegt in den Herzen der »Menschen«.

16 Quelle: Martin Buber», Nachlese«, Heidelberg 1965. S.33 ff.

17 Titel: »Ist eine Weltregierung möglich?« S. Fischer Verlag. Frankfurt, 1951. Mitherausgeber war (neben dem Präsidenten der Chicagoer Universität Robert Hutchins) G.A. Borgese, der mit Elisabeth verheiratete Schwiegersohn Thomas Manns.

18 Hans Morgenthau, S. 32. Koordinatoren des SUN-Projektes waren damals Lucy Law Webster, heute Vize-Präsidentin der Weltföderalisten, und Donald Keys, damals Direktor des UNO-Büros der Weltföderalisten und NGO-Berater von U Thant.

19 »Earth at Omega. The Passage to Planetization«, Branden Press. Boston, 1982. Ich hatte während meiner Rechercherreise das Vergnügen, Gast von Lucy Law Webster in New York und von Donald Keys in seinem Haus am Mount Shasta in Nordkalifornien zu sein. Weitere P.C. Mitglieder waren u.a. David Steindl-Rast, Ervin Laszlo, Johan Galtung, Maurice Strong, Thor Heyerdahl und Yehudi Menuhin.

20 »… und man befürchtete, dass Finnlands Neutralitätskonzept durch das Prestige des Amtes gestärkt würde.« Literatur zu den dunklen Jahren der Waldheim-Ära: Shirley Hazzard, »Die Maske der Wahrheit. Zur Ohnmacht der Vereinten Nationen«, München, 1991

6. *Zeichen am Weg. Tagebuch einer Religio*

1 Stolpe: »Dag Hammarskjölds geistiger Weg«, a.a.O., S. 33: »Heute ist uns, Gott und mir, etwas gelungen. Gott war es, der baute, und ich stand unten mit dem Mörteleimer und rief zu ihm hinauf.« Im Original auf Seite 67 des Ekman-Buches: »Strödda Blad ur Bertil Ekmans Efterlämnade Papper«, Norstedt & Söners Förlag. Stockholm, 1923 (Dt. »Verstreute Blätter aus Bertil Ekmans nachgelassenen Papieren«)

2 Ich zitiere in den folgenden Zeilen je die ganzen Absätze aus Joh. 3,8 und 3,19 (letzteres sich auf Joh. 1,5 bezieht) nach der Jerusalemer Bibelausgabe, Herder Verlag, Freiburg 1965

3 Der letzte Sonnenwindsturm 1989 verursachte in Kanada (Provinz

Quebec) einen Stromausfall und verwirrte die Elektronik mehrerer Satelliten dermaßen, dass diese von ihrem Orbitalkurs abkamen. Ob solche Teilchenstürme genetische oder neuronale (nervliche) Veränderungen im Gehirn und Körper (z.B. Solarplexus) des nördlichen Hochgebirgswanderers verursachen können, wird z.Zt. erst noch erforscht, scheint aber wahrscheinlich.

4 So wurde z.B. das Ankh im alten Äypten als Symbol der Lebensenergie oft als am Ende eines Sonnenstrahles auf die Erde auftreffend dargestellt. Neben dem sichtbaren Licht trägt der Sonnenwind u.a. auch Elektronen, Protonen und Neutrinos auf die Erde. Die heutige Schulwissenschaft vernachlässigt die Forschung nach der psychophysikalischen oder spirituellen Dimension von Elementarwelt und Solarphysik.

5 Gemäß dem 2. Gebot: »Du sollst den Namen deines Gottes nicht missbrauchen.« Das Wort »missbrauchen« kann gemäß der mystischen Tradition auch mit »gebrauchen« übersetzt werden. Siehe auch Johannes 10, 34 - 35, Matthäus 12, 36 und 7, 21.

6 Später als Buch publiziert unter dem Titel »Sie erlebten Christus«, Verlag Die Pforte. Basel, 1979

7 Fischer Taschenbuch Verlag. Frankfurt, 1992. S.186 (Französische Originalausgabe: 1932)

8 »Mission for Hammarskjöld. The Congo Crisis«, Oxford University Press, 1976

9 Veröffentlicht in »Den unge Dag Hammarskjölds inre värld«, Stockholm, Mai 1998

10 Später übernahm die schottische Marken-Freimaurerei die Symbol-Sprache der Runen als Inspiration mit in ihr System von Steinmetzzeichen.

7. Die Verkörperung des Homo Humanus

1 Beskow; a.a.O. S.65

2 »Die Geheimnisse«, Hamburger Ausgabe, Bd.2; S. 271

3 »Faust«, Zweiter Teil, Dritter Akt: Vor dem Palast des Menelas, Hamburger Ausgabe, Band 3, S. 271 ff. Mephisto beschreibt Helena den Faust als eine Art ritterlichen Humanus, um sie in die als freimaurerische Humanus-Burg beschriebene Faust-Festung zu locken. Das Wort »cimmerisch« bedeutet bei Goethe »weit nördlich« und spielt auf Platons Hyperboreer-Sage, ein Geschlecht von Halbgöttern jenseits des Nordpolarkreises, an.

4 Auf die Hintergründe der Psychopathologie der Weltverschwörung und auf die Degeneration des Geistes und der Kraft der Idee zur

Theologie und Ideologie, werde ich in meinem nächsten Buch, »Menschheitsethik. Psychoanalyse und Therapie der Globalen Krise«, das voraussichtlich 2001 erscheint, näher eingehen.

5 Zitiert nach Wieland: Gesammelte Werke, Band X, Kapitel 15. Georg Olms Verlag, Hildesheim. S. 210.

6 »Das Märchen / Die Geheimnisse«, Dingfelder Verlag. Andechs, 1990

7 Mitte der 50er-Jahre des 20. Jahrhunderts beschrieb der Bestsellerautor, Biochemiker und Astrophysiker Isaak Asimov diese Wissenschaft als prognostische Psycho-Historie. Asimov gehörte zu den Gründungsmitgliedern der Planetary Citizen. Namen und Gruppen verwandeln sich, aber Ideenimpulse und geistige Verpflichtungen dauern manchmal fort.

8 Zitiert nach einem Brief Goethes vom 16. April 1816 im Berliner Morgenblatt. Siehe (6)

9 Fernando Pessoa: Gesammelte Werke »Obra Poética e em Prosa«, Porto, 1986 Bd. 3, S. 534. Siehe auch »Algebra der Geheimnisse«, Fischer Verlag. Frankfurt 1994

10 Dokumentiert in dem Buch »Humanity's Quest for Peace«, Miranan-da Verlag. Wassenaar (NL) 1985

11 Durch den Umbau des ASV-Gebäudes am Axel Springer Platz 1 wurden auch die Merlin-Titelbilder aus dem öffentlich zugänglichen Bereich entfernt. Mit dem Hinweis auf die politische Maurerei Axel Cäsar Springers sollte weder eine Verbindung zu, noch ein Vergleich mit Dag Hammarskjöld angedeutet werden. Dag Hammarskjöld war seelisch und geistig von jener Art von Machtpolitik (auch im Gewand der »Freimaurerei«) Lichtjahre weit entfernt. Vielleicht haben gerade infolgedessen einige vom freimaurerischen Ideal angehauchte ASV-Journalisten in Hammarskjöld die Verkörperung dieses Menschheitsideals gesehen?

12 In einem Brief vom 15. November 1960, kurz nach dem von Hammarskjöld gewonnenen Rededuell mit Chrustschow in der Generalversammlung, wird Perse hierzu an Hammarskjöld schreiben: »Sie sind noch stärker als Anubis. [...] Schon das erste Mal, als ich Ihre Schwelle in New York überschritt, habe ich in der Widmung eines Buches das Wort Magier geschrieben.« (Quelle: siehe Anm. 13)

13 »Les Cahiers de la Saint John Perse: Korrespondenz mit Dag Hammarskjöld« Herausgeber Jean-Louis Lalanne, Edition Gallimard. Paris, 1993

14 Quelle: schriftliche Mitteilungen von Donald Keys an den Autor sowie ein persönliches Gespräch mit Keys Mitte April 1996 in den USA. Keys fand auch Erwähnung in meinen publizistischen Reiseberichten: »Reisenotizen eines Kosmopoliten (3)« Zeitschrift Info3, Frankfurt,

September 1996. S. 25. Donald Keys war in den 60er und 70er-Jahren NGO-Repräsentant in New York sowie Redenschreiber u.a. für die Philippinische UN-Delegation.

15 Literaturnobelpreis-Rede, Schwedische Akademie Stockholm. Deutsche Übersetzung in Saint John Perse: »Das dichterische Werk« Heimeran Verlag. München 1978. Bd. 2. S. 354 ff.

16 »Weltbürger - Geschichte einer Menschheitssehnsucht«, Standardwerk zur Historie des Kosmopolitismus, erschienen 1990 im Rowohlt Verlag, Reinbek bei Hamburg.

17 Als Vorbild diente wahrscheinlich das Porträt-Foto des Artikels »Tag und Nacht im Dienst des Friedens«, Bild-Zeitung v. 14. November 1956. In dem Bericht zur Suez-Kanal-Krise und dem Ungarn-Aufstand wurde von der Redaktion u.a. fett hervorgehoben: »Nur ein Mann verzweifelte nicht. Ein Mann behielt den Glauben und handelte: Der Generalsekretär des Friedens-Hauptquartiers der Welt – Dag Hammarskjöld.«

18 Ich tendiere dazu anzunehmen, dass Hammarskjöld nicht als bewusstes Vorbild für den SF-Helden »Perry Rhodan« diente, sondern dass seine fast archetypische Publizität die Autoren dieser SF-Serie bestenfalls halbbewusst bei der Konzeption beeinflusst hat. Diese Verbindung wurde meines Wissens bislang nicht offiziell von Seiten der Zitierten publiziert, da es gewiss eine Anmaßung wäre, wenn sich eine zu 75 % sehr triviale SF-Serie auf eine solche reale und spirituelle Persönlichkeit wie Hammarskjöld als Taufpate ihres Serienhelden berufen würde. Auch darf nicht vergessen werden, dass von 1963 bis 1966 eine posthume Rufmordkampagne gegen Hammarskjöld durch die Presse geisterte, nachdem sich dieser durch Veröffentlichung seines teilchiffrierten Tagebuches als zu einer spirituellen Mission berufene Persönlichkeit offenbarte. Für einen marketingorientierten und unpolitischen Verlag ist so etwas keine gute Reklame. Johnny Bruck tat sich ja in unserem Gespräch schon schwer, sich (zeitweise) als Bild-Zeitungsleser zu outen. Dennoch ist es bemerkenswert festzustellen, insbesondere bei Berücksichtigung der Morphogenetischen Feld-Theorie, dass der Geist Hammarskjölds sich in ziemlicher und unreflektierter Verdünnung auch durch eine SF-Serie einem breiten Publikum weitervererbt.

Über den Autor

Geboren im Dezember 1965. Journalist, Schriftsteller und Verlagsberater. Studium der Psychologie und der Geschichte. Weiterbildung am C.G. Jung Institut für Tiefenpsychologie und Mitglied der Internationalen Erich Fromm Gesellschaft (für Sozialpsychologie). November 1989 Verweigerung des Kriegsdienstes aus kosmopolitischen Gründen. 1990 als Korrespondent in New York. 1992 UN-Zivildienstpraktikum in New York und Washington DC. Nahm als Journalist und NGO-Repräsentant u.a. teil am Weltklimagipfel in Berlin, an der New Yorker UNCED-Vorbereitungskonferenz des Rio-Gipfels und an der Club of Rome-Tagung »Jenseits der Grenzen des Wachstums«.

Von 1996 bis 1998 ernanntes Mitglied einer geisteswissenschaftlichen Tochterorganisation des Club of Rome. Seit 1999 Mitglied des FK Deutsche Gesellschaft Club of Rome. Unterrichtet u.a. an englisch- und deutschsprachigen Schulen zum Thema Globalisierung, UNO-Geschichte und Weltbürgerkunde. Seit 1993 Vorstandsvorsitzender der deutschen Sektion von WFM-International, einer Lobbygruppe, welche sich u.a. für die Einrichtung eines Internationalen Strafgerichtshofes für Verbrechen gegen die Menschlichkeit einsetzt (Rom-Konferenz 1998).

Yehudi Menuhin
im Gespräch mit dem Autor

Veröffentlichungen des Autors

Neben zahlreichen Zeitungs- und Zeitschriftenartikeln Herausgeber des Boutros Ghali-Buches *UNorganisierte Welt* (1993); Co-Autor von *Ist die Zukunft noch zu retten?* (1995), einer zukunftswissenschaftlichen Studie von Ossip K. Flechtheim; Autor von *Die Unteilbarkeit der Erde. Eine Antwort an den Club of Rome* (1996); Co-Autor von *Die schwarze Sonne* von Tashi Lhunpo (1997). Autor von »UNorganized World – the Chances of Globalization« (1998) in der zweisprachigen Anthologie *Wirtschaften weltweit – Deutschland im Strom der Globalisierung* (Symposium Oeconomicum, University Muenster). Sein nächstes Buch erscheint 2002 unter dem Titel *Seelen-Geschichte. Phänomenologie der Globalen Krise.*

Sach- und Namensregister

Ein Frühwerk mit Weitblick

250 Seiten, Fotos, gebunden, Schutzumschlag,
ISBN 3-416-02565-2

Über die Globalisierung des Rechtslebens!

Mit einem Vorwort von Sir Peter Ustinov sowie je einem Beitrag von Prof. Yehezkel Dror, Regierungsberater / Mitglied des Club of Rome, und von Strobe Talbott, Vize-Außenminister der USA.

Mit dem von Thomas Mann 1948 initiierten Entwurf einer Weltverfassung (Uni. Chicago)